江苏高校优势学科建设工程资助项目（PAPD）
江苏警官学院“五个一批”建设资助项目（公安政工学）
江苏警官学院“公安思想政治工作生态学研究”科研团队建设项目
江苏省“十三五”“公共管理”（公安政工方向）重点学科建设资助项目

公安思想政治工作生态学研究

王光森 等 著

知识产权出版社
全国百佳图书出版单位

图书在版编目（CIP）数据

公安思想政治工作生态学研究/王光森等著. —北京：知识产权出版社，2020.4
ISBN 978－7－5130－6771－3

Ⅰ.①公… Ⅱ.①王… Ⅲ.①公安机关—政治工作—研究—中国 Ⅳ.①D631.19

中国版本图书馆 CIP 数据核字（2020）第 022940 号

责任编辑： 贺小霞　　**责任校对：** 潘凤越
封面设计： 刘　伟　　**责任印制：** 孙婷婷

公安思想政治工作生态学研究

王光森　等著

出版发行： 知识产权出版社有限责任公司　　**网　　址：** http：//www.ipph.cn
社　　址： 北京市海淀区气象路 50 号院　　**邮　　编：** 100081
责编电话： 010－82000860 转 8129　　**责编邮箱：** 2006HeXiaoXia@sina.com
发行电话： 010－82000860 转 8101/8102　　**发行传真：** 010－82000893/82005070/82000270
印　　刷： 北京建宏印刷有限公司　　**经　　销：** 各大网上书店、新华书店及相关专业书店
开　　本： 787mm×1092mm　1/16　　**印　　张：** 15.75
版　　次： 2020 年 4 月第 1 版　　**印　　次：** 2020 年 4 月第 1 次印刷
字　　数： 260 千字　　**定　　价：** 68.00 元

ISBN 978-7-5130-6771-3

前　言

2015年，我在筹备“公安政工学”全国学术研讨会过程中，接触了不少公安院校和公安机关作者的论文，但基于生态学的视角，研究公安思想政治工作或公安思想政治教育的论文基本阙如。由此便产生了一个强烈的愿望：要拓展公安思想政治工作或公安思想政治教育的研究视域，实现公安思想政治工作或公安思想政治教育的与时俱进，进而为新时代“过硬”公安队伍建设提供有力支撑，有必要借鉴生态学的理论框架来研究公安思想政治工作或公安思想政治教育。而这个“必要性”主要体现在以下两个方面：一方面，党的十八大已将生态文明建设摆在突出位置，将其纳入了“五位一体”社会主义现代化建设的总体布局。党的十八届五中全会明确提出了“绿色发展”的理念。党的十九大报告根据新的形势发展，又从广度和深度上对生态文明建设作了创造性阐释和重大战略部署。特别是习近平总书记提出的“绿水青山就是金山银山”“建设美丽中国”等一系列理念，更是家喻户晓、深入人心。在此大背景下，如何将“绿色”“美丽”“生态”等理念引入公安思想政治工作或公安思想政治教育，提升公安思想政治工作或公安思想政治教育的品质，就成为一个亟待研究的重大课题。另一方面，从学术的角度看，运用生态学理论研究思想政治教育，社会科学界的学者已经作出了很大努力，取得了丰硕成果。据“中国知网”信息，与“思想政治教育生态”关联度较高的论文就达187篇。而《环境教育》2004年第1期发表的冷雪玲撰写的论文《关于思想政治教育生态价值的思考》属于较早的；邱柏生主编、2009年出版的《高校思想政治教育的生态分析》一书，应属著作类较早的。相比之下，公安机关和公安院校的学者对这一领域虽然有所关注（湖北警官学院邵祖峰等撰写的论文《论警民关系生态系统理论的建构与和谐策略》，发表于《中国人民公安大学学报（社会科学版）》2015年第1期，就是一例），但总的来说因为重视不够、投入不足、成果稀少，还远远不能令人满意。

正是基于这一现状，当然也是基于学者的一种情怀，2015年我牵头申报了江苏警官学院“公安思想政治工作生态学研究”科研团队建设项目，获得了立项，这对我来说是一个极大鼓舞，当然也更坚定了我运用生态学理论框架研究公安思想政治工作的决心和信心。2016年，在学院领导的支持、关心下，由我牵头主办了“公安思想政治工作生态学研究”全国学术研讨会，收到论文37篇，到会领导、专家、论文作者约50人，因研讨深入而受到媒体关注。2018年，在学院领导的支持、关心下，由我牵头主办了“习近平生态文明建设思想与公安思想政治工作生态学研究”全国学术研讨会，收到论文48篇，到会领导、专家、论文作者约40人。研讨会的成功举办，对开启公安思想政治工作或公安思想政治教育生态学研究这一全新领域，具有里程碑意义。在此基础上，我又牵头申报了江苏警官学院“警察生态学研究”科研团队建设项目，获准立项。在开展研究的过程中，我尝试采用生态学的分析框架，展开了对警察现象、公安思想政治工作的探究，独著或与他人合著先后发表了多篇论文，引起了警学界较为广泛的关注。为了推动研究的深入开展，激发大家围绕生态学与公安思想政治工作的关联，生态学与公安思想政治工作内容、方法、评价的关联，生态学与公安思想政治工作中重点问题、难点问题的关联，公安思想政治工作生态价值及其实现等问题展开讨论，由我牵头撰写了《公安思想政治工作生态学研究》这部书，以期收到“抛砖引玉”的效果。

这里，重点介绍两个方面的内容：

一是运用生态学研究公安思想政治工作的意义。生态学（Ecology）是德国生物学家恩斯特·海克尔于1866年提出的一个概念，意思是研究生物体与其周围环境（包括非生物环境和生物环境）相互关系的科学。目前，生态学的相关理论被应用到政治、文化、教育等许多领域，足见其强有力的解释力。但令人遗憾的是，国内基于生态学视角，研究公安思想政治工作或公安思想政治教育的论文不过10余篇（公开发表），著作基本阙如。至于国外学术界，根据我的了解，在松井茂的《警察学纲要》、罗伯特·

雷纳的《警察与政治》、罗伯特·兰沃西和劳伦斯·特拉维斯合著的《什么是警察——美国的经验》、菲利普·P. 普尔普拉的《警察与社区——概念和实例》等警学著作里，虽然谈到了警察教育与管理、警察形象塑造、警察文化构建、警察腐败根治等涉及警察职业道德、警察思想教育的内容，但缺少应用生态学分析问题的观点呈现。所以，从这个意义上说，运用生态学的理论框架研究公安思想政治工作，不仅可以拓展公安思想政治工作研究的视域，使公安思想政治工作研究走向深入，为建设一门新兴学科——公安思想政治工作生态学探索路径，而且还可以给公安机关领导科学管理队伍、建设“过硬”队伍，进而提升公安思想政治工作品质提供有益参考。

二是《公安思想政治工作生态学研究》一书的思路、内容结构。本研究的总体思路是基于生态学的视角，遵循公安民警思想和行为规律、成人成才规律、思想政治工作规律，坚持从理论到实践、从宏观到微观、从抽象到具体的逻辑进路，着力从生态学的含义、生态学与公安思想政治工作内容方法评价的关联、生态学与公安思想政治工作重点难点问题的关联三个层面开展深度研究，以期对公安思想政治工作品质、公安思想政治工作效率有一定的提升。

按照这一研究思路，全书逻辑结构上由上下两篇构成。上篇由第一章公安思想政治工作生态学初探、第二章公安思想政治工作的生态价值及其实现、第三章公安思想政治工作发生机制的生态学分析、第四章公安思想政治工作内容的生态学分析、第五章公安思想政治工作方法的生态学分析、第六章公安思想政治工作评价的生态学分析，共六章组成，重点阐释生态学与公安思想政治工作基本理论的关联，揭示公安思想政治工作理论的生态属性，进而增强将生态学融入公安思想政治工作的思想自觉。下篇由第七章公安民警政治信仰的生态分析、第八章公安民警职业倦怠的生态分析、第九章公安民警权力腐败的生态分析、第十章公安民警职业生涯管理的生态分析、第十一章生态警营的意蕴分析与建设路径选择、第十二章结构与功能：警务监督的生态分析、第十三章政治生态视域下公安民警退出机制建设、第十四章博弈与共振：涉警网络舆情的生态分析、第十五章“污名化”社会生态中的警民关系构建、第十六章警察违法违纪行为的生态分析、第十七章公安机关全面从严治党的生态分析，共十一章组成，重点阐释了生态学与公安思想政治工作重点问题、难点问题的关联，揭示公安思想政治工作实践的生态属性，进而增强将生态学融入公安思想政治工作的行动自觉。

王光森

2019 年 9 月 20 日于南京金陵世家

目　录

上　篇

下　篇

上　篇

第一章　公安思想政治工作生态学初探

在强调“绿色发展”“生态文明建设”的背景下开展公安思想政治工作生态学研究，既是公安思想政治工作系统性、生态性的必然要求，又具备了理论上、学科建设上、人才保障上的可能性。开展公安思想政治工作生态学研究的基本视角是：运用动态的眼光去考量公安思想政治工作环境的作用机制，把公安思想政治工作视作一个与环境系统具有内在一致性的生态系统，从而揭示生态学视野下公安思想政治工作的内在规律。

一、问题的提出：研究的缘起

作为党的思想政治工作重要组成部分的公安思想政治工作，一直以来都是公安工作和队伍建设的核心内容，公安思想政治工作是公安工作的“生命线”。然而，社会形势复杂多变，公安工作中各种新的课题和任务不断摆在我们面前，公安思想政治工作也总是面临新的挑战。在新的历史条件下，捍卫和巩固公安思想政治工作的“生命线”地位，首要和根本的前提是解决公安思想政治工作科学化问题。尽管公安思想政治工作实践历史悠久，但其作为科学性的一面却被忽视。殊不知，不断强化的实践性和始终没有重视到的科学性，使公安思想政治工作陷入工作无力、成效减弱、可有可无尴尬境地。随着公安学作为一级学科地位的确立，学者提出将公安思想政治工作学（简称“公安政工学”）作为公安学下的二级学科加以确立，并强烈呼吁深化公安政工学研究。[1] 江苏警官学院原党委书记孙兴家和王光森教授从促进公安学学科发展、提升公安思想政治工作科学化水平、培养和造就公安政工专业人才角度论说加强公安政工学研究的价值，

[1] 孙兴家，王光森. 关于进一步深化“公安政工学”研究的思考［J］. 公安教育，2016（3）.

并提出公安政工学应围绕公安政工发展史、公安政工原理、公安政工方法论、公安政工应用等四个方向进行深化研究，在此，公安思想政治工作生态学研究被首次提出。[1]“公安思想政治工作生态学”概念既是对“公安思想政治工作学”和“生态学”等概念的一种综合，更体现了对思想政治工作学与生态学及其理论方法的一种提升和创新。将生态学思维引入公安思想政治工作的研究，我们略作初步探讨，以抛砖引玉。

二、公安思想政治工作生态学研究的必然性

（一）公安思想政治工作系统性的内在要求

无论是作为实践活动还是学科形态，公安思想政治工作都可被看作一个独立的社会系统。作为实践活动的公安思想政治工作，是在公安系统内部用党的路线、方针、政策、纪律及法律、法规和规定等施予广大公安民警，达到塑造民警、规约民警和培养民警的一种具有社会影响力的社会活动。因此，作为实践活动的公安思想政治工作，是嵌入特定组织系统（公安系统）内的一个教育学习系统，它有自上而下的组织实施系统（主要由政工条线组织构成），有特定的对象系统（全体公安民警及辅警等），有维持活动正常运行的各种机制保障。而且，它还隶属于更大的思想政治工作系统。作为学科形态的公安思想政治工作学（或公安政工学），它有不依赖其他学科的独立性，这种独立性主要体现在它的研究对象、知识体系、研究方向、人才培养特色等要素上。公安政工学独立的研究对象规定了它的学科系统边界，其知识体系、研究方向以及人才培养等都是基于系统内的相互作用、相互依存的元素。从公安思想政治工作系统性意义上看，研究公安思想政治工作必须树立一种系统性、整体性、关联性和动态性的思维。现代意义上的生态学，正内在地蕴含着系统性、整体性、关联性和动态性的思维特征。“生态思维揭示了生态系统的整体统一性、丰富多样性和开放循环性，它倡导一种全方位的生态关怀，强调人与社会、人与自然的和谐相济，开启了一种新的整体论思维方式。”[2] 借用生态思维来研究公

---

[1] 孙兴家，王光森．关于进一步深化“公安政工学”研究的思考［J］．公安教育，2016（3）．

[2] 任暟．生态思维与科学发展观［N］．光明日报，2006－06－05．

安思想政治工作，能够为拓展公安思想政治工作学科研究视野、促进研究思维范式转变、深化学科有关理论与实践问题等提供新的研究空间。

（二）公安思想政治工作突破现实困境的必然选择

作为公安工作和队伍建设“生命线”的公安思想政治工作，在繁杂业务工作的重压下，在复杂社会环境的影响下，其地位和作用不断受到挑战，经常处于“讲起来重要，做起来次要，忙起来不要”的状态。而且，公安思想政治工作缺乏刚性约束，开展起来比较随意，走过场、形式化比较普遍，不注重提高内涵和质量，不注重结果和成效，思想政治工作没有发挥出应有的塑造警察、规约警察和培养警察的功能。破解这样的实践困境，需要转变思维方式，按照思想政治工作的历史发展规律来调整策略。人类社会在从农业文明到工业文明再到生态文明（后工业文明）的演进中，从根本上带来了做好思想政治工作的新思想。这就要求人们在思想政治工作中树立整体性、平衡性、共生性和发展性的思维意识。作为思想政治工作主要形式的思想政治教育，应当从“培养论”到终身“学习论”或自主“建构论”的现代教育观转变。受传统教育观影响，公安思想政治工作中的政治学习和政治教育，普遍停留在“培养论”的思维中，这种培养思维将公安思想政治工作划分为主客两个场域，作为主体的一方把需要传递的世界观、价值观、警察职业道德等意识形态的内容以单方宣传教育、日常工作活动等形式向受众（客体）一方施予影响，以培育、纠正、完善受众思想意识。在工业文明向生态文明转变中，这种“主客”二元式的思维方式，恰恰是导致生态危机的深层原因。今天，生态世界观作为新的思维方式被提出来，已促使人们思考问题从“人文中心主义”向“生态中心主义”转变。公安思想政治工作学研究引入生态思维方式，可以将传统公安思想政治工作主客二元化说教式模式，代之以“反思人与自然、人与社会以及人与自身的关系，构建主体间性的思想政治工作模式，在满足社会适应性同时，使思想政治工作的价值引领功能获得实现”[1]。用生态观来审视公安思想政治工作，不再把主客二体放在不同的作用场域来看待，更不把思想政治工作的“四体”（主体、客体、环体、介体）要素独立地抽取

---

[1] 张洪春．论思想政治教育生态维的价值向度［J］．社会科学家，2009（4）．

出来看待，而更注重分析人与人之间的交往活动对人本身的影响以及这种影响的作用机制，把对思想政治工作产生的外部因素看作动态的社会关系，而不是静态的自然环境或是社会组织结构本身，从共生、关联、系统、整体上把握“四体”关系。应用生态学思维指导公安思想政治工作实践，对破解当前公安思想政治工作困境无疑是必要的选择。

（三）实现公安思想政治工作理论与实践的内在统一

公安思想政治工作最本质的特征是实践性，这种实践性既表现在理论的实践性上，又表现在工作落实的实践性上，二者是同一问题的两个层面。公安思想政治工作是思想性的政治工作和政治性的思想工作的结合，其理论的实践性可从思想的实践性和政治的实践性来理解。一是思想的实践性。公安思想政治工作的中的“思想”意指人们的精神实践，实践论的观点认为，感性认识的资料积累多了，就会产生一个飞跃，变成一个理性的认识，思想就是指这种理性的认识。[1] 思想政治工作就是用人类历史上最先进、最科学的世界观、方法论施予人以教育、启发的作用，“最先进、最科学的世界观、方法论”就是人类实践的精神成果。二是政治理论的实践性。在揭示理论与实践的关系问题上，亚里士多德强调“政治学即全部实践哲学”，“政治学本身是美好的和正当的生活学说，其所涉及的是人的行为，也就是实践的领域”[2]。如果研究政治活动规律的政治学是实践性的，那么，作为社会生活中的政治行动，毫无疑问也是实践性的。从阶级属性角度来看，公安思想政治工作是统治阶级的政治工具，其实践性是天然的。透析了公安思想政治工作理论的实践性，其工作落实上的实践性理解起来就更为直观、简单，在此不再赘述。为什么要从理论和实践的统一性上分析公安思想政治工作生态学研究的必要性？这要从公安思想政治工作学的理论性与科学性关系角度来回答。第一，公安思想政治工作实践性特征决定了其认识论上的特点，即它不会成为一门精密的科学。换句话说，公安思想政治工作要成为一门科学需要与实践活动保持高度的协同互动。第二，公安思想政治工作学建立的理论只有在实践哲学的形态中才能

---

[1] 李晓喻．思想政治工作的含义与原则［J］．伊犁论坛，2000（4）．

[2] 伊丽丽．哈贝马斯对理论与实践关系的重新理解［J］．黑龙江史志，2013（5）．

获得实践的意义。而这里的“实践”并不能单一地理解为“劳动这种人支配自然的技术活动”，还包括主体间以语言为中介的相互作用的维度。“实践活动是人们依据他们所承认的规则来调节行动者与行动者之间的联系，或者在更高的反思的层面上，对这种规则本身进行调整和修改。”❶ 这里表明公安思想政治工作学除了关注其工具性的实践性研究外，还要关注人与人之间的作用关系，以及其理论自身在实践中不断升华和完善的互动过程。用生态思维来考察公安思想政治工作学的学科，能更好地促进公安思想政治工作理论和实践的统一关系、作用关系、发展关系。公安思想政治工作实践性与思想性是相统一的，这种统一性决定了要用互动、发展、平衡的生态观来认识它。

三、公安思想政治工作生态学研究的可能性

（一）生态学理论应用已比较成熟地渗透到思想政治工作研究领域

源于生物学世界提出和建立的生态学，其作为“研究生物体同外部世界关系的科学”，因其在价值属性、概念内涵等方面存在可能被延展的哲学意义，使本属于自然科学领域的生态概念，后被广泛地嫁接和移植到社会学领域，衍生出了诸如教育生态、政治生态、文化生态、行政生态等概念，生态学方法已经成为现代社会人们认识世界的一种全新的方式，诚如生态学家奥德姆所说，“现代生态论是自然科学与社会科学的桥梁”❷。就公安思想政治工作生态学有关的学术研究主题看，有教育生态、德育生态、政治生态、文化生态、生态方法、生态思维、生态思想、生态伦理、生态文明、生态人学、生态政治等，每一主题都有数量不等的研究成果。尽管公安思想政治生态学的研究尚处于空白，但从生态学研究被广泛应用到社会科学的发展形势，尤其是生态思维引入思想政治教育学领域的研究来看，也能为我们开展公安思想政治工作生态学研究提供理论上的可能

---

❶ 童世骏．批判与实践——论哈贝马斯的批判理论［M］．北京：生活·读书·新知三联书店出版社，2007：35.

❷ Eugene Odum，Ecology，The Link Between the Natural and Social Science，Hoi Rinehart & Winston，1975.

性，为公安思想政治工作生态学学科研究奠定理论基础。

生态学理论引入思想政治教育研究虽然仅有十年左右时间，但研究的深度和广度都在不断加深和扩大，正在向行业思想政治领域拓展。在知网系统中以“主题—思想政治”“主题—生态”进行查询，查询结果有上千篇，经过对文献主题筛选得知，最早将生态意识引入德育工作的文献刊发于1995年，而真正具有影响力的文献出现在2004年，邱柏生教授在《学校党建与思想教育》杂志发表的《要重视研究思想政治教育的生态环境》一文被引用了84次，丁钢等人合作发表的《人文关怀：大学生思想政治工作的生态链》一文被引用了43次。[1] 2004年掀起了思想政治领域生态学研究的一个小热潮，之后，相应的研究成果逐年增加，研究内容主要侧重于思想政治教育生态学研究。思想政治教育是思想政治工作的重要形式，公安思想政治工作又是思想政治工作的重要组成部分，因此，思想政治教育生态学研究的成果对公安思想政治工作生态学研究具有重要的支撑和借鉴作用。

（二）公安学一级学科地位的确立和构建公安政工学二级学科的构想

当公安学正式被确立为法学门类下的一级学科后，出于行政管理和学术研究之需，中国人民公安大学提出构建公安学二级学科体系的意见，虽然公安政工学没有被列为独立的二级学科，但为该领域学者打开了一个学术呼吁的窗口。从学科建设规范化管理的角度，由中国人民公安大学为代表向国务院学位委员会办公室提交了《公安学、公安技术两个一级学科下设二级学科目录及简介》的意见，提出在公安学一级学科下设置11个二级学科的建议，被国务院采纳。在11个二级学科中，并没有公安思想政治工作学（简称“公安政工学”）。公安政工学没有作为独立的二级学科被纳入学科体系，或许是由于公安政工实践工作长期没有获得较高的独立性地位，或许是由于公安政工学理论研究积淀不够，或许是由于公安政工学实践性较强、而科学性较弱等，总之，公安政工学目前并没有被单列为一门独立的学科。但是，这丝毫不影响理论界对公安政工学的研究，至少在公

[1] 检索时间为2016年6月7日。

安学赢得了独立存在的“合法性”后，从事公安思想政治工作研究的学者已强烈呼吁建立公安政工学的独立学科地位。学科的独立性赢得一般有两个渠道：一是通过制度的合法性认可，如公安学一级学科地位的确立就是主要建立在制度合法性认可上；二是具备独立的几个要素（有独立的研究对象和研究领域；形成特有的概念、原理、规律等，并构成严密的逻辑系统；有自己的研究方法）。公安政工学的学科独立性既没得到独立的合法性认可，也不完全具备独立的三个条件。不过，独立的三个基本要素可以通过加强理论研究来实现，因此，在公安学一级学科的框架下，可以通过公安思想政治工作者和学术专家的共同努力，在公安政工的学术研究中开辟研究领域，促进公安政工学独立学科地位的建立。无疑，公安学一级学科地位的确立，以及学界提出构建公安政工学二级学科地位的构想，已为开展公安思想政治工作生态学研究提供了可能。

（三）有一支庞大的公安思想政治工作实践者和研究者队伍

开展公安思想政治工作生态学研究，人才是关键，公安思想政治工作有一支庞大的实践者和研究者队伍，他们是开展公安思想政治工作生态学研究的强有力的生力军。首先，长期的公安思想政治工作实践，练就了一批公安思想政治工作的实干家，他们具有丰富的思想政治工作经验，具有开放的公安思想政治工作视野，具有一定的思想政治工作探究能力。全国公安机关从上（公安部）到下（基层科所队），每个层级的公安组织内均设有专门从事公安思想政治工作的职能部门，配备有专门从事公安思想政治工作的人员，公安思想政治工作的职能部门及其人员富有丰富的实践经验，在新形势下他们也更愿意探索开展思想政治工作的新方法、新思路，无疑，从生态学的思维角度考量改进公安思想政治工作也是他们所迫切需要的。其次，公安类院校、培训学校等造就了一批高素质的公安思想政治工作研究者，他们具有深厚的学术积累，具有创新的学术思维，更有较强的学术探究能力。全国30多所公安类普通高等公安院校，均有从事公安思想政治教育的学者，全国各地的公安培训学校也都有公安思想政治教育培训专家，他们不仅承担着公安思想政治工作的教学任务，而且致力于公安思想政治工作的研究，他们的学术能力和学术视野完全具备开展公安思想政治工作生态学研究的要求。

四、开展公安思想政治工作生态学研究的基本视角

（一）用动态的眼光去考量公安思想政治工作环境的作用机制

在公安思想政治工作中，涉及教育者、被教育者、教育环境三个主要因素，思想政治工作环境是指影响思想政治工作的一切外部因素的总和。非生态观下的思想政治工作环境研究，是以静态的眼光研究环境本身的分类、构成、功能、特征等，而忽视了影响思想政治工作活动运行外部因素总和本身的动态性和复杂性的研究，“纵观思想政治教育系统的外部环境，尽管成果相当多，但大多数是静态的宏观探讨……”❶。事实上，对广大公安干警思想政治素质形成产生影响的外部因素主要还是动态的社会关系，而不是静态的自然环境或者是公安组织本身。

在公安思想政治工作对象与工作主体间，受复杂的外部环境的影响。公安思想政治工作环境既包括组织内、群体间、组织间的子环境，也包括历史与现实的社会、经济、人文等大环境，在这样的环境系统中，个体和小群体的思想会时时处处受到大环境影响，个体的思想状况也受到自身经历、习得等历史的影响，还受到自身所处的社会圈思想的影响。在施予被教育者思想感化时，有一个基本的前提或客观事实，即“教育对象自身原有的基于一定社会生活所形成的价值判断和观念认同在相对后来发生的思想政治教育过程中已经在发挥影响了。体现在教育对象在接受思想政治教育时内心有一把潜在的‘标尺’，这把‘标尺’正是教育对象自己在以往的生活经历中已经建构或习得的一些个人体验、立场、观点、态度以及思维方式等”❷。也就是说，考察公安思想政治工作不仅仅看主客体双方的努力程度，这其中起到某种重要影响的是我们未见或可见的外部环境，它对公安思想政治工作对象产生着潜在但又是决定性的影响，这种影响不仅在过去，也在当下，还会在将来。环境对个体或群体思想状况的影响是普遍、经常、动态变化的。公安思想政治工作作为一种创造性劳动，需要与时代所处的环境相适应，各级党组织和政工部门应从观念上、内容上、方

---

❶ 杨业华．思想政治教育环境研究需要深化的若干理论问题［J］．马克思主义研究，2010（6）．

❷ 杨增崇．思想政治教育生态分析引论［M］．北京：中国社会科学出版社，2015：8．

式上、机制上不断创新。因此，生态思维下对公安思想政治工作环境的研究，需用动态的眼光来考量思想政治工作环境及其作用机制。

（二）从公安思想政治工作的内在规律去揭示生态意识观

公安思想政治工作的作用点是强调紧密结合公安实际进行意识形态教育，提高广大公安干警及其公安队伍的思想政治素质。简言之，公安思想政治工作主要是用党的先进的思想、意识形态、价值观去引导、感化、说服广大公安干警，达到内聚人心、调动民警积极性的作用。从现实层面考察，不难发现：公安思想政治工作被“虚置”的现象严重，突出表现为调子很高，做得不实；文体活动多，进入“心坎”的思想教育少；片面追求形式上的“轰动效应”，以各种教育整顿取代深入细致的思想政治工作。还有，个别政工干部以消极性的态度淡漠思想政治工作传统，以选择性的眼光审视思想政治工作内容，以批判性的格调排斥思想政治工作方法。总之，公安思想政治工作实效性面临的问题，不是公安思想政治工作本身的问题，而是缺乏对思想政治工作规律性探索和科学施策所导致的问题。生态学意义的队伍思想状况分析缺失，不注意将新形势下队伍出现的新情况、新问题与社会大环境系统相联系去分析，而是迷恋简单的封闭式、灌输式教育，显然不能保证公安思想政治工作奏效。尽管造成公安思想政治工作欠佳问题的原因很多，但从学科研究的角度来看，一个很重要的原因在于我们长期以来偏重于对公安思想政治工作“环节”本身的探讨，缺乏用“整体性”眼光或视角来观察整个公安思想政治工作及其现实的“空间”与“土壤”，即缺乏从动态社会关系中把握公安思想工作规律。“由计划导向转向市场导向，‘政治性文化’被‘经济性文化’或被西方所称的‘现代性文化’所取代。在被称之为‘社会转型期’的结构分化过程中，效率和效益的最优化原则取代了社会一致原则；绝对的市场化价值取向取代了平均主义价值；对世俗生活的崇尚胜过了精神生活的追求。”❶ 这些变化自然会映射到公安组织生态体系，会影响和主导广大公安民警及其组织自身看待公安思想工作的价值取向。因此，在当前的时代背景下，特别需要从社会整体观的视角来探索公安思想政治工作内在规律，指导公安思想

❶ 孟伟，张岩鸿. 转型期思想政治工作问题研究［M］. 北京：人民出版社，2004：2.

政治工作实践。

（三）把公安思想政治教育视作一个与自然系统一样具有内在一致性的生态系统

公安思想政治教育作为不断完善公安组织共同体成员思想意识、思想观念和坚定公安共同体成员政治立场、政治方向的普遍性实践活动，其实质就是一个规约人、塑造人、发展人，且具有自我更新、变革适应能力的社会生态系统。以生态观来观察公安思想政治教育，其客观的前提是公安思想政治教育本身带有生态性，即具有与自然生态系统相类似的内在机制，甚至是一定程度上一致的质的规定性。事实上，思想政治教育的系统观已是一个普遍被接受的观点，“思想政治教育系统观已成为思想政治教育研究中一个最基本的问题，也是一个具有‘猴体解剖’性质的前沿问题”[1]。从环境到生态的视域转换所确立起来的动态、系统、联系、整体、共生和协调的观念，为我们认识公安思想政治教育系统提供了方法论指导。因此，从事公安思想政治工作生态学的学科研究，应将“以整体世界观或系统论来看待公安思想政治教育实践活动”作为一种理论的“自觉”。这就要求研究者要意识到公安思想政治教育实践活动同其他社会实践活动之间既保持有一定的边界，又不可孤立于其他社会系统之外。

总之，公安思想政治工作生态学研究既是生态学在公安思想政治工作领域的发展应用研究，也是对公安思想政治工作学学科研究的拓展和创新。开展该领域的研究，需要根据生态学内涵和规律来把握公安思想政治工作内在规律、发展路径，确立公安思想政治教育系统观。

（执笔人：梁慧稳，江苏警官学院公安管理系副教授，博士。）

---

[1] 杨增岽．思想政治教育生态分析引论［M］．北京：中国社会科学出版社，2015：156.

第二章 公安思想政治工作的生态价值及其实现

打造“四个铁一般”的公安铁军[1]，离不开公安思想政治工作的支撑。然而，对照现实不难发现，公安思想工作的意义和实际效能并没有得到充分发挥，人们所期望的那种景象并没有呈现出来。造成这种应然和实然反差较大的原因，除了理念、内容、手段方法创新不够等因素外，在现有公安思想政治工作框架体系下，公安思想政治工作的价值包括生态价值缺乏行之有效的评估方法和实现机制是一个重要原因。因此，基于价值理论的维度，分析公安思想政治工作生态价值的构成，确立公安思想政治工作生态价值评估的基本方法，提出公安思想政治工作生态价值的实现机制，确实是一项紧迫而重大的任务。

一、价值与公安思想政治工作价值的一般阐释

由于看问题的角度不同，目前学界对价值的界定五花八门。项久雨认为要对价值作出较为准确的规定，必须明确以下四个问题。第一，价值属于人；第二，价值来源于客体；第三，价值是一种特定的评价关系；第四，价值的本质是指客体主体化过程的性质和程度。[2] 显然，项久雨的观点更契合马克思的基本思想，即“人在把成为满足他的需要的资料的外界物，作为这种满足需要的资料，而从其他的外界物中区别出来并加以标明

---

❶ 2019 年 5 月 7—8 日，全国公安工作会议在北京召开。习近平总书记出席会议，并作重要讲话。在这次讲话中，他明确提出了打造“铁一般的理想信念、铁一般的责任担当、铁一般的过硬本领、铁一般的纪律作风”公安铁军的要求。“四个铁一般”由此而来。

❷ 项久雨．思想政治教育价值论［M］．北京：中国社会科学出版社，2003：25－26.

时，对这些物进行估价，赋予它们以价值或使它们具有‘价值’属性”❶。

依据项久雨的思路，我们可以将价值概括为，它是“主体在实践活动中建立起来的，以主体尺度为尺度的一种客观的主客体关系，是客体的存在及其性质是否与主体的本性、目的和需要相一致、相适用、相接近的关系”❷。在这里，主体是价值的体现者，客体是价值的载体，实践是价值的确定者。价值属于关系范畴，它一方面离不开一定的客体的属性和功能，另一方面也离不开主体的需要，当一定的客体的属性和功能与一定的主体的需要发生意义关系时，即客体的属性、功能满足主体需要时，价值即告产生。❸

反观学界，因对价值的理解有差异，所以，给思想政治教育或思想政治工作的价值下定义，歧义也甚多。冯达成认为：“思想政治教育价值问题，就是思想政治教育对人的发展和社会进步的效用和意义问题。”❹ 方玉光认为：“思想政治工作的价值就是它在完成党在各个历史时期总路线、总目标的服务与促进作用。”❺ 于慧颖提出：“思想政治工作价值即思想政治工作对社会和个人发展需要的满足。它包括两方面的含义：一是作为教育活动的思想政治工作价值。二是作为思想政治教育成果形式的人的思想品德与行为的社会价值。”❻ 马毅松、王雄杰则认为：“思想政治教育的价值作为认识的一种特殊形式，其现实基础是人的社会生活，它借助于真、善、美、意志、需要、精神、管理、主体、德育、人格、理想、信仰、情感等概念和范畴来反映现实，调节主体与社会、人与人之间的关系。”❼ 上述观点都是从思想政治教育或思想政治工作的有用性、意义等方面（即社会价值方面）加以论析的，虽然有一定道理，但有的难免失之偏颇。相比较而言，项久雨通过对一般价值概念的深刻分析，从社会价值和主客体关系两方面对思想政治工作价值进行界定，我们认为更具有说服力。在项久雨看来，“思想政治教育价值，就是主体在思想政治教育实践——认识活

❶ 马克思恩格斯全集（第19卷）[M]．北京：人民出版社，1963：409.
❷ 项久雨．思想政治教育价值论 [M]．北京：中国社会科学出版社，2003：26.
❸ 李江凌．论思想政治教育价值的创造和实现 [J]．求实，2006（3）.
❹ 冯达成．新时期思想政治教育价值初探 [J]．学术论坛，2002（3）.
❺ 方玉光．论我国思想政治教育价值问题的研究现状 [J]．科教文汇，2008（5）.
❻ 于慧颖．论我国思想政治教育价值问题的研究现状 [J]，科教文汇，2008（5）.
❼ 马毅松，王雄杰．论思想政治教育的价值结构 [J]．思想教育研究，2002（2）.

动中建立起来的，以主体尺度为尺度的一种客观的主客体关系，是思想政治教育的存在及其性质是否与主体的本性、目的和需要等相一致、相结合、相接近的关系。这种关系是思想政治教育在其教育活动和社会关系中合乎人的发展和人类社会进步的目的而呈现出的一种肯定的意义关系。”[1]这清楚地表明，思想政治教育或思想政治工作的价值并不是反映某种独立存在的实体范畴，也不是反映某一独立存在物的状况的样式范畴，而是反映人与外物、主体与客体的关系范畴。

至于公安思想政治工作的价值，目前还缺乏卓有成效的研究，因此，呈现的成果还不多见。我们试图借鉴上述各位专家学者对思想政治工作价值的描述，对公安思想政治工作价值的含义作以下概括：公安思想政治工作价值，就是公安机关及其领导（主体）在引导、教育公安民警（客体）一系列实践活动中建立起来的一种相互影响、相互作用的主客体关系，是公安思想政治教育的存在及其性质是否与公安机关领导的目的和需要等相一致、相结合、相接近的关系。很显然，这种关系是公安机关领导在其教育活动和社会关系中出于民警职业发展和公安事业进步的目的而呈现出的一种肯定的意义关系。这种关系在现实工作中表现为思想政治教育及其一系列实践活动对公安民警和社会治安维护的效用和意义上，而这种效用和意义又直接体现在两个方面。一方面，民警思想政治工作做好了，就能够转变民警思想，提升民警的思想政治品质，打牢民警高举旗帜、听党指挥、忠诚使命的思想基础，确保民警始终在思想上政治上行动上与党中央保持高度一致，从而提升公安工作质态，为实现“两个一百年”奋斗目标和中华民族复兴的“中国梦”创造良好的治安环境。另一方面，公安思想政治工作做好了，就能够抑制民警内心的邪恶，使民警产生向“善”的愿望，自觉砥砺意志，陶冶情操，在执法工作中体现“人民公安为人民”的初心使命，进而对整个社会产生示范、带动、引领作用。显然，立足于“公安民警个体与公安队伍整体的互动关系”是前一个方面价值产生的基本语境，而后一个方面价值的语境则是公安思想政治工作的社会教育检视，它立论的基点当属“公安民警群体与社会整体的互动关系”，对于这一点，学界关注得远远不够。

---

[1] 项久雨. 思想政治教育价值论［M］. 北京：中国社会科学出版社，2003：28.

二、公安思想政治工作生态价值及其评估

（一）公安思想政治工作生态价值

作为一种客观的主客体关系，公安思想政治工作的价值是客观存在的，当然，它也是不断发展的。但由于划分的标准不同，公安思想政治工作价值形态呈现出的样式却是多样化的。不过，根据研究，我们坚持认为，从价值的主体上看，公安思想政治工作的价值可以划分为个体价值与社会价值，而社会价值又可以进一步划分为经济价值、政治价值、文化价值和生态价值。但遗憾的是，迄今为止，公安政工学界对公安思想政治工作生态价值的研究，仍然没有形成气候，这是与国家倡导生态文明建设、强化绿色发展理念的大环境不甚协调的。

对公安思想政治工作生态价值如何界定？我们认为首先要弄清“生态”“价值”“生态价值”等基本概念，其次要对思想政治教育生态价值研究进行借鉴，从中获得启示。唯有如此，才能对公安思想政治工作生态价值进行科学的解读。正是沿着这样的思维逻辑，并在开展大量工作的基础上，我们尝试着对公安思想政治工作生态价值做出如下定义，即它是指公安思想政治工作协调生命主体与环境之间关系的效用和意义。这种效用和意义不但体现为公安思想政治工作对公安工作乃至社会生态大环境可持续发展的意义，也体现为社会生态大环境对公安思想政治工作乃至公安工作可持续发展的意义。这一界定可以从三个层面来理解：作为一项神圣事业的公安思想政治工作，强调生态价值事关公安民警“生态人”品格的塑造和“最美警察”“健康警察”队伍的打造；作为一种实践活动的公安思想政治工作，强调生态价值事关民警“快乐工作、幸福生活”目标的实现和生态警营建设，事关公安民警的获得感和幸福指数；作为一门学科的公安思想政治工作，强调生态价值事关公安思想政治工作科学化体系构建。由此，我们坚持认为，过去公安思想政治工作生态价值被社会价值所遮蔽，是公安思想政治工作效能低下的重要原因。

（二）公安思想政治工作生态价值的构成

从根本上说，公安思想政治工作生态价值应是公安思想政治工作构成

要素与生态环境构成要素之间形成的生态系统的生态价值。正如一些学者所言，“生态系统的基本功能包括生物生产功能、物质和能量的传输与转化功能、系统的自组织功能。”[1] 加强和改进公安思想政治工作的根本目的在于运用公安思想政治工作的“生产系统”给公安民警提供必需的精神产品，并在长期使用中在“自组织功能”作用下形成一种特殊的“人工生态系统”。这个“人工生态系统”，一方面，在供给公安民警充足的服务和精神产品的同时，又给公安民警提供一种新的生存环境，形成公安思想政治工作生态系统特有的“政工干部 + 公安民警 + 公安思想政治工作内容、载体、手段方法 + 公安思想政治工作环境”多元结构和生态链，为公安思想政治工作可持续发展开辟空间。另一方面，在“人工生态系统”中，如果运用其物质和能量的传输转化功能，即通过公安思想政治工作的教育作用、凝聚作用、激励作用、导向作用改变公安民警的思想和行为，树立公安民警高大形象，发挥公安民警职业的“窗口”示范效应，无疑将会净化社会生态环境中的有害物质，进而为构建稳定和谐的社会环境、建设“美丽中国”创造条件。正是因为如此，时任中央政治局委员、公安部部长孟建柱在2010年4月全国公安机关政治部主任培训班讲话中强调，公安思想政治工作是我们的传家宝，任何时候都不能丢。可见，我们创造了公安思想政治工作这一特殊的“人工生态系统”，并从中获得了很多收益，但在传统的价值认识中，往往只注重公安思想政治工作的内在价值，忽视对公安思想政治工作外在价值特别是生态价值的强调，显然是片面的。在现有的制度和认识框架下，如果这种片面性得不到纠正，公安思想政治工作系统与社会环境系统之间必然会出现某些失衡，从而导致公安思想政治工作系统结构和功能被破坏。此外，公安思想政治工作作为一种人工生态系统，其结构和功能需要不断的“劳动投入”来维持，而这种劳动投入存在质和量的差异性，同时，公安思想政治工作本身也存在一个“边际效应递减”问题，使思想政治工作的功能在一定程度上受到遏制。

总之，由于主体局限性或劳动投入不足，加上客体、介体、环体的复杂性，公安思想政治工作系统有时会产生或多或少的生态负效应，这是我

[1] 车裕斌．论耕地资源的生态价值及其实现［J］．生态经济，2004（S1）．

们在研究公安思想政治工作生态价值中必须要引起高度重视的问题，而过去在讨论公安思想政治工作价值问题时，要么不提生态价值，要么只提公安思想政治工作的正生态效应，而忽视其负生态效应，结果导致公安思想政治工作的价值要么被缩小，要么被夸大。

基于以上对公安思想政治工作生态系统的功能分析，我们将公安思想政治工作的生态价值（EV）分为两大类：生态正价值（PEV）和生态负价值（NEV）。公安思想政治工作的生态价值表示为：

$$EV = PEV - NEV$$

其中，公安思想政治工作生态正价值包括：公安思想政治工作的认识价值（KV）、公安思想政治工作的审美价值（AV）、公安思想政治工作的生命维持价值（MLV）和公安思想政治工作的社会政治价值（SAV）。公安思想政治工作的生态正价值表示为：

$$PEV = AV + AV + MLV + SAV$$

公安思想政治工作生态负价值包括：公安思想政治工作系统释放错误信号带来的负效应（FSV）、公安思想政治工作系统退化带来的负效应（SDV）、公安思想政治工作系统资源流失带来的负效应（RLV）。公安思想政治工作的生态负价值表示为：

$$NEV = FSV + SDV + RLV$$

（三）公安思想政治工作生态价值评估

就国内而言，个别学者虽然对公安思想政治工作的生态价值有所提及，但缺乏深入探讨，至于如何评估，则鲜有论述。也就是说，到目前为止，公安思想政治工作的生态价值评估既无公认的标准与方法，也无独立的评估先例。而国内关于生态价值评估的理论与方法的研究文献则主要集中在森林资源与水资源的生态价值评估方面，其中由于森林、水资源形态和资源特性与公安思想政治工作系统存在较大差异，其生态价值评估方法对于公安思想政治工作系统缺乏借鉴意义。基于这一现状，我们只能参考现有的思想政治教育评估模式，来探究公安思想政治工作生态价值评估的模式与方法、途径。这里，我们建议公安思想政治工作生态价值评估采用的模式、方法详见表1。

表1　公安思想政治工作生态价值评估模式

价值类型与构成		建议模式	模式及方法简介
正价值	认识价值	综合评价模式	综合评价模式主要是依据评价对象的“认知”“行为”等综合因素来进行评价的一种范式。它主要借助评语法等方法来实现。它不具有绝对性，只具有一定的相对性。它一般采用定性语言描述的方式作出评价结论
	审美价值		
	生命维持价值	个体内差标准评价模式	个体内差标准评价模式是指将评价对象中的各个元素的过去与现在相比较、或者一个元素所处位置与其他元素所处位置相比较、或者一个元素的若干侧面相比较而作出评价结论的一种评价范式。它主要借助于评等法等方法来实现。它一般采用等级形式（如优、良……A、B……或一、二……）作出评价结论
	社会政治价值	绝对标准评价模式	绝对标准评价模式是指以评价对象实际达到目标与既定目标相比较而作出评价结论的一种评价范式。它主要借助于评分法等方法来实现。它一般采用分数的形式作出评价结论
负价值	错误信号效应	损失估算评价模式	损失估算评价模式是以评价对象某些环节出现问题而可能导致系统外文化、社会、环境以及其他损失的货币计量来表示生态负效应的一种评价范式。这种范式形式上呈现的是数值，便于计算处理，但这些数值具有不同的意义，因此不能简单进行计算了事
	资源流失效应		
	系统退化效应	机会成本评价模式	机会成本评价模式是以保证评价对象利用系统不退化的方式与当前评价对象利用方式的经济效益差，即为当前利用方式的机会成本来用于衡量系统退化负效应的一种评价模式

需要指出的是，王茂胜等学者提出的思想政治教育基本评价模式（如选拔性评价模式、管理型评价模式、诊断型评价模式、教育型评价模式）及其评价方法（如评语法、评等法、评分法）[1]，对于认识、评价公安思想

[1] 王茂胜．思想政治教育评价论［M］．北京：中国社会科学出版社，2006：206－212.

政治工作生态价值具有借鉴作用，但其研究仅停留在思想政治教育内部价值的评价体系、评价模式的构建上，如果他能将思想政治教育的外部价值特别是生态价值纳入研究视域，并且能建立起思想政治教育生态效益与生态价值之间的函数关系，那么对公安思想政治工作生态价值的确定势必产生更直接的影响。

三、公安思想政治工作生态价值的实现方式

公安思想政治工作具有生态价值已无疑义，但公安思想政治工作的生态价值至今无法充分体现出来，则是当前公安政工干部情绪低落、公安思想政治工作效益低下的一个不可忽视的原因。要有效解决这个问题，我们认为，一方面，要努力找到公安思想政治工作生态价值的实现方式，使公安政工干部在保持公安思想政治工作系统稳定以提高生态效益的过程中，借助机会成本获得相应的收益，从而产生存在感和价值感；另一方面，要呼吁公安部尽快牵头研究公安思想政治工作生态价值问题并建立公安思想政治工作生态价值的实现机制，通过固化机制明确公安思想政治工作生态效益的实现途径。

如前所述，公安思想政治工作生态价值是有正负之分的，而不是所有公安思想政治工作的生态价值均表现为正值。从根本上说，对于生态价值表现为负值的公安思想政治工作，开展的补救工作应集中在一点上，那就是采取具体措施将“负值”变为“正值”，以释放负效应，集聚正效应，促使其生态价值尽快实现。通常情况下，具体应对的措施不外乎从以下几个方面着手。(1) 如果这种负价值导致的主要原因是公安思想政治工作主体局限（包括本领不够）或投入不足，则应该由公安思想政治工作主体承担相应的责任，或责令其改变理念或方法，或督促其“充电”，提高本领，或加大人力物力财力投入力度，改变公安思想政治工作的面貌，使公安思想政治工作呈现活力和魅力。(2) 如果产生这种负价值的主要原因是公安思想政治工作的内容落后、手段陈旧，载体运用不够，体制、机制（如领导体制、运行机制、评价机制等）缺失，则应该由公安思想政治工作主管部门或职能部门承担相应责任，并通过“破”和“立”等办法加快工作“落地”进程，使公安思想政治工作由“软指标”变为“硬指标”，由“虚”变“实”，从而为公安思想政治工作可持续发展提供强有力保障。

（3）如果产生这种负价值的主要原因是社会、文化、环境等不可控因素，从公安思想政治工作生态价值维护的角度考虑，则应建立社会风险预评机制、祛魅机制，同时注重“小环境”营造，以“小环境”的改善去影响、优化社会大环境，从而使公安思想政治工作能够在“山清水秀”的社会大环境中运行而产生生态效益最大化。

对于生态价值表现为正价值的公安思想政治工作来说，其生态价值的实现方式一般有两种：直接实现方式和间接实现方式。直接实现方式是公安思想政治工作的生态价值以投入与产出的经济收益计算来实现的方式。这种实现方式，只有在公安思想政治工作生态价值由于实际投入（既包括人力、物力、财力投入，也包括体制、机制、制度建构及实施）增加而使公安思想政治工作质态发生变化时运用才是合适、恰当的。间接实现方式是公安思想政治工作通过转移支付的方法实现的方式。这种实现方式是由公安思想政治工作的公共性、共享性特点决定的。由于公安思想政治工作离不开社会的支持特别是社会环境的厚植，因而其价值也应该由全社会所共享，合理的途径是通过努力将其纳入国家的视野，并由公安部负责实施。具体做法是：以生态环境建设税的形式从纳税人手中收取费用，然后再以转移支付的方式给公安思想政治工作主管部门、职能部门以适当补偿，而补偿的基本形式为增加专项建设经费。但当前在一些地区盛行的按照“不出事、干成事”“谁负责、谁受益”要求进行所谓“补偿”的做法值得商榷，理想的办法是按照“缺什么、补什么”的思路对公安思想政治工作的“欠债”进行“还债式”补偿，或者是启动公安思想政治工作生态价值量评估工作，着力“培育和建构‘理性生态人’”，实现公安思想政治工作的“生态化创新”。[1]

当然，就目前我国的现实而言，要促使公安思想政治工作生态价值“正值”的实现，除了明确基本的努力方式以外，还必须进一步明确实现的路径。而这个路径说穿了，就是作为一个生态系统，公安思想政治工作各要素在实现整合的过程中将怎样展开的问题。从社会学理论来看，公安思想政治工作各要素之间实现整合有两种可能的路径：一种是“结构主义

---

[1] 王学俭，魏泳安．思想政治教育生态价值探略［J］．思想教育研究，2013（5）．

范式”的路径，另一种是“互动主义范式”的路径。[1] 所谓“结构主义范式”的路径，是指各级公安机关（在一定程度上，也包括各级政府）依据“生态价值”逐步完善政策和制度进入“规范体系”层面，再通过具体举措对公安民警思想和行为的有效规制性引导和约束进入“互动行为”层面，进而实现公安思想政治工作生态价值。所谓“互动主义范式”的路径，是指公安思想政治工作生态价值的理念必然对公安民警的价值取向和行动产生影响，从而通过改变他们行为选择的路径进入“互动行为”层面，然后再通过互动行为层面的利益矛盾和行为冲突，推动“规范体系”中包含不和谐因素的政策、制度发生符合“生态价值”要求的改变，最终使公安思想政治工作生态系统各因素达到平衡。需要强调的是，以上两种路径中，前者属于“主体主导型”路径，后者属于“客体追求型”路径。从实践的效果看，两种路径之间可以形成相互促进的关系，但前提是必须解决一个关键问题，即“客体的期待”如何转变为“主体计划”。唯有如此，公安思想政治工作生态价值的实现才算获得了真正的内在动力。

（执笔人：王光森，江苏警官学院马克思主义学院教授；吴建辉，江苏警官学院马克思主义学院副教授。）

---

[1] 黄家海，王开玉．社会学视角下的核心社会［M］．北京：社会科学文献出版社，2006：166.

第三章　公安思想政治工作发生机制的生态学分析

公安思想政治工作发生机制是指公安思想政治工作发生的工作原理，它主要回答和解决公安思想政治工作何以发生的问题，以期揭示公安思想政治工作产生、发展规律。当下，公安思想政治工作实效性遭到拷问，一个重要原因就在于对公安思想政治工作发生机制研究的忽视，特别是基于生态学视角开展深度研究的忽视，而事实上这种忽视已经造成了比较严重的后果，亟需改变。

一、研究的背景和起因

党的十九大以来，随着“美丽中国”和生态文明建设的持续加强，生态学不仅强劲地进入了学者的研究视域，而且越来越成为研究政治学、经济学、社会学、思想政治教育学的分析框架。“生态学研究方法倾向于把社会看作一个有机整体，它的各个部分（如政治、经济、文化，也包括大众媒介等）构成互相依存的子系统，其中每个部分都为该系统的平衡做出贡献，共同形成一个有机活动体。”[1] 把生态学的概念、理论引入公安思想政治工作，不仅必要，而且可能，在这方面，以江苏警官学院王光森教授为代表的科研团队率先做出了大胆探索，取得了积极进展。[2] 从生态学的角度看，公安思想政治工作不仅构成一个生态系统，而且它通过各种形式，不断与外部环境系统进行持续的物质循环和能量转换，实现自身的新

[1] 邱柏生．高校思想政治教育的生态分析［M］．上海：上海人民出版社，2009：1．

[2] 2016 年 12 月，江苏警官学院举办首次“公安思想政治工作生态学研究”学术研讨会；王光森、吴建辉合著的论文《论公安思想政治工作生态价值及其实现》发表在 2017 年第 1 期《江苏警官学院学报》，率先对公安思想政治工作生态学研究的相关问题进行了探讨。

陈代谢。“在这种自然的生态动态运动中，生态系统的各个部分相互协调，相互适应，达到一种生态平衡。”❶ 这里，所谓外部环境，主要指与公安思想政治工作生态系统有关的各种条件之和，根据内容的不同可以分为自然生态环境和人工生态环境，而在人工生态环境中，其中最重要的是政治环境、经济环境、文化环境、社会环境等。外部环境总是处于不断变化发展之中，而这种变化往往是积极的、主动的。公安思想政治工作生态系统遇到外部环境给它施加的压力，或向它提出了种种需求也会不断发生变化，而这种变化往往是消极的、被动的。公安思想政治工作生态系统的基本功能就是通过自己的活动来满足这些需求，释放这些压力，从而获得与外部环境之间的动态平衡。如果公安思想政治工作生态系统“只从纯技术角度追求自身结构的复杂和功能的完美，而不重视甚至无视与外部环境的沟通和适应，长期不能满足环境的正当要求，从而持续地失去环境的支持，那么，这样的政治系统，其生命力也是照样不能长久的”❷。当下，公安思想政治工作中出现的“只见物、不见人”“只有政治人而没有生态人”等现象，就是公安思想政治工作生态系统与外部环境关系失衡的表现。有鉴于此，立足于生态学的分析框架，从政治环境、经济环境、文化环境、社会环境等多维视角，对公安思想政治工作生态系统发生机制进行立体式考察，以揭示公安思想政治工作的生成、演化规律，不仅非常必要，而且十分重要。

二、政治环境与公安思想政治工作

政治环境是指“某一特定政治系统所处的，并对该政治系统发生重大影响作用的背景和周围事物的总和”❸。政治环境构成要素很多，“主要包括社会政治关系、政治体制运作状况、政治组织的运作、公共政策的制定与实施状况等构成的环境。”❹ 从政治维度来看，公安思想政治工作作为公安机关领导和政工干部开展的旨在提高公安民警思想政治素质的社会实践

❶ 王沪宁. 行政生态分析［M］. 上海：复旦大学出版社，1989：29.

❷ 刘京希. 政治生态论——政治发展的生态学考察［M］. 济南：山东人民出版社，2007：12.

❸ 梁昱庆. 论政治环境——兼论中国政治环境与政治系统的关系［J］. 成都大学学报（社科版），2002（4）.

❹ 邱柏生. 高校思想政治教育的生态分析［M］. 上海：上海人民出版社，2009（5）.

活动，必然与一定的政治环境发生密切的联系，并主要体现在以下三个方面。

第一，公安思想政治工作作为政治性很强的一项活动，往往“被政治环境所包裹”[1]。这种“包裹”在现实中表现为三种情形：

一是作为党的政治工作在公安机关的具体化，公安思想政治工作必须旗帜鲜明讲政治，突出公安思想政治工作姓党的政治属性，强化“四个意识”，树立“四个自信”，凸显党的政治立场、政治观点、政治原则、政治方向，“加强党对人民公安机关的政治领导和思想领导，保证公安工作任务的完成，从而为党和国家的总任务、总目标服务”。[2] 党的十九大以来形成的这种政治氛围，不仅重塑着广大公安民警的思想和行为，使公安民警忠诚核心、拥戴核心、维护核心、捍卫核心的思想自觉、政治自觉有了显著增强，而且使公安思想政治工作的政治功能得到彰显，助推党的路线方针政策在公安工作中的贯彻落实。

二是作为国家政权的重要组成部分，公安机关的性质、职责、使命决定了它是人民手中的“刀把子”，决定了它必须坚持党的绝对领导，坚持人民公安为人民。公安机关的这一政治属性，毫无疑问，决定了以提高公安民警思想政治素质为重要任务的公安思想政治工作不能疏离当下的政治环境，因为“在社会政治生活中，一个政治系统的生存与繁盛，同生命个体一样，也需要一个生命支撑系统。没有外部生态环境（当然，也包括政治生态环境——笔者注）的支持，它同样须臾不可生存，更遑论发展”[3]。

三是作为公安思想政治工作的对象，公安民警是带有武装性质的国家刑事执法力量和行政执法力量，公安民警扮演的这一特殊角色，一方面决定了他们不仅是自然性动物，而且更是社会政治动物，即基于共同的利益、共同的目标和价值观，相互间结合成命运共同体，以便相互学习与帮

[1] 秦国民. 政治环境对政治系统的作用分析［J］. 郑州大学学报（哲学社会科学版），2005（4）.

[2] 宁福洪. 公安思想政治工作教程［M］. 北京：中国人民公安出版社，1987：3.

[3] 刘京希. 政治生态论——政治发展的生态学考察［M］. 济南：山东人民出版社，2007：161.

助，实现“崇高事业”[1]目标。因此，他们不可能远离政治，更不可能不受政治环境的影响。另一方面也决定了他们始终存在于社会普遍联系之中，处于一定的生态环境中，而这个“生态环境”，就包括政治环境。按照政治生态学的观点，如果政治环境优良，公安民警个人发展与公安组织发展的生态链环关系就容易形成，公安思想政治工作生态系统的均衡运行和物质转换就会得到保障，否则，就会出现反生态关系，导致公安民警个人发展与公安组织发展的生态链环被阻断，导致两者能量的无谓消耗。因此，优化政治环境，理顺公安民警个人发展与公安组织发展的关系，使之形成生态关联，就显得非常迫切。

第二，在讲“政治”的语境下，公安思想政治工作生态系统不会也不可能摆脱政治环境的制约和影响。也就是说，政治环境对公安思想政治工作生态系统的影响是绝对的。但相对于公安民警个体来说，政治环境的影响又是具体的、特定的。简言之，政治环境对公安思想政治工作生态系统的制约和影响，主要体现在两个方面。一方面，政治环境影响公安思想政治工作生态系统的结构、功能和运行，使其与不断演化的政治环境相适应。[2]如，党的十九大报告强调，我们必须走中国特色社会主义政治发展道路，坚持工人阶级领导的、以工农联盟为基础的人民民主专政，坚持党对一切工作的领导，坚持人民当家做主，坚持依法治国。这些政治经验总结涉及国家政权的性质，涉及政治制度的运行，涉及公共政策的制定等，不仅构成当下我国政治环境的核心内容，成为各项工作的基本遵循，而且直接为公安思想政治工作的内容结构调整、政治功能强化提供了方向性指导，有助于公安民警主人翁责任感的形成和“四个意识”的增强，有助于公安民警思想政治素质按照党和国家要求的方向发展。例如，习近平总书记指出：“旗帜鲜明讲政治是我们党作为马克思主义政党的根本要求。党的政治建设是党的根本性建设，决定党的建设方向和效果。保证全党服从

---

[1] “崇高事业是让世界成为更安全居住场所的道德责任”，“它是警察的某种道德承诺”，“崇高事业不是一种简单的警察工作的理论，它务实而且直接，关乎日常警察工作中警察的行为，关系到警察工作的道德本质。它是警察与民众打交道的行为动机，在很大程度上使警察形成凝聚力。”迈克·A. 卡尔德罗、约翰·R. 柯兰科. 警察职业道德——崇高事业目标与手段的平衡[M]. 中国人民公安大学出版社，2015：12－13.

[2] 梁昱庆. 论政治环境——兼论中国政治环境与政治系统的关系[J]. 成都大学学报（社科版），2002（4）.

中央，坚持党中央权威和集中统一领导，是党的政治建设的首要任务。”❶为此，“全党要坚定执行党的政治路线，严格遵守政治纪律和政治规矩，在政治立场、政治方向、政治原则、政治道路上同党中央保持高度一致”，“要尊崇党章……自觉抵制商品交换原则对党内生活的侵蚀，营造风清气正的良好政治生态”，“要加强党性锻炼，不断提高政治觉悟和政治能力，把对党忠诚、为党分忧、为党尽职、为民造福作为根本政治担当”，要“用新时代中国特色社会主义思想武装全党”“解决好世界观、人生观、价值观这个‘总开关’问题”。❷习近平总书记的这些政治立场、政治态度的宣示，无疑为当下我国不断演化的政治环境注入了新内容，同时也为凸显公安思想政治工作的政治性、思想性提供了指引，有助于公安思想政治工作生态系统与政治环境形成同质沟通，从而实现公安思想政治工作生态系统与政治环境系统的有机互动。

另一方面，政治环境持续不断的熏陶和涵养，促使公安思想政治工作的主体和客体向“政治人”方向演化。“政治人”假设的创立者亚里士多德认为，人是天生的政治动物。由于人类具有其他动物所不具有的语言和理性，可以分辨善恶和交流思想，所以人们可以组成比其他群居动物所组成的团体程度更高的政治性共同体——城邦。“政治人”的基本假设是人类对于人性本质的一种认识。它的基本内涵是：人是合群的；人具有人性和伦理分辨能力，具有从事政治事务的倾向与特质；在政治活动中，推崇人人具有同等的价值，因而具有同等的权利，推崇法治而不是人治。❸作为公安思想政治工作的主体和客体，公安机关领导、政工干部和公安民警都是掌握公权力的人，始终沐浴在“政治建警”的政治环境中，在经过反复的政治教育和训练之后，大都具有“政治人”的禀赋，即积极参加各种组织活动，关心国家大事，了解公共事务较多，喜欢讨论政治话题，参加竞聘活动踊跃，有政治进取心等，总之，对政治感兴趣。公安“政治人”的这些互动行为，实际上是一个由政治环境包裹着的行为系统，这个行为

---

❶ 习近平．决胜全面建成小康社会　夺取新时代中国特色社会主义伟大胜利［M］．北京：人民出版社，2017：62．

❷ 习近平．决胜全面建成小康社会　夺取新时代中国特色社会主义伟大胜利［M］．北京：人民出版社，2017：62－63．

❸ 这里所说的“政治人”，与西摩·马丁·李普赛特在《政治人：政治的社会基础》一书中所说的“政治人”，在使用语境和含义上有所不同。

系统在政治环境的影响下产生并反过来影响政治环境。也就是说，公安思想政治工作生态系统是开放的、动态的，通过信息和能量的不断输入与输出，与外部政治环境进行着交流和物质转换，以满足两者之间动态平衡和协调稳定发展的生态诉求。政治环境与公安思想政治工作生态系统的这种相互影响、相互作用，只会助推公安机关领导、政工干部和公安民警向“政治人”方向演化的步伐，而不是相反。这里，需要强调的是，传统理论认为公安思想政治工作只能被动地适应外部政治环境，然而，随着公安思想政治工作被重视程度的增加和公安机关对政治活动的涉入，越来越多的学者认识到，公安“政治人”的言行以及公安思想政治工作的运行不仅要主动适应政治环境，而且可以通过自身“窗口”行业的示范效应发挥思想政治工作的社会教育功能、引导功能、凝聚功能，积极形塑和“改造”政治环境，进而为公安思想政治工作的有效开展创造更加有利的外部条件。

第三，不是在理论上而是在事实上，政治环境对公安思想政治工作生态系统的生存和发展发挥着重要作用。主要体现在三个方面。

一是政治环境是公安思想政治工作存在的基础。从根本上说，公安思想政治工作是做人的工作、做公安民警的思想转化工作，其直接任务是调动公安民警的积极性，重要任务是提高公安民警的思想政治素质，根本任务是培育中国特色社会主义建设者、捍卫者，确保公安工作任务的完成。从这个角度来看，公安思想政治工作实质的呈现、任务的完成都不可能脱离外部政治环境，相反，它只有在与一定政治环境之间进行能量变换和动态平衡的情形下，才能彰显自身的功能、发挥自身应有的作用。而在这个过程中，政治环境中的价值观念或政治意识形态、国家结构、政治制度、政治变革、党和国家的路线方针政策等都会以不同方式影响公安思想政治工作生态系统，促使公安思想政治工作生态系统与政治环境相互结合、相互作用。这是公安思想政治工作生态系统实现内循环、外循环一个不可或缺的条件。这么说并不意味着政治环境是公安思想政治工作生态系统的唯一变量，相反，公安思想政治工作生态系统并不是政治环境的附属物，它会“依据自身运行的规律来选择结构方式和运行方式，以适应环境，并对环境产生巨大的反作用”❶。至于这种“反作用”能否为公安思想政治工作生态系统优化升级提供动力，目前尚有争议，在此就不赘述了。这里只想强调一点，公安思想政治工作生态系统作为一个开放的系统，如果不与外部环境系统（包括政治环境）保持输入、输出的物质循环，它就无法实现新陈代谢从而获得更高质量的发展。

二是政治环境能够促进公安思想政治工作生态系统结构和功能优化。目前，正如学者所指出的，“公安思想政治工作的意义和实际效能并没有充分显现出来，除了理念、内容、手段、方法创新不够等因素外，公安思想政治工作的价值，特别是生态价值缺少行之有效的评估方法和实现机制是一个重要原因”❷。沿着这一思路进一步分析就会发现，作为一个有生命的生态系统，公安思想政治工作结构和功能优化不到位，在一定程度上也会削弱公安思想政治工作的实际效能。因此，基于现实可操作性的考量，提高公安思想政治工作的实际效能，必须在推进公安思想政治工作结构和功能优化上下功夫，而公安思想政治工作结构和功能的优化，在很大程度上又依赖于外部环境特别是政治环境。这是因为，其一，作为公安思想政治工作的主体和客体，公安机关领导、政工干部和公安民警正是通过主观能动性的发挥，在与周围的环境特别是政治环境不断地进行物质、能量和信息的交换中获得生存和发展的，尽管他们的“一些政治行为是规范的，是受正式制度和规则所约束的”，“一些行为是模糊的，约束这些行为的规则也是模糊的”，“一些行为是不规范的，是没有现存制度和规则约束的”。❸ 其二，根据政治环境及其变化的需要，公安思想政治工作调整其内容结构、运行机制已经成为一种常态。这既是公安思想政治工作保持其旺盛生命力的基本保证，也是公安思想政治工作适应“因事而化、因时而进、因势而新”规律的必然选择。由此可见，政治环境关乎公安思想政治工作生态系统结构和功能优化，如果离开与外部环境特别是政治环境相互作用能力、功效与适应性的增进，离开与政治环境的生态联动，那么，公

---

❶ 秦国民. 政治环境对政治系统的作用分析［J］. 郑州大学学报（哲学社会科学版），2005（4）.

❷ 王光森，吴建辉. 论公安思想政治工作生态价值及其实现［J］. 江苏警官学院学报，2017（1）.

❸ 高勇强，田志龙. 政治环境、战略利益与公司政治行为［J］. 管理科学，2004（1）.

安思想政治工作生态系统结构和功能优化就可能成为一句空话。

三是政治环境为公安思想政治工作可持续发展提供条件。如前所述，政治环境是包括诸多子系统在内的一个大系统，并与公安思想政治工作生态系统进行着互动。政治环境的各个子系统虽然性质、形态以及对公安思想政治工作生态系统的作用不同，“但它们并不是彼此孤立的，而是相互渗透、相互联结、相互配合的，共同构成复杂的政治环境。如果一个子系统发生变化，那么就会引起其他子系统的变化，就会导致其他子系统的变异，从而影响甚至破坏政治环境整体的稳定和协调”，因此，从整体上来认识、把握政治环境是必要的。同时，还必须看到，“在政治环境内部，各子系统是有一定层次性的，而不是杂乱无章排列的”；“政治环境具有稳定性，但同时也是变动的”，“无论是政治环境整体，还是各个子系统，其存在状态具有连续性，它们的变化都是渐进的，但也不排除剧烈变化的可能性”。[1] 政治环境的上述特点，至少可以为公安思想政治工作可持续发展提供如下可能性或前提条件：(1) 明确相对于政治环境系统的中心事物。“政治环境的中心事物当然是政治，但由于政治的表象是异常繁多和复杂的，有必要对政治中心事物作进一步的分析和确定，因为这直接关系着政治环境要素的范围和类别”。[2] 在当下我国的语境下，政治环境的“中心事物”就是坚持党对一切工作的领导。正如党的十九大报告所指出的：“党政军民学，东西南北中，党是领导一切的。”[3] 而坚持党的全面领导，首要的是要“增强政治意识、大局意识、核心意识、看齐意识，自觉维护党中央权威和集中统一领导，自觉在思想上政治上行动上同党中央保持高度一致”[4]。如果这个问题解决了，那么，与公安思想政治工作相关的“政治”问题也就迎刃而解了。(2) 增强推进政治环境建设的思想自觉和行动自觉。政治环境包括积极因素，也包括消极因素。积极因素如强调坚持党的领导，坚持人民民主专政，坚持中国特色社会主义道路，坚持党基本路线方针政策，强调讲好中国故事，传播正能量，有利于公安民警形成正确的

---

[1] 秦国民. 政治环境对政治系统的作用分析［J］. 郑州大学学报（哲学社会科学版），2005(4).

[2] 张顺. 试论政治环境的内涵与意义［J］. 长白学刊，2001（4）.

[3] 习近平. 决胜全面建成小康社会　夺取新时代中国特色社会主义伟大胜利［J］. 北京：人民出版社，2017：20.

[4] 同上。

思想政治观念。当然，政治环境中的消极因素也会对公安民警的思想和行为产生负面影响。如，领导干部中少数人搞腐败，会使少数公安民警对党和政府的形象产生信任危机；领导干部中少数人“慢作为”“不作为”，会让少数公安民警对中央权威产生质疑；领导干部中少数人大搞“空头政治”，会导致少数公安民警对“讲政治”产生误读。这些都“充分说明政治环境中不论是积极因素还是消极因素，都会对人的思想政治品德素质产生极大影响，发挥或正确或错误的导向作用”[1]。对此我们必须要有清醒的认识，以高度的政治自觉搞好政治大环境和政治小环境建设，使之对公安民警的思想和行为产生正面引领作用。

三、经济环境与公安思想政治工作

所谓经济环境，学界的认识略有差异。如，有学者认为经济环境是指影响社会矛盾、激化社会冲突的经济体制、经济组织和经济状况（经济发展速度和经济总量）等的总和。[2] 有的学者认为社会经济生态环境“主要是由生产力发展状况、社会经济关系、经济结构和经济制度的运行状况等因素所构成的、对人们的思想行为必然发生各种各样制约与影响的社会环流系统”[3]。还有的学者甚至反对将“经济”“社会”相提并论，提出“经济是社会系统的基本要素之一，从系统等级关系来看，相对经济而言社会是高一层次的系统，同样，相对社会而言经济是低一层次的系统，两者之间并无并列关系，根据系统的层次概念，两者之间存在本质的差异”[4]。我们认为经济环境是由经济制度、经济结构、经济发展战略、经济发展目标、经济发展方式、经济政策等要素构成的相互影响、相互作用的生态系统，它可以分为宏观经济生态环境和微观经济生态环境，也可以分为全国经济生态环境和区域经济生态环境，还可以分为传统经济生态环境和新经济生态环境（包括网络经济生态环境、新媒体经济生态环境等）。在经济生态环境中，经济制度、经济政策、经济改革、经济发展因对人们的工作

---

[1] 涂刚鹏．对思想政治教育中政治环境建设的思考［J］．思想政治工作研究，2004（5）．

[2] 金太军，赵军峰．群体性事件发生机制的生态分析［J］．山东大学学报（哲学社会科学版），2011（5）．

[3] 邱柏生．高校思想政治教育的生态分析［M］．上海：上海人民出版社，2009：11．

[4] 陈飞星．人类－环境系统的层次分析——兼论社会、经济等概念及关系［J］．系统工程理论与实践，2000（12）．

生活影响巨大而占据重要地位。目前，“我国经济已由高速增长阶段转向高质量发展阶段，正处于转变发展方式、优化经济结构、转换增长动力的攻关期”❶。在这个新阶段，我国经济发展呈现的基本面是稳中向好，但经济发展中不充分、不平衡的矛盾仍然十分突出，特别是收入差距的扩大、优质产品和服务供给的不足，直接影响人们特别是公安民警的思想和行为，在此情形下，不开展公安思想政治工作，不做公安民警的思想教育、引导工作，显然是不行的。由此可见，经济环境中经济制度、经济政策、经济改革、经济发展所导致的非均衡状态已成为公安思想政治工作产生的基础性原因。

这种“基础性”至少可以从以下两个方面得到诠释。一方面，在公安思想政治工作的经济生态环境中，“存在着基础性（或物质性）的生态环境，即生产力发展之上形成的一定的经济关系、经济结构和经济制度等因素构成的环境，它们是人们实现自身利益的物质基础”❷，当然也是公安民警实现自身利益的物质基础。这可以从两个人的论述中获得理论支持，一个人是俄国的普列汉诺夫，另一个人是德国的马克思。前者在继承马克思主义社会存在与社会意识相互关系理论的基础上，明确提出了社会结构五个层次思想，即“（1）生产力的状况；（2）被生产力所制约的经济关系；（3）在一定经济‘基础’上生长的社会政治制度；（4）一部分由经济直接决定、一部分由生长在经济上的全部社会政治制度所决定的社会中人的心理；（5）反映这种心理特征的各种思想体系”❸。在普列汉诺夫看来，社会心理以及反映这种心理特征的各种思想体系，都是由生产力及其被生产力制约的经济关系所决定的，换句话说，物质因素和经济状况是开展思想政治教育、开展公安思想政治工作的基础背景，物质因素和经济状况与思想政治教育、公安思想政治工作呈正相关关系。后者在阐释马克思主义社会存在与社会意识相互关系理论的基础上，明确提出了经济基础决定上层建筑的思想，即“在不同的占有形式上，在社会生存条件下，耸立着由各种不同的、表现独特的情感、幻想、思想方式和人生观构成的整个上层建

❶ 习近平. 决胜全面建成小康社会　夺取新时代中国特色社会主义伟大胜利［M］. 北京：人民出版社，2017：30.

❷ 邱柏生. 高校思想政治教育的生态分析［M］. 上海：上海人民出版社，2009：9.

❸ 普列汉诺夫哲学著作选集：第3卷［M］. 上海：生活·读书·新知三联书店，1962：195.

筑。整个阶级在它的物质条件和相应的社会关系的基础上创造和构成这一切。通过传统和教育承受了这些情感和观点的人，会认为这些情感和观点就是他的行为的真实动机和出发点”，事实恰恰相反，物质生活的生产方式才是隐藏在“他的行为”背后的“真实动机和出发点”。所以“正如在日常生活中应当把一个人对自己的想法和品评同他的实际人品和实际行动区别开来一样，在历史的战斗中更应该把各个党派的言辞和幻想同他们本来面目和实际利益区别开来，把它们对自己的看法同它们真实本质区别开来”❶。这就是说，“人们在自己生活的社会生产中发生一定的、必然的、不以他们意志为转移的关系，即同他们的物质生产力的一定发展阶段相适应的生产关系。这些生产关系的总和构成社会的经济结构，即有法律的和政治的上层建筑树立其上并有一定的社会意识与之相适应的现实基础。物质生活的生产方式制约着整个社会生活、政治生活和精神生活的过程。不是人们的意识决定人们的存在，相反，是人们的社会存在决定人们的意识……我们判断一个人不能以他对自己的看法为根据，同样，我们判断这样一个变革时代也不能以它的意识为根据；相反，这个意识必须从物质生活的矛盾中，从社会生产力和生产关系之间的现存冲突中去解释。”❷ 这就明确告诉我们，在经济生态环境中，对思想政治教育、意识形态教育，特别是对公安民警思想和行为影响最直接、最持久的因素是物质生活及其状况。这是一个不争的事实。

另一方面，在公安思想政治工作的经济生态环境中，存在着“经济人”假设的理论生态环境，即每个公安民警是现实的人、具体的人，具有追求自身利益最大化的“经济人”偏好。“经济人”是西方经济学者作为基本假设提出来的，因而又被称为“经济人假设”。“经济人”假设最早源于亚当·斯密在1776年出版的《国富论》。斯密认为“利己性”是经济人的本性，“利己心”是每个人从事经济活动的动机。如果每个人都能自由地追求自己的最大利益，最终则有利于实现社会利益，因为他受“一只看不见的手”（价格）的指导，会努力达到一个并非他本意想要达到的目的。之后，约翰·斯图亚特·穆勒在1836年发表的《论政治经济学的定义》

---

❶ 马克思恩格斯选集：第1卷［M］. 北京：人民出版社，1995：611－612.

❷ 马克思恩格斯选集：第1卷［M］. 北京：人民出版社，1995：32－33.

一文中指出，“经济人”有两大特征：一是自私；二是完全理性。“经济人”就是会计算 、有创造性、能寻求自身利益最大化的人。由此，“经济人”的利己本性被发展为最大化原则。斯密等人提出“经济人”假设的基本思想，是建立在一系列苛刻条件基础之上的，如完全竞争、信息充分等。然而，这种基于高度抽象的“经济人”假设并没有真正反映人类行为动机的复杂性，过于理想化的内容与现实世界的差异日益显露出来。但是它在逻辑和策略上的部分有效性促使经济学家对“经济人”假设进行不断的修正和扩展，使其更好地与现实社会相融合。这里，借助“经济人”假设理论，无非想表达的是：公安民警也是人，他们为了生存，为了有尊严地生活，也有追求物质利益的权利。如果在开展公安思想政治工作过程中，忽视公安民警这一“经济人”特性，那么就必然会使公安思想政治工作“出丑”。正如邓小平所指出的，“加强思想政治工作，讲艰苦奋斗，都很必要，但只靠这些也还是不够。最根本的因素，还是经济增长速度，而且要体现在人民生活逐步地好起来。”❶ 邓小平的这个讲话虽然指涉范围较广，但对理解公安民警“经济人”秉性，立足于解决实际问题的维度，落实从优待警措施，实施“暖警”工程，进而增强公安思想政治工作的针对性和实效性，还是富有启迪意义的。

四、文化环境与公安思想政治工作

沈国权认为，“在文化作为人们思想和行为的外部条件存在时，即成为其文化环境”❷。具体地说，所谓文化环境，就是指影响人们思想、行为形成和发展，影响思想政治教育活动运行的一切文化因素的总和。基于公安思想政治工作的维度，文化环境可以理解为：影响公安民警思想和行为、影响公安思想政治工作运行的一切文化因素的总和。一般意义上讲，“它包括国家的统治思想、民族的文化传统、社会的道德面貌（内含舆论导向、社会风气等）以及教育、科技、文化事业的发展水平等因素”❸，体现了公安民警“在精神文化支配下的各种行为联系而构成的社会文化关系，是内外质态的统一”。由于文化环境实质上通过“文化力”内外统一

❶ 邓小平文选：第3卷［M］. 北京：人民出版社，1993：355.

❷ 沈国权. 思想政治教育环境论［M］. 上海：复旦大学出版社，2002：104.

❸ 同上。

地“彰显思想政治教育文化品质，影响着思想政治教育全程”[1]，因此，探究公安思想政治工作生态系统的优化和升级，就不能忽视文化环境的既定存在和“文化场”的价值。

从本质来看，公安思想政治工作是以意识形态为核心内容对公安民警施行的教育实践活动。这是对公安思想政治工作本质的一种认识，在学界有着广泛的认同基础。作为一种特殊的教育实践活动，公安思想政治工作以公安民警的思想、行为形成发展规律为基础，以旗帜鲜明讲政治、牢固树立“四个意识”、坚定“四个自信”、锻造忠诚警魂为核心内容，以培育“政治过硬、本领高强”的服务高质量发展的新一代人民警察为根本目标。“这种以意识形态为核心的教育实践活动，具有典型的政治属性，但也具有文化属性和社会意义：意识形态本身是一种观念文化，意识形态的建设和斗争总是以文化的形式表现出来；意识形态实践过程也是一种社会化过程，意识形态的理想目标是有效顺利实现教育对象个体的社会化。”[2] 换句话说，公安思想政治工作“以特定文化成果的传递、传播、践行为基本载体，以个体由‘自由人’‘生物人’向‘社会人’‘政治人’‘文化人’的发展为基本取向，是‘文化人’的特殊形式”[3]。由此可见，公安思想政治工作作为一种教育实践活动，也是“一种特殊的文化传播过程，具有明显的文化属性”[4]。

从运行过程来看，公安思想政治工作生态系统运行是教育者、受教育者、教育内容、教育方法、教育载体、教育环境等因素按照一定的结构，相互影响，相互制约，通过冲突、融合、转化等环节而构成的矛盾运动过程。而“这种矛盾运动总是在一定社会环境中进行，受到社会文化环境的影响和制约，与一定的社会文化在冲突、融合、转化中实现平衡”[5]。也就是说，文化环境对公安思想政治工作运行的“介入”是客观存在的，也是常态化的，而这种“介入”往往呈现为它构成思想政治工作过程运行的特定情境。因为只有在特定的社会情境中，公安思想政治工作的教育者、受

---

[1] 张立平. 思想政治教育文化环境精神的原则向度及趋势探析［J］，理论月刊，2018（2）.

[2] 李元旭，平章起. 论思想政治教育的文化自觉［J］. 理论与改革，2016（3）.

[3] 沈壮海. 关注思想政治教育文化性［J］. 思想理论研究，2008（3）.

[4] 蔚天骄，王恒亮. 论思想政治教育的文化属性［J］，求实. 2011（8）.

[5] 同上。

教育者才能实现良好的生态互动，从而推进公安思想政治工作的运行过程。而这种特定的社会情境不仅包括必需的物质条件，而且更主要体现为由文化要素构成的“文化场”，它构成了公安思想政治工作教育者与受教育者生态互动的意义背景和沟通媒介。更为重要的是，文化环境参与到公安思想政治工作运行的全过程，并扮演着重要角色。一方面文化环境是信息输入的直接来源，其所蕴含的思想、价值意识为思想政治教育的“内化”提供重要内容；另一方面，公安思想政治工作“外化”的效果及其评价将以信息的形式进入文化环境中，并反馈给教育者，从而再次进入公安思想政工作的信息输入之中，保证公安思想政治工作过程的持续运行。[1]

从内容来看，公安思想政治工作的主要内容之一是政治教育，而政治教育又少不了政治文化教育。“作为政治教育重要内容的政治文化有两个层次的含义：第一个层次是指它的内容包括关于政治的知识、理论、历史经验等知识要素，关于政治的规范、准则、技术、谋略等技术要素，关于政治的心理、观念、信仰、价值观等观念要素。第二个层次是指它的形态，作为政治教育内容的政治文化不是物质形态而是一种观念形态的文化。”[2] 如前所述，公安思想政治工作是以意识形态（包括政治信念、思想观念、道德规范、法治理念）为核心内容、对公安民警施行的社会实践活动。由于意识形态是一种观念形态的文化，因此可以认定公安思想政治工作实质上是一种文化“化人”的活动。而在文化“化人”的过程中，文化为公安思想政治工作提供重要的思想资源和精神资源。这些资源都是先进政治文化的重要组成部分，需要公安民警通过学习、训练等不同途径不断将其内化为自己的文化心理和性格，从而成为影响自己思想行为和日常生活的强大力量。这是公安思想政治工作的任务，也是公安思想政治工作内容成功转化的客观要求。

五、社会环境与公安思想政治工作

社会环境有狭义和广义之分。狭义的社会环境指组织生存和发展的具体环境，具体而言就是组织与各种公众的关系网络。广义的社会环境则包

---

[1] 罗洪铁，周琪. 文化环境：思想政治教育运行的新视界 [J]. 马克思主义研究，2007 (3).

[2] 蔚天骄，王恒亮. 论思想政治教育的文化属性 [J]. 求实，2011 (8).

括社会政治环境、经济环境、文化环境和心理环境等大的范畴，它们与组织的发展也是息息相关的。[1] 这里主要是在狭义上使用“社会环境”这一概念。社会环境与公安思想政治工作相互影响、相互作用的过程就是能量的输入、输出过程。这里的能量输入、输出，结合进入新时代公安民警对美好生活的追求这一变化，其主要内容就是获得感、安全感、幸福感的输入、输出，涉及公安民警十分关注的法治环境问题。

关于法治环境。在党带领人民推进全面依法治国方略、建设社会主义法治国家的过程中，国家权力机关在党的领导下，将人民的意志转化为国家意志的过程就是制定法律法规的过程。通过兼具行政和刑事执法属性的公安机关等执法力量的严格、公正、文明执法，从而彰显宪法和法律的权威，实现良好的社会秩序。这是法治社会应有的一种状态，也是公安机关始终如一的追求。而要实现这一目标，对公安民警开展法治教育，就显得尤为重要。事实上，对公安民警开展法治教育，公安机关一直在做，因为它是公安思想政治工作内容不可或缺的部分，尤其是在大力推进依法治国的今天，法治教育、宣传更不能等闲视之。在此情形下，就公安民警来说，从中获得的能量输入就会越来越多，这些能量主要包括树立“宪法法律至上、法律面前人人平等、法由法定、权依法行使等基本法治观念”，树立“对各种危害法治、破坏法治、践踏法治的行为挺身而出、坚决斗争”[2] 的勇气；包括增强学习宪法和法律的自觉性，即“系统学习中国特色社会主义法治理论，准确把握我们党法治问题的基本立场”，从而“明白法律规定我们怎么用权，什么事能干、什么事不能干，心中高悬法律的明镜，手中紧握法律的戒尺，知晓为官做事的尺度”[3]；包括强化行为的约束，即“牢记法律红线不可逾越、法律底线不可触碰，带头遵守法律、执行法律，带头营造办事依法、遇事找法、解决问题用法、化解矛盾靠法的法治环境”，谋划工作“运用法治思维”，处理问题“运用法治方式”，说话做事“先考虑一下是不是合法”，从而“把对法治的尊崇、对法律的敬畏转化成思维方式和行为方式，做到在法治之下，而不是法治之外，更不

[1] 陶应虎，顾晓燕. 公共关系原理与实务［M］. 北京：清华大学出版社，2006：95.

[2] 习近平谈治国理政：第二卷［M］. 北京：外文出版社，2017：126.

[3] 习近平谈治国理政：第二卷［M］. 北京：外文出版社，2017：127.

是法治之上想问题、作决策、办事情”[1]。正是得益于这些能量的不断输入，法治的价值、法治的作用首先在公安民警内部得到了一再确认和彰显，厉行法治的实践也使公安民警的执法底气大大增强。这是一方面。另一方面，公安民警通过严格、公正、文明的执法活动，保护人民利益，伸张正义，又将公平感、正义感和安全感“输出”给社会，使社会感受到每一起案件的处理都是公正的、每一次执法活动都是经得起法律检验的，从而助推每一个人信仰法律，坚守法治。这就是公安思想政治工作的魅力所在，也是公安思想政治工作因时而进、因势而新的集中体现。

关于网络环境。在复杂的社会环境中，互联网这一变量为公安思想政治工作带来了巨大影响，一方面体现在公安思想政治工作的消费者上。互联网时代，智能手机将每个人网入关系网络的同时，也在纵深上拓展了每个人的关系网络，空间上的距离、时间上的延迟都不再是问题，由此产生的海量信息将所有人都淹没。迷恋于手机游戏，陶醉于微博、微信上的文字和视频，用戏谑的心态打发自己的空闲时间……成为这个时代部分的生活图景，警察自然也不会例外。任何公安思想政治工作的消费者，在面临着究竟是点击打开抖音刷一个小视频、打开微博刷一个热搜、打开微信刷一个朋友圈或者打开淘宝“淘”件衣服，还是拿出党的十九大报告学习的问题时，即便是在工作时间又有多少人会毫不犹疑地选择后者。同样是微信公众号，在面临着是打开一篇有关美食、摄影、八卦或者汽车的推送，还是打开一篇宣传先进典型的推送的选择时，有多少人会选择后者。这种新兴的传播方式通过占用公安思想政治工作消费者有限的时间和精力，缩小甚至是截断公安思想政治工作生产者向消费者输入能量的通道，而给公安思想政治工作带来最大伤害和消解。

另一方面则体现在对公安思想政治工作的生产者传统思想政治教育途径、形式、方法乃至警察形象塑造等方面产生的莫大影响。“人类社会已进入网络化、数字化时代，互联网和手机的广泛普及，信息传播方式发生了革命性变化，由此也深刻影响了社会舆论的形成机制和传播方式。微博和微信是 Web2.0 技术的最新应用形式，是人际传播的最新形式和自媒体的新载体。”这些变化直接扩大了警察事件的影响范围，通过网络，每一

---

[1] 习近平谈治国理政：第二卷［M］. 北京：外文出版社，2017：127.

个公安民警可以看到2017年1月哈尔滨民警曲玉权除夕夜英勇牺牲，2月安徽蚌埠一局长夫人打协警，3月山东“辱母杀人案”，7月广东潮州交警执法视频谣言，9月大连交警“敬礼哥”走红和上海松江民警摔“抱娃女子”，10月纪委工作人士扇女警耳光，12月灵璧公职人员撞交警。单单从这些接连发生的热点事件就可以看出，社会上部分人对警察职业不尊重、不信任甚至是蔑视，民警执法的安全难保障，权威受挑战。对于这些日益增长、不断刺痛民警神经、挫败民警工作积极性、抹黑人民警察形象的消极影响，该采取什么样的行动、什么样的方式消除，成为当前公安思想政治工作生产者亟需解决的问题。面对互联网导致的当代中国社会舆情凸显的时代特征，即公众角色的现代化、关注特点的规律化、观察视角的多元化和导向系统的协同化。❶ 公安思想政治工作的生产者要紧跟时代步伐，准确把握工作规律，及时转变工作思维、方式和方法，才能做好公安思想政治工作。否则，公安思想政治工作就很难满足民警自身发展和时代进步所需的公平感、正义感和安全感。

（执笔人：王光森，江苏警官学院马克思主义学院教授；协助者：胡敏，苏州市公安局民警。）

❶ 魏永忠. 公安机关舆情分析与舆情引导［M］. 北京：中国法制出版社，2011：2.

第四章　公安思想政治工作内容的生态学分析

作为公安思想政治工作的重要组成部分，公安思想政治工作的内容是否构成一个系统，是否需要凸显生态性，亟待研究，因为这关乎公安思想政治工作整体性进化和优化。当下“扫黑除恶”斗争中，暴露出了公安民警一些新问题，表明公安思想政治工作和队伍建设面临新挑战。应对新挑战的办法很多，其中用生态学的视角来审视、优化公安思想政治工作内容，以增进公安思想政治工作的科学性实效性，不失为一个重要选项。

一、生态学视角下公安思想政治工作内容的观照

生态学视角下公安思想政治工作内容观照，蕴含着一个思考、研究问题的逻辑路向，即首先把公安思想政治工作的内容当作一个系统来看待，其次再运用生态学的理论来探讨公安思想政治工作内容各个构成要素或子系统的特点，最后提出促进公安思想政治工作内容生态优化的方案。很显然，要完成这一任务，离不开对三个相互联系问题的回答，即什么是生态学、什么是公安思想政治工作内容、生态学与公安思想政治工作内容有何逻辑关联。

关于生态学。生态学概念的提出，显然与“生态”概念提出密切相关。“生态”这一概念来自生物学，是指“一个由不同类型生物种群及其所处环境通过相互支持与制约而形成的动态平衡的统一整体”[1]，大至一片树林，小至一个池塘，大至公安思想政治工作，小至公安思想政治工作内

---

[1] 喻晓马，程宇宁，喻卫东. 互联网生态：重构商业规则［M］. 北京：中国人民大学出版社，2016：4.

容，都可以构成一个完整的生态。而生态学就是研究“生态”（生物与环境的相互关系）的一门科学。用汉斯·萨克塞的话说，生态学就是“研究关联的学说”。由于“广泛的生态关联，每一个人都在更高的程度上成为整个整体的一部分”[1]。人是这样，公安思想政治工作作为一个系统也概莫能外。整体性、系统性、动态性、平衡性构成生态学理论的结构要件，具有很强的解释力。

关于公安思想政治工作内容。从根本上说，公安思想政治工作“是一个大系统，内容非常丰富，而思想政治工作内容则是其中的一部分、一个子系统”[2]。具体地说，公安思想政治工作的内容主要包括两部分：公安民警思想政治教育和一系列实践活动。“前者系主要内容，后者系辅助内容，前者离不开后者，后者为前者服务。”[3] 在“思想政治教育内容体系结构中，思想教育、政治教育、道德教育、心理教育、法治教育、纪律作风教育内容具有不同的地位和作用”，构成了“民警思想政治教育内容的主干”。[4] 而在开展旨在提高民警思想政治素质的系列实践活动中，定期分析民警思想状况、开展形式多样的集中教育和主题教育活动、开展丰富多彩的文体活动、选树先进典型、落实从优待警措施、加强阵地建设、加强制度建设、加强政工队伍建设[5]等构成“主旋律”和行动“取向”。必须指出的是，由于公安思想政治工作具有突出的政治、思想属性以及意识形态教育功能，所以不同的时期，公安思想政治工作的内容还有所不同，但用科学理论武装民警思想头脑，以提高民警思想政治素质等基本内容始终不变，在这里，内容的稳定性与可变性必须达到高度统一。

生态学与公安思想政治工作内容的关联。从生态学视角来看，公安思想政治工作内容的各个组成部分构成一个生态系统，并与生态环境系统不断进行着物质变换和能量流动，使自己处于相对稳定的动态平衡状态。从公安思想政治工作的角度看，公安思想政治工作内容不是一成不变的，相反，它是随着时代的变化、民警的思想变化而变化的。一般来说，公安思

---

[1] 汉斯·萨克塞. 生态哲学［M］. 文韬，佩云，译. 北京：东方出版社，1991：3，4.
[2] 王光森. 基层民警思想政治工作研究［M］. 北京：中国法制出版社，2018：48.
[3] 王光森. 基层民警思想政治工作研究［M］. 北京：中国法制出版社，2018：54.
[4] 王光森. 基层民警思想政治工作研究［M］. 北京：中国法制出版社，2018：55.
[5] 王光森. 基层民警思想政治工作研究［M］. 北京：中国法制出版社，2018：60－63.

想政治工作内容经过主体（公安领导干部与公安政工干部）与客体（广大公安民警）之间的相互影响、相互作用达到生态平衡，必须具有一个重要条件，那就是公安思想政治工作主体能够充分掌握“客体”的各种需要和利益要求，“达成最大限度的综合，再与社会圈的经济、政治和文化条件进行物质循环和能量变换”❶。完成这个过程同时还需要两个条件：一个是公安思想政治工作主体必须充分开放，以便“客体”的各种利益要求能够进入公安思想政治工作内容系统；另一个是公安思想政治工作“客体”应当将各种利益要求输入公安思想政治工作内容系统，如果各种利益要求没有输入系统，动态平衡便难以实现。由此可见，尽管将生态学引入公安思想政治工作领域尚处于研究的起步阶段，在引入和“转化”的过程中，仍然涉及一些非常复杂的环节和机制，但从“反思人与自然、人与社会以及人与自身的关系，构建主体间性的思想政治工作模式，在满足社会适应性的同时，能够使思想政治工作的价值引领功能获得实现”❷ 等角度考察，运用生态学研究公安思想政治工作特别是公安思想政治工作的内容，无疑具有巨大的理论空间和重要的实践价值。

二、公安思想政治工作内容生态链失衡现象剖析

当下，公安思想政治工作成效不明显，一个重要原因就是公安思想政治工作内容所构成的生态链以及公安思想政治工作内容与外部环境所构成的生态系统处于一种失衡状态。主要表现为以下几个方面。

（一）公安思想政治工作内容的“过剩”与“稀缺”

如前所述，公安思想政治工作内容是由两个主要部分或两大要素构成的生态系统。所谓“过剩”，是指公安思想政治工作内容的构成部分或要素“出现了冗余现象”，而“稀缺”则与之相反，即公安思想政治工作内容的构成部分或要素在相互关联中出现了“资源的不足现象”❸。这种“过剩”与“稀缺”主要体现在公安思想政治工作内容生态链中，两个主要构成部分或两大要素之间在“量”与“质”方面出现了失调，具体表现在实

---

❶ 王沪宁．行政生态分析［M］．上海：复旦大学出版社，1989：107.

❷ 梁慧稳．公安思想政治工作生态学研究初探［J］．江苏警官学院学报，2017（1）．

❸ 邱柏生．高校思想政治教育的生态分析［M］．上海：上海人民出版社，2009：297.

施公安思想政治工作的主体（这里，主要指公安机关领导、政工干部等）没有及时根据形势的需要和客体（这里，主要指公安民警）的诉求，对公安思想政治工作的内容进行更新与调整。当下，公安思想政治工作中存在的突出问题是“一手硬一手软”。所谓“一手硬”，主要指开展的文体活动、选树典型等实践活动到位，公安政工干部肯花力气、下大功夫，公安民警参与的积极性和热情比较高涨，收到的效果也非常明显。所谓“一手软”，主要指开展思想政治教育方面，公安政工干部下功夫不够，存在应付、对付心理，导致思想教育中“思想”弱化、政治教育中“政治”虚化、道德教育中“道德”淡化、心理教育中“心理”缺席、法治教育中“法治”缺失、纪律作风教育中“纪律”被软化等现象，部分公安民警产生“厌学”“厌训”等情绪，使公安思想政治工作的效果受到不同程度的折损。

在公安思想政治工作内容“落地”方面，之所以会出现“一手硬一手软”现象，究其原因，主要有以下几点。一是缺乏权威性的理论概括。或因重视不够，或因研究浅尝辄止，导致公安思想政治工作内容的理论概括差异甚大，[1] 所以，公安政工干部只好根据自己的理解采取行动。在“选择性行动”中，因开展球类比赛、知识竞赛、选树典型等实践活动较容易，且可以量化，因而受到青睐。与此相反，开展思想政治教育特别是理论教育，有时出力不讨好，且效果难以立竿见影，因而受到“冷落”。二是缺乏应有的专业知识和能力。作为公安思想政治工作内容的主干，思想政治教育是“受政治制约的思想教育”，也是“侧重于思想理论方面的教育”，[2] 知识性、理论性强，要求高，如果没有受过系统的专业学习和训练，要从事思想政治教育这份以固本培元、育人铸魂为己任的工作往往是难以胜任的。而反观整个公安系统，许多公安政工干部不仅没有“专业”背景，而且有的就是直接从“业务”岗位转过来的，只能“边干边学”，摸索前行，导致“大道理不会讲、小道理不愿讲”的“怪圈”一时难以消解。三是缺乏科学的考核体系。在现有的一些公安机关，公安思想政治工作考核体系中，开展选树典型、内宣外宣、立功受奖、文体健身等实践活

[1] 王光森．基层民警思想政治工作研究［M］．北京：中国法制出版社，2018：54.

[2] 同上。

动往往占有60%～70%的考核分值，而开展思想政治教育的考核分值一般只占30%～40%。这种考核导向客观上也给公安政工干部造成了“开展活动就等于公安思想政治工作”的错觉。

（二）公安思想政治工作内容“生态链中资源的损耗”❶

在公安思想政治工作“生态环流”中，教育主体和客体作为“人”的因素而不是“物”的因素“出场”十分关键，因为“如果没有人的‘出场’，便不会有教育活动的‘演出’”，而“当人的因素被契合进这一生态环流系统时，就出现了由于人的非常交往因素的介入而导致的资源损耗问题”❷，这可以从以下两个方面进行分析。

一方面是内部损耗，这主要是由教育主体与客体“两者的隐性疏离所造成”❸。作为公安思想政治工作的承担者、发动者和实施者，公安思想政治工作者即公安思想政治工作主体的“最根本特点是具有主体性”，表现为公安思想政治工作“主体的主动性、主导性、创造性、超越性等属性，即主体能动性”❹。公安思想政治工作者只有具备了主体性，切实履行了公安思想政治工作的职责，才能成为名副其实的思想政治教育主体。作为公安思想政治工作主体作用的对象，公安思想政治工作客体，即思想政治教育的接受者和受动者，其“基本特点是具有客体性”，表现为公安思想政治工作“客体的受到性、受控性和可塑性”❺。需要指出的是，公安思想政治工作“客体与一般的物质客体不同，作为有思想、有情感、有意志的人，他们在接受教育时，不是完全被动的，而是具有主动性”，即“接受教育和主动自我教育的主动性”❻。由此可见，主体与客体构成了公安思想政治工作中的一对矛盾。这对矛盾形成的原因是复杂的，“既由教育过程的不同职责和‘立场’所致，也包括两者在个性、经验、行事特点、处理人际关系的方式等方面所引发的矛盾。这些矛盾的存在会导致双方互动的

---

❶ 邱柏生．高校思想政治教育的生态分析［M］．上海：上海人民出版社，2009：298.

❷ 邱柏生．高校思想政治教育的生态分析［M］．上海：上海人民出版社，2009：299.

❸ 同上。

❹ 张耀灿等．现代思想政治教育学［M］．北京：人民出版社，2006：236.

❺ 张耀灿等．现代思想政治教育学［M］．北京：人民出版社，2006：237.

❻ 张耀灿等．现代思想政治教育学［M］．北京：人民出版社，2006：238.

困难”[1]。例如，公安派出所教导员在开展思想政治工作时，除了自身业务水平存在差异以外，还带有明显的个体特征，这些个体特征对公安民警影响很大，对思想政治工作效果影响很大。而作为思想政治工作的对象，公安民警因经历、性格、诉求不同而呈现出多样化趋势，由此与公安派出所教导员开展工作时的主动配合程度也各不相同，这种现象的存在会对公安思想政治工作的效果产生直接影响。

另一方面是外部的损耗，这主要是由外部环境所致，也即外部环境对公安思想政治工作产生的“效果抵冲”现象。当然，“这种外部损耗最终还是要通过教育生态链内部的教育者与受教育者体现出来”[2]。作为现实社会客观存在的人，公安民警处于社会的包围之中，不可避免地受到社会积极和消极因素的影响。如果受到社会积极因素的影响多一些，那么公安思想政治工作开展起来就会顺利一些，公安机关领导和政工干部的受挫感会有所降低。如果受到社会消极因素的影响多一些，那么公安思想政治工作开展起来就会困难一些，公安机关领导和政工干部的受挫感会有所升高。特别是进入新时代以后，来自两方面的社会环境对民警影响较大。一方面是倡导对美好生活的向往是人们的奋斗目标，营造这样的社会环境氛围本身并没有错，而问题在于部分民警特别是少数青年民警将其误读为个人奋斗，甚至为了过上所谓“美好生活”不惜铤而走险，走上违法犯罪道路。另一方面是倡导全面从严治党永远在路上、全面从严治党向基层延伸，旨在营造良好的党风政风民风，这本身也没有错，而问题在于部分民警特别是少数青年民警将其视为“不作为”“慢作为”的借口和不做事的“挡箭牌”，甚至出现了“当一天和尚都不撞钟”的现象。这些问题的存在，反映了公安思想政治工作在某些方面还存在薄弱环节，如不尽快加以解决，势必造成公安思想政治工作的损耗，严重影响公安队伍建设。

（三）公安思想政治工作内容的“出场”与效果的“对冲”

根据生态学的观点，公安思想政治工作构成一个生态系统。从公安思想政治工作的基本构成来看，它是一个包括“主体、客体、介体、环体”[3]

[1] 邱柏生. 高校思想政治教育的生态分析［M］. 上海：上海人民出版社，2009：299.

[2] 同上。

[3] 张耀灿等. 现代思想政治教育学［M］. 北京：人民出版社，2006：235.

等基本要素的系统；从公安思想政治工作目标来看，它构成了一个目标系统；从公安思想政治工作内容来看，它又构成了一个内容系统。这就是说，公安思想政治工作作为一个相互联系、相互作用的系统整体，其基本结构、内容结构、目标结构是不能分割的，否则，就会造成公安思想政治工作基本要素运行的紊乱，导致内容、载体、手段、方式方法与效果的“对冲”。

具体到公安思想政治工作实践，将“教育内容”（或活动目标）提出来，并付诸行动，往往会遭遇两种情况的效果“对冲”：一种是公安机关领导和政工干部开展教育活动时，喜欢“单打一”、唱“独角戏”，仅仅囿于一个场域、一种活动方式，排斥其他教育活动资源或载体的嵌入和有力配合，使教育活动的效果大打折扣。例如，为了开展好“不忘初心、牢记使命”主题教育活动，公安机关邀请专家开设专题讲座进行“正规化灌输”，这的确需要，但如果不与学习党史、国史、改革开放史结合起来，不与参观“新中国成就展”“改革开放成就展”结合起来，不与开展“我和我的祖国”等歌咏、朗诵比赛活动结合起来，不与公安部开展的“践行新使命、忠诚保大庆”实践活动结合起来，不与解决民警的思想问题和实际困难结合起来，势必存在效果“对冲”现象，即教育的“正规化灌输”的效果被非正规化的教育所抵消或削弱。另一种是公安机关领导和政工干部开展教育活动时，有时会出现因为知识素养不够而在大会上做报告念错字的情况，有时会出现因为理论功底不够而轻率提出欠妥观点的情况，有时会出现因为过于自信而缺乏对目标任务艰巨性的正确认识以至于夸下海口最终无法兑现的情况，而这些情况一旦出现，就会对公安机关领导和政工干部的形象造成损害，进而对公安思想政治工作的效果产生削弱与抵消作用。

三、维护公安思想政治工作内容生态链平衡的基本方略

（一）精心打造公安思想政治工作内容生态链，防止内容出现“过剩”与“稀缺”现象

首先，要厘定公安思想政治工作内容的概念。目前，关于公安思想政治工作内容的概念，学界认识尚有差异。宁福洪认为：“思想政治教育的

内容，是指教育者用一定的政治思想、世界观和道德规范来教育受教育者。”❶ 龚正荣提出：“思想政治工作的内容，是思想政治工作的目标和任务的具体化，直接关系到思想政治工作目标的实现和任务的完成。”❷ 熊建生认为：“思想政治教育的内容，是根据一定的社会要求和针对受教育者的思想实际，经教育者选择设计后有目的、有步骤地输送给受教育者的思想意识、价值观念和道德规范等信息。……其实质是对受教育者给予什么样的思想导向、价值干预和精神影响的问题。”❸这里，借鉴学者的研究成果，我们拟对公安思想政治工作内容的概念作如下表述，即公安思想政治工作的内容，是指公安机关领导和政工干部根据社会发展要求和公安民警的思想实际，采取各种方式有目的有步骤开展的旨在提高公安民警思想政治素质的“思想政治教育和一系列实践活动”❹。这样界定，至少具有四层意义，即体现了公安思想政治工作的性质，蕴含着公安思想政治工作的目标和任务，规定了公安思想政治工作的氛围，制约着公安思想政治工作方法的选择。

其次，要明晰公安思想政治工作内容生态链。如前所述，公安思想政治工作内容作为一个生态系统，它与其他任何系统一样，“不是由其各个要素机械堆积而成，而是按照一定秩序、一定方式结合而成的有机整体，也就是说它具有一定的结构”❺，构成一个完整的生态链。所谓公安思想政治工作内容生态链，是指在公安思想政治工作内容生态链中，不同内容之间进行信息流转的链式依存关系，其构成要素包括公安思想政治工作主客体、公安思想政治工作内容和公安思想政治工作环境。在这个复杂的链式依存关系中，公安思想政治工作主客体扮演着内容生产者、内容分解者和内容消费者的角色，承载着能量变换和物质循环的功能，起着决定性作用；公安思想政治工作的内容包括思想政治教育和系列实践活动两个方面，而思想政治教育主题涉及的内容大致可以划分为思想教育、政治教育、道德教育、心理教育、法治教育、纪律作风教育 6 种类型，系列实践

❶ 宁福洪．公安思想政治工作概论［M］．北京：中国人民公安大学出版社，1987：103.

❷ 龚正荣．公安思想政治工作实务［M］．北京：中国人民公安大学出版社，2011：14.

❸ 熊建生．思想政治教育内容结构论［M］．北京：中国社会科学出版社，2012：16.

❹ 王光森．基层民警思想政治工作研究［M］．北京：中国法制出版社，2018：54.

❺ 熊建生．思想政治教育内容结构论［M］．北京：中国社会科学出版社，2012：17.

活动可以划分为定期分析民警思想状况、开展丰富多彩文体活动、及时发现培养选树先进典型、落实从优待警措施、加强阵地建设、加强制度建设、加强政工队伍建设7种形式。[1] 这个部分在整个内容生态链中起着基础性作用；公安思想政治工作环境包括公安思想政治工作主客体都要面对的外部宏观环境和内部微观环境，而外部宏观环境主要包括政治环境、经济环境、文化环境等因素，内部微观环境主要包括人际关系、价值取向、文化氛围、制度运行等因素。这个部分在整个内容生态链中起着保障性作用。简言之，公安思想政治工作内容生态链是由公安思想政治工作主客体、公安思想政治工作内容和公安思想政治工作环境“相互依赖、相互制约、相互影响、协同进化而形成的一种复杂链式依存关系”[2]，三个构成要素的生成和发育以及它们之间的互动关系决定了公安思想政治工作内容生态链的形成与发展，并直接影响着公安思想政治工作内容生态链的形成过程和内在演化。哪一个要素或环节出现了问题，都会引起内容生态链的阻滞或断裂，进而导致公安思想政治工作应有的效能无法呈现。因此，明晰公安思想政治工作内容生态链，确保公安思想政治工作内容生态链上信息流转的畅通和效率，就成为亟需解决的问题。

最后，要提高公安思想政治工作优质内容的供给能力。作为公安思想政治工作“血液”的教育内容或活动内容，是公安思想政治工作目标的具体化，是公安思想政治工作主体与客体互动的中介，是提高公安思想政治工作实效性的重要条件。反思既往，公安思想政治工作之所以使人产生“说教感”和“娱乐感”，一个重要原因就在于对公安思想政治工作内容的重要性缺乏高度认识、缺乏科学化精细化研究和准确的系统的把握，突出表现为公安思想政治工作优质内容的供给能力不足。要解决这个问题，必须从以下几个方面做出努力。一是建构由理论模型、实践模型、环境模型等为主导的公安思想政治工作内容结构模型，促进公安思想政治工作内容的“条理化和体系化”[3]，增强公安思想政治工作内容“结构化”程度，避免“主观随意”“偷工减料”现象。二是通过定期进修和常态化岗位培

---

[1] 王光森．基层民警思想政治工作研究［M］．北京：中国法制出版社，2018：55－63.

[2] 李宗富，张向先．政务微信信息生态链构成要素、形成机理、结构与类型［J］．情报理论与实践，2016（8）.

[3] 熊建生．思想政治教育内容结构论［M］．北京：中国社会科学出版社，2012：23.

训提高公安思想政治工作主体的素质和业务能力，切实解决“过度重视实践活动而轻视理论灌输”“过度追求形式而忽视科学内容”“过度重视结果而忽视过程”的问题，避免“过剩”或“短缺”现象。三是建立科学有效的考核体系，即提高思想政治教育在考核体系中的比值，保持主客体之间、主客体与环境之间、思想政治教育与系列实践活动之间的动态平衡，避免“失衡”现象。

（二）着力适应公安思想政治工作内容生态三大规律，避免内容生态链中资源损耗问题滋生

首先，选择从边缘入手。从根本上说，作为公安思想政治工作主体的公安机关领导和政工干部与作为公安思想政治工作客体的公安民警是一对矛盾，并且在实践中容易产生某种“疏离”，进而对公安思想政治工作内容的有效性产生不同程度的消解。为此，有学者提出了解决问题的思路，即主体客体化、客体主体化。对此，我们除表示基本赞同外，还提出应重视从“边缘”入手，构建一个“新生态”。因为选择环境改变或活动方式丰富性、工作形式有效性等“辅助性”内容而非核心内容注入，可以减少公安民警的情绪化抵制而获得他们的积极配合；同时，也有利于公安思想政治工作的“基础性”内容被公安民警接受和吸纳，从而缓解内容资源在内部损耗的问题。在强调从“边缘”入手、构建新生态的过程中，要注意因人而异、因地制宜。以公安派出所为例，由于职业的高强度性、高应激性、高风险性，民警身心健康问题十分突出。如果在开展思想政治工作时，能够考虑这一情况，并按照“为民警减负→保证民警休息→心理咨询常态化→定期为民警体检→因公负伤民警的医疗有福利保障”五个环节构建解决问题的“新生态”，那么公安思想政治工作内容生态链各个节点的效率就会得到激发，矛盾得到极大的释放，公安思想政治工作也必然会“活”起来。

其次，选择以强需求的服务为突破口。公安思想政治工作运行中，时时面临着公安民警提出的种种需求，时时会遇到公安民警给它施加的压力。公安民警提出的种种需求，概括起来，就是社会发展变化向公安思想政治工作内容系统提出的需求。公安思想政治工作内容系统的基本功能就是通过自己的活动来满足这些需求，从而实现公安思想政治工作生态系统

各要素之间的动态平衡。问题在于：作为社会的客观存在，公安民警的需求很多，但他们的强需求是什么？只有弄清这个问题，找到公安民警的强需求和痛点，才能通过解决“强需求”和痛点的服务走进他们的心坎，实现公安机关领导、政工干部与公安民警的真正“连接”，增强他们的黏性，在此基础上构建“推销”内容的生态模式。根据党的十九大报告提出的“使人民获得感、幸福感、安全感，更加充实、更有保障、更可持续”[1]思想，结合美国学者马斯洛提出的“五层次需要”理论，我们拟将新时代公安民警的“强需求”概括为“快乐工作、幸福生活”，或者换句话说，“获得感、幸福感、安全感”显著增强。由此便可以得出结论性认知：贴近公安民警的“强需求”，甚至千方百计使之成为“入口”。这是“盘活”公安思想政治工作内容生态链的理想突破口。

找到了这个突破口，可以预见，未来公安思想政治工作的内容，将是在公安民警“强需求”基础上做拓展和挖掘。第一可以对公安民警推送信息，了解公安民警的需求，实现公安机关领导、政工干部与公安民警的初步互动；第二将公安民警的“需求”反馈回来，集中进行模块化优化，最后再“推送”出去，实现公安机关领导、政工干部与公安民警的深度互动。这样一来，就把公安民警当作公安思想政治工作内容生态链中重要的一环，使之实质性参与进来，不仅可以避免内容资源的无谓消耗，还可能颠覆公安思想政治工作内容的“生产”模式，实现公安思想政治工作客体主体化，最大化释放公安思想政治工作内容的价值。

最后，选择互联网新媒体这个“中介”平台推动内容生态的进化。有人认为，“互联网的一大趋势是去中介化，其实这即使不算误解，也是一种偏见”[2]。互联网确实摧毁了一大批传统中介，但同时又培育了一批更有潜力和发展前景的平台中介。如，“随着智能手机和移动互联网的发展，手机端口取代电脑成为媒体传播的主要平台”[3]，更适用于手机端口的微博、微信等新媒体平台已逐步成为公安民警获取信息、开展交流和文化娱

---

[1] 习近平．决胜全面建成小康社会　夺取新时代中国特色社会主义伟大胜利——在中国共产党第十九次全国代表大会上的报告［M］．北京：人民出版社，2017：45.

[2] 喻晓马，程宇宁，喻卫东．互联网生态：重构商业规则［M］．北京：中国人民大学出版社，2016：67.

[3] 马艳华．互联网时代的政工平台创新［J］．科技研究，2019（2）．

乐的重要途径。今日头条和抖音短视频平台的崛起，让许多单位除了开通官方微信、微博账号外，还开通了头条号、抖音号等官方账号。这些新媒体平台逐渐超越传统媒体，成为公安民警特别是青年民警获取信息的主媒体、主渠道。因此，打破内容“自上而下”单向灌输的传统模式，建构开放的“互联网新媒体平台/生态模式”，就成为公安思想政治工作内容生态进化和优化的必然选择。“互联网新媒体平台/ 生态模式”之所以被“选择”，就在于它打破了传统公安思想政治工作内容“生产”的主体单一性、“生产”内容的单调性及其“价值链结构，重构了传递价值和创造价值”❶。换句话说，互联网新媒体平台/生态模式”所具有的“平台 + 要素”的结构优势，特别是平台/生态能叠加、衍生出更多的信息或内容的价值，能够避免内容资源的内部和外部损耗是获得公安机关领导、政工干部和公安民警“青睐”的重要原因。

（三）启动以提高能力为重点的公安政工干部锻造工程，减少内容“出场”与效果“对冲”的现象

首先，改变公安机关领导、政工干部的观念，即“我是家长”“我是师长”“我是兄长”的观念，树立“我是服务者”“我是倾听者”“我是民警权益维护者”的观念，让民警感到“可亲、可敬”，从而为公安民警愉悦地“接受”公安思想政治工作内容“出场”奠定良好的心理基础。

其次，着力打造“政治过硬、本领高强”的公安政工干部队伍。一要增强学习本领，提高主动学习、善于学习、学以致用的能力；二要增强政治领导本领，坚持战略思维、辩证思维、法治思维、底线思维，提高把方向、抓大事、干成事的能力；三要增强改革创新本领，保持锐意进取的精神风貌，善于结合实际创造性推动工作，善于运用互联网技术和信息化手段开展工作，提高与时俱进、善作善成的能力；四要“增强狠抓落实本领，坚持说实话、谋实事、出实招、求实效，把雷厉风行和久久为功有机结合起来，勇于攻坚克难，以钉钉子精神做实做细做好各项工作”❷，提高

---

❶ 喻晓马，程宇宁，喻卫东. 互联网生态：重构商业规则［M］. 北京：中国人民大学出版社，2016：68.

❷ 习近平. 决胜全面建成小康社会　夺取新时代中国特色社会主义伟大胜利——在中国共产党第十九次全国代表大会上的报告［M］. 北京：人民出版社，2017：69.

“与公安民警想在一起、干在一起”的能力。只有这些能力提高了，公安政工干部才有可能发挥好转化功能、推动功能和控制功能，避免因内容“出场”而与效果发生“对冲”的情形，从而给公安思想政治工作内容生态系统更好地运行带来破坏。

最后，着力优化环境系统特别是“自然生态环境”和“人工生态环境”❶，减轻其“恶性”“消极性”一面对公安民警的影响。这就要求公安政工干部一方面要注意研究环境与公安民警的思想以及环境与公安思想政治工作内容之间的关系，切实认识到环境的好坏影响公安思想政治工作内容的改革与创新，而公安思想政治工作内容的改革与创新反过来又影响环境变化，从而增强适应环境、利用环境的能力。另一方面又要坚持整体性原则，积极实施“三大行动计划”，即环境优化行动（包括优化传媒环境、优化单位环境、建设教育场馆和社会教育基地、加强党风廉政建设营造风清气正的社会环境等）、环境开发行动（切入点是建设本单位的精神文化）、教育情境创设行动（包括集体学习情境创设、认知情境创设、人文感化情境创设），❷ 抵制不良环境因素的诱惑，实现公安思想政治工作内容系统各要素的良性互动，形成公安思想政治工作的真正合力。

（执笔人：王光森，江苏警官学院马克思主义学院教授。）

---

❶ 王沪宁．行政生态分析［M］．上海：上海复旦大学出版社，1989：29.
❷ 张耀灿等．现代思想政治教育学［M］．北京：人民出版社，2006：316－323.

第五章　公安思想政治工作方法的生态学分析

公安思想政治工作生态方法是当前公安政工学界研究的热点和前沿问题，其核心旨归是借用生态学研究生命主体与其所在环境之间相互作用及关系的理论与方法来审视和发展公安思想政治工作方法，从而为公安思想政治工作方法理论与实践的深化发展提供崭新的研究视角，进而为提高新时代公安思想政治工作的实效性提供一定的理论启示和实践指向。

一、公安思想政治工作生态方法的内涵

（一）生态方法的含义

对生态方法概念的分析需要从研究生态学概念开始。生态学源于希腊文，字面含义是研究“生物住处的科学”。1866 年德国生物学家海克尔首先提出“生态学”概念，作为“研究生物体同外部环境之间关系的全部科学”❶ 的称谓。美国学者麦茜特指出：“生态学的前提是自然界所有的东西是联系在一起的，它强调自然界相互作用的过程是第一位的。所有的部分都与其他部分及整体相互依赖相互作用。生态共同体的每一部分、每一小环境都与周围生态系统处于动态联系之中。处于任何一个特定的小环境的有机体，都影响和受影响于整个由有生命的和非生命环境组成的网。”❷ 所谓生态方法，也就是生态学方法，“是用生态观点研究现实事物，观察现

❶ 汉斯·萨克塞. 生态哲学［M］. 文韬，佩云，译. 北京：东方出版社，1991：26.

❷ 卡洛琳·麦茜特. 自然之死：妇女、生态和科学革命［M］. 吴国盛，译. 长春：吉林人民出版社，1999：234.

实世界；又称生态学思维，用生态观点思考问题”[1]。目前学界对生态方法的定义主要是从哲学角度出发以生态思维来指导社会实践活动，即生态方法就是“把生态学作为一种方法去认识和改造世界，它是以生态学原理的基本观点为基础，运用生态系统观来认识事物，从而揭示事物与现象之间的规律。因此，其最为显著的特征就是其整体性、系统性、平等性和协同性。具体而言，其整体性主要是指人与自然和社会共同构成一个大的生态系统，突出强调了人与社会的发展离不开自然环境的作用，要求我们必须尊重自然规律，反对人类中心主义思维的价值取向；系统性是指以整体的、全面的、联系的观点把握生态系统中各要素之间的相互关系及其系统与环境之间的关系；平等性是指在整个生态系统当中，各生态要素都是构成系统的一个组成部分，它们之间相互依赖、相互制约，其地位不存在任何差别，消解任何生态要素先验的价值霸权；协同性主要表现为系统内部各生态要素的平衡互动及系统与外部环境的高度协调适应”[2]。

（二）公安思想政治工作生态方法

综合对生态学和生态方法的相关概念分析可以得出，公安思想政治工作生态方法究其本质属于科学研究方法，借用生态学研究方法来分析当前公安思想政治工作所面临的一系列新问题新状况，而“生态学研究方法倾向于把社会看作一个有机整体，它的各个部分（如政治、经济、文化，也包括大众媒介等）构成互相依存的子系统，其中每个部分都为该系统的平衡做出贡献，共同形成一个有机活动体”[3]。德国著名学者汉斯·萨克塞指出：“生态学的考察方式是一个很大的进步，它克服了从个体出发的、孤立的思考方法，认识到一切有生命的物体都是某个整体中的一部分。”[4]吴娜认为：“思想政治教育生态方法，就是运用生态学的原理和方法来考察思想政治教育，将思想政治教育本身及其动态的过程看作一个整体动态的复合生态系统，具体研究这个系统内外部生态因子之间的关联，以达到提

---

[1] 余谋昌．生态哲学［M］．西安：陕西人民教育出版社，2000：167.

[2] 李伟，邹绍清．大学生思想政治教育生态论方法探究［J］．思想政治教育研究，2009（4）.

[3] 邱柏生．高校思想政治教育的生态分析［M］．上海：上海人民出版社，2009：1.

[4] 汉斯·萨克塞．生态哲学［M］．云韬，佩云，译．北京：东方出版社，1991：76.

高思想政治教育成效的目的。”❶ 李伟、邹绍清认为：“所谓思想政治教育生态方法，就是以生态学的视角分析思想政治教育实践活动，把思想政治教育看作一个整体动态的复合生态系统，对其系统内的要素与要素之间的交互作用进行策应性分析，对整个思想政治教育系统与外部社会环境之间协调和平衡的条件和过程进行系统关联、动态辩证地思考和认识。”❷ 梁慧稳认为：“公安思想政治工作是在公安系统内部用党的路线、方针、政策、纪律及法律、法规和规定等施予广大公安民警，达到塑造、规约和培养民警的一种具有社会影响力的活动。”❸ 上述观点都是从思想政治教育生态方法或公安思想政治工作目的和意义等方面进行试论的，至于公安思想政治工作生态方法的论述，目前学界尚无卓有成效的研究。故借鉴上述学者对思想政治教育生态方法和公安思想政治工作的相关描述，尝试对公安思想政治工作生态方法的含义作如下推论。

公安思想政治工作生态方法，就是把公安思想政治工作看作一个整体动态的复合生态系统，对其系统内部各个要素之间的交互作用进行策应性分析，对整个公安思想政治工作系统与外部社会生态大环境之间协调平衡的条件和过程进行系统关联、动态辩证的思考和认识。公安思想政治工作生态方法首先就是基于公安思想政治工作的理论创新与实践发展的研究方法，其理论和实践诉求首先就是要确立生态思维，强化系统意识；其次是在此基础上关注公安思想政治工作与外部社会环境之间的互动，要突出动态平衡和有机协调；最后是要树立宏观与微观相结合的研究思路。

简言之，公安思想政治工作生态方法就是整体开放、动态平衡、协同共生三者之间的统一。所谓整体开放，就是坚持把公安思想政治工作置于开放的社会系统中，注重协调公安政治工作和思想道德教育内容之间的关联性，突出发挥公安思想政治工作的整体作用。所谓动态平衡，重在把公安思想政治工作置于变化发展的社会视野中，在推进公安政治工作发展、引领政治方向、夯实道德基础等方面实现公安思想政治工作价值的内在统一，同时在塑造公安队伍的思想观念、引导人的政治观点、促进人的道德行为等方面寻求公安思想政治工作积极作用与社会环境多向度影响之间的

❶ 吴娜．生态学视域下公安思想政治教育方法初探［J］．学术论坛，2017（14）．

❷ 李伟，邹绍清．试论思想政治教育生态方法［J］．理论月刊，2012（5）．

❸ 梁慧稳．公安思想政治工作生态学研究初探［J］．江苏警官学院学报，2017（1）．

动态平衡。所谓协同共生，意在化解公安思想政治工作中带有的现代主义主客二分思维的僵化对立，为公安思想政治工作理论与实践的协同整合、目的与手段的平衡发展、教育者与受教育者的双向互动实现方法论层面的创新发展。具体包括公安思想政治工作生态系统分析法、公安思想政治工作生态要素互动法以及公安思想政治工作生态和谐共生法。

二、公安思想政治工作生态方法的依据

（一）公安思想政治工作生态方法的理论依据

1. 马克思主义生态哲学观。马克思主义生态哲学是关于分析和解决生态问题的理论和学说，马克思主义生态哲学思想虽然是散见于马克思主义哲学思想宝库中的生态观点和见解，但这些思想观点不仅是成熟而深刻的，也是系统而全面的。马克思主义生态哲学观探讨的主要问题是人与环境的辩证关系。“人与自然的辩证关系是人们实践中的首要问题，也是马克思恩格斯生态哲学思想的主要内容。”[1] 但这里的“自然”在马克思主义语境中特指人类生存所依赖的外部世界，它围绕着人类的生产和生活实践而逐步形成和发展起来，其主要包括自然界和人类社会，是自然环境与社会环境的有机统一体。为此，马克思主义生态哲学观就是关于人与自然界和人与社会环境关系的辩证分析。马克思主义生态哲学观的精髓在于它不是以机械论或还原论审视人与环境的关系，相反它是以生态系统整体论循着历史与逻辑的方式考察人与自然界和社会环境之间的复杂关联，既看到环境对人类自身发展的制约和束缚，又指出人类依靠主观能动性发挥对环境的调控和改造。人与环境是自在依赖性与自为能动性的统一。

2. 生态学理论的基本观点。生态学理论的基本观点主要包括生态系统和生态平衡的观点。生态学考察的首要前提是把生物与其所处的环境视为一个复杂的生态系统，以系统的观点观察生命有机体与其周边环境相互影响、相互制约、相互依赖的关系，这就是生态系统观点。生态系统观点作为现代生态学研究的基本命题，其具体表现为生态系统的整体性、关联性和可控性。而生态平衡是一个动态变化发展的过程，系统与环境之间时刻

[1] 解保军．马克思自然观的生态哲学意蕴［M］．哈尔滨：黑龙江人民出版社，2002：257.

都发生着物质、能量和信息的交换和传递。平衡则表明系统结构、功能与环境之间在物质循环、能量流动、信息传递方面是协调的、有序的，但这种稳定现状不会维持太久就又会被新的不平衡所代替，整个生态系统就是由平衡到失衡再到新的平衡的阶段性的动态演替，也是系统要素与环境在平衡与失衡的反复博弈中达到新的进化。可以说，生态平衡是暂时的、相对的、动态的，而不平衡却是持续的、长久的，生态系统的生长和发育过程其实也是不断寻求平衡的过程。

（二）公安思想政治工作生态方法的实践依据

1. 紧扣公安思想政治工作对象思想的新变化。这里讲的公安思想政治工作对象思想的新变化包含两层意思：一是公安思想政治工作对象的广泛性；二是公安思想政治工作对象思想的复杂性。公安思想政治工作的对象属于公安思想政治工作生态系统中人的因素，是公安思想政治工作生态系统协调发展不可或缺的基本要素。除了间接影响教育者设计和确定公安思想政治工作目的和任务以外，受教育者全部直接参与公安思想政治工作整个活动过程，因此受教育者与公安思想政治工作生态系统中其他生态因子有着不可分割的紧密联系，而这些联系又是非线性和动态变化的。同时在科学高度分化与高度综合的现代社会，公安思想政治工作生态系统中的受教育者不是单一的某一类人，而是层次性与多样性的统一。受教育者既有特定的对象系统（警校学员、全体公安干警等）与特定组织系统之分（公安系统），又包括正式群体（如共产党员群体、领导干部群体等）与非正式群体。纵观当代社会发展现状，身处文化观念多元、思想信息多变、价值追求多样的社会氛围中的受教育者在思想意识方面表现出主流价值主导与多元文化的碰撞、追求人的全面发展与社会生产落后的矛盾以及社会发展道路的广泛性与传统价值取向的狭隘性的冲突，这些思想特点是随着历史发展的不同时期和不同阶段的变化而变化的，以动态发展、整体关联的理论视野和时代思维，不拘泥于以局部的、片面的、事务性的思想指导公安思想政治工作的可持续发展，这既是公安思想政治工作在当代社会发展的实践期待，也符合公安思想政治工作的特点和规律。

2. 立足公安思想政治工作载体创新的新形式。公安思想政治工作的载体是多种多样的，语言文字、实践活动、理论传播、文化建设等都属于公安思想政治工作载体。然而，社会历史的进步与公安思想政治工作生态环境的变迁导致公安思想政治工作载体的表现形态发生了根本性的变化，从公安思想政治工作载体历史发展的视角来看，公安思想政治工作载体创新的新形式主要表现为由传统载体向现代载体的过渡。公安思想政治工作现代载体是公安思想政治工作随着社会历史发展具有时代特征的新载体，其主要包括文化载体、活动载体、传媒载体和管理载体。这四种载体分别从文化传播、实践活动、信息传递以及社会管理等领域出发对公安思想政治工作进行综合作用，对全体公安干警思想的形成和发展产生着日渐突出的作用。公安思想政治工作实践过程中主要存在着如何整合众多载体之间的相互协调与配合以求形成合力、如何处理传统载体与现代载体的共生共荣、如何在充分发挥一般载体功能的基础上更加凸显新兴载体的正向作用等问题。用生态的理论和方法应对时代发展给公安思想政治工作提出的新课题是公安思想政治工作走向可持续发展的时代选择。

3. 适应公安思想政治工作环境变迁的新要求。公安思想政治工作生态方法研究的基本前提就是把公安思想政治工作纳入系统研究的视角进行分析，系统研究的展开要求确立公安思想政治工作系统的构成要素。在本章研究语境中，公安思想政治工作环境属于公安思想政治工作系统的外部条件，它与公安思想政治工作系统构成公安思想政治工作复合生态系统。公安思想政治工作环境作为公安干警思想品德形成和发展的客观基础是与历史发展同步的，与传统社会相比，公安思想政治工作环境表征着更高程度上的开放性、动态性、多维性和复杂性。其开放、动态、复杂和多维主要表现为：第一，公安思想政治工作环境系统是开放的，它与公安思想政治工作之间的物质、能量、信息的循环和交换在时间和空间上发生着复杂而多维的关联，并且这一关联是随着社会基本矛盾、公安思想政治工作系统要素的动态发展而变化的；第二，公安思想政治工作环境对公安干警的思想品德的形成和发展的影响因素是多样而广泛的，影响性质是多重而复杂的，影响方式是隐蔽而丰富的。针对公安思想政治工作环境的新特点必须有与之相统一的思维方法的引领才能使公安思想政治工作环境在当代社会发挥其应有的功能。公安思想政治工作生态方法的提出便是公安思想政治工作环境在当代社会发展背景下发生作用的现实呼唤。

三、公安思想政治工作生态方法的应用

（一）公安思想政治工作生态系统分析法

公安思想政治工作生态系统是一个有机的、不可分割的整体，具有整体关联性的特征。从微观角度看，公安思想政治工作生态系统各要素之间是普遍联系、相互作用的有机整体；从宏观角度看，公安思想政治工作生态系统处于公安机关内部环境和社会生态大环境之中，社会经济形势、政治环境、主流文化与多元文化发展状况、公安执法环境、公安机关内部政治经济待遇、体制机制等都会对公安思想政治工作产生全面深刻的影响。因此，公安思想政治工作生态系统分析法其实就是以系统思维确立公安思想政治工作生态分析的研究对象，并对该系统的要素、结构与功能进行系统性的分析，力求实现优化公安思想政治工作系统功能，提升公安思想政治工作实效性。对公安思想政治工作生态系统分析法的运用首先需要掌握生态世界观的理论精髓，生态世界观是一种科学的思维方法，它在观察人与环境的关系时强调整体关联性、动态平衡性以及可持续发展等原则对解决当前公安思想政治工作出现的新情况、面临的新问题具有一定的理论启示，为公安思想政治工作的创新发展提供新的研究视角和理论阐释。其次要透析公安思想政治工作的系统性，以生态思维方式透视新时代公安思想政治工作的现状，这既要求生态思维及其合理内核为公安思想政治工作生态方法提供方法论的指导，又需要公安思想政治工作在回答和应对时代课题时体现系统性的特征。最后要形成公安思想政治工作生态世界观。根据思想政治教育生态观[1]的概念，概括公安思想政治工作生态世界观，就是用生态世界观的观点和原则探讨公安思想政治工作的发展规律、公安思想政治工作系统各要素相互关系的观点和学说，是以相关联事物相统一协调的观点处理问题的方法论体系。这里所要求的公安思想政治工作生态世界观主要侧重于能够从生态世界观和方法论的理论视野来引导公安思想政治工作的思维实践活动。

公安思想政治工作生态系统分析要着眼于整体，根据公安思想政治工

[1] 陈铁军．思想政治教育的生态观研究［D］．西安电子科技大学，2004．

作系统整体功能发挥的要求相应地确立其构成要素，既不把一些可有可无的要素纳入研究视野，也不毫无标准地盲目选择要素，立足于公安思想政治工作整体效应的开发是公安思想政治工作生态分析的根本准则。公安思想政治工作生态系统分析还要注意层次性，公安思想政治工作生态系统分析不仅要注意公安思想政治工作生态系统的构成，更要注意公安思想政治工作要素系统和环境系统的关联和互动，因为真正实现公安思想政治工作整体效果的前提是对各系统构成要素层次性的具体把握。在公安思想政治工作实践中只有充分考虑到各构成要素的层次性和差异性，才能使公安思想政治工作内容和方法具有针对性，进而才能提升公安思想政治工作的实效性。如何清晰地构建公安思想政治工作生态系统的层次及每一层次上的要素，是公安思想政治工作生态系统分析的基本要求，也是公安思想政治工作生态方法的一个理论生长点。

（二）公安思想政治工作生态要素互动法

公安思想政治工作生态要素互动法是在理解和把握公安思想政治工作系统基础上的理性自觉，旨在深入分析公安思想政治工作系统内部各要素之间的关联。公安思想政治工作生态要素互动法的运用首先要确保公安思想政治工作生态系统是一个开放的系统，力求公安思想政治工作系统与公安思想政治工作环境之间能够实现物质循环、能量流动和信息传递。公安思想政治工作生态要素互动法的实质是努力探明公安思想政治工作生态系统要素间存在的诸多关系，而公安思想政治工作生态系统的开放性是公安思想政治工作生态系统要素发生关系的前提，也就是说只有承认并重视公安思想政治工作系统与公安思想政治工作环境的动态关联，公安思想政治工作生态系统才能合理存在，进而科学分析和把握公安思想政治工作生态系统要素间的关联才成为可能。其次要把握公安思想政治工作生态要素的内在规定性，公安思想政治工作生态要素互动法是循着物质循环、能量流动、信息传递来展开的，但公安思想政治工作生态要素间的物质循环是否畅通、能量流动是否充分、信息传递是否有效则是由公安思想政治工作生态要素自身的内在特性决定的，这就要求公安思想政治工作生态要素互动法不能单纯地注意和重视要素的关系分析，必须是在全方位把握公安思想政治工作生态要素内在规定性基础上对其间的物质循环、能量流动和信息传递作出清晰的界定。

以生态学视角研究公安思想政治工作实践活动，在公安思想政治工作生态系统中也存在着生态要素的物质循环，而公安思想政治工作生态要素的物质循环却并非是各物质元素的周期性作用。公安思想政治工作作为一种社会实践活动是以相应的物质条件为支撑的，但公安思想政治工作究其本质来说它属于精神层面的社会实践活动，因此公安思想政治工作生态要素间的物质循环实际上是教育者与受教育者之间思想意识的互动。参照生物生态系统能量流动，从公安思想政治工作实施过程来看，公安思想政治工作生态要素的能量流动可以认为是一种资源（政策支持、制度保障、价值要求）和心理（认知、情感、意志、行为）的供给和互动。从某种意义上讲，公安思想政治工作的运行就是公安思想政治工作信息的获取、分析和传递的过程，也是用科学、生动、丰富的公安思想政治工作信息去影响和感染受教育者的思想政治观念和精神追求的过程。

（三）公安思想政治工作生态和谐共生法

公安思想政治工作生态和谐共生法是指以和谐共生思维指导公安思想政治工作系统与其所处社会环境的共生共荣，促进整个公安思想政治工作生态系统的良性发展。当然，作为服务于社会主义意识形态建设的实践活动，公安思想政治工作生态和谐共生思维的实践指向不是要抛弃公安思想政治工作的意识形态属性，相反它是在始终坚持社会主义主流意识形态的指导下，尽最大可能地实现公安思想政治工作与社会环境之间的良性互动。公安思想政治工作生态和谐共生法突出了在一定条件下对公安思想政治工作产生影响的全部因素之间协调关系的动态研究，其主要包括纵向的前后承续生态关系和横向的周围牵制生态关系。公安思想政治工作生态关系纵向分析的目的是通过历史维度梳理公安思想政治工作的历史发展过程，总结公安思想政治工作各要素在不同时期的动态发展与结构变迁，为科学分析公安思想政治工作生态系统提供依据。考察公安思想政治工作生态和谐共生就要把公安思想政治工作置于历时态的视野下，分阶段考察公安思想政治工作在特定社会背景下各要素形成的结构及与社会大系统相互作用所表现出来的功能，进而为新时期公安思想政治工作化解社会矛盾、引领社会思潮、转变社会风气有一定的理论启发。公安思想政治工作生态和谐共生的周围牵制生态关系主要是指“在共时态状况下，社会不同行业和领域中思想政治工作之间的相互支撑和依赖关系以及各自的内部诸要素的有机协调状况”[1]。公安思想政治工作生态和谐共生所要分析的便是要转变过去公安思想政治工作横向生态关系的紊乱、机械和断裂，实现公安思想政治工作各领域的协调、有机和可持续发展。

公安思想政治工作生态和谐共生法所讲究的和谐共生首先是有层次性的。这里的和谐共生的层次性主要表现为公安思想政治工作系统要素内部的和谐共生，即教育者与受教育者关系的平等化、教育目标与教育内容的一致性、教育内容与教育手段的契合性；同时还表现为公安思想政治工作系统与社会环境的和谐共生，即公安思想政治工作既不是凌驾于公安学理论之上的“一枝独秀”，也不是毫不相干的“一家之言”。其次公安思想政治工作生态和谐共生法所讲究的和谐共生不是毫无原则立场的中庸之道。这里的和谐共生首先是受社会主义意识形态基本属性和马克思主义指导方向规定的，实现公安思想政治工作系统内部及其与社会外界之间关系的和谐共生，都要以充分保证增强社会主义主流意识形态的吸引力和凝聚力以及巩固和促进马克思主义理论的中国化、时代化、大众化为己任，只有在坚持公安思想政治工作基本属性和根本方向这个大前提下，努力推进公安思想政治工作生态系统的和谐共生，才能真正彰显公安思想政治工作的时代性和科学性。

四、生态学方法运用于公安思想政治工作的新思考

将公安思想政治工作视为一个有机统一的生态系统，运用生态学的思维和方法对其进行整体性观照，有利于提高公安思想政治工作的实效性，使公安思想政治工作处于一种动态平衡、和谐有序的运行状态，促使公安思想政治工作更好地引导并实现公安民警的自由全面发展。

（一）系统论方法

美国学者麦西特指出：“生态学的前提是，自然界所有的东西是联系在一起的，它强调自然界相互作用的过程是第一位的。所有的部分都与其

[1] 邱柏生．高校思想政治教育的生态分析［M］．上海：上海人民出版社，2009：289.

他部分及整体相互依赖相互作用。生态共同体的每一部分、每一小环境都与周围生态系统处于动态联系之中。处于任何一个特定小环境的有机体，都影响和受影响于整个由有生命的和非生命环境组成的网。”[1] 生态学在观察世界时采用了系统论的方法，即用整体、系统、全面、联系的观点把握生态系统中各要素之间的相互关系及系统与环境之间相互依存、相互作用的关系。在生态系统中，各个构成要素都是密不可分的有机整体的一部分，没有单个独立的存在物，它们是一种共生的关系。

公安思想政治工作生态系统是一个有机的、不可分割的整体，具有整体关联性的特征。从微观角度看，公安思想政治工作生态系统各要素如教育者、受教育者、教育目标、教育内容和教育方法之间是普遍联系、相互作用的有机整体；从宏观角度看，公安思想政治工作生态系统处于公安机关内部环境和社会生态大环境之中，社会经济发展形势、政治环境、主流文化与多元文化发展状况、公安执法环境、公安机关内部政治经济待遇、体制机制等都会对公安思想政治工作产生全面而深刻的影响。因此，公安思想政治工作要以系统、整体的生态方法为指导，在思想政治教育实践中，要形成一种立足于整体，着眼于全局的科学教育方式，全面把握思想政治工作各要素之间的关联性。

一是微观层面与宏观层面的整体性。对教育者与受教育者，教育目标与教育内容、教育方法，受教育者与环境之间的关联性进行综合考虑和整体把握，而不仅是着眼于某一方面或者局部，以此促进思想政治工作生态系统内外部各个要素和生态因子以最合理、最优化的方式形成新的结构，在思想政治工作生态系统的运转中形成最佳合力。

二是公安思想政治工作理论体系的整体性。党的十九大以来，“实现中华民族伟大复兴的中国梦”“培育和践行社会主义核心价值观”“全面推进依法治国”等一系列重大战略的提出，以及《关于全面深化公安改革若干重大问题的框架意见》及其相关改革方案的出台，为公安思想政治工作提供了新的理论指导。因此，公安思想政治工作既要关注新的理论知识点，又要兼顾传统理论的精髓，相互贯穿，达到现代理论与传统理论的融

[1] 卡洛琳·麦茜特. 自然之死：妇女、生态和科学革命［M］. 吴国盛，译. 长春：吉林人民出版社，1999：4.

合，形成理论知识的有效整合。

三是实现理论与实践的整体性统一。公安思想政治工作具有很强的社会实践性，思想政治工作目标的设置、教育内容的安排、教育方法的选择，都要围绕公安工作的具体实践来科学制定，实现理论与实践的有机统一。

（二）人本论方法

生态伦理学创始人莱奥·博尔德认为，生态系统中每一物种对整个生态的“完整、稳定和美丽”都有价值，因此强调对所有生命的尊重。[1] 在生态系统中，最基础、最根本的是生态个体的稳定，生态个体各自表现出不同的性状差异。每一个生态个体都值得尊重，只有个体的和谐才有系统的欣欣向荣。生态学人本论的方法就是要以人为本，把人的价值放在首位，促进人的全面协调发展。

思想政治工作是培养人的活动，促进人的全面发展应该是思想政治工作的根本目的，其教育活动必须以人文关怀为本质内涵。因此，公安思想政治工作必须坚持“以人为本”的生态观，以公安民警的全面发展为前提，尊重民警个体生命，关注民警生命个体的多样性和独特性，注重民警对利益和价值的追求，发挥民警的能动性和创造性，最终实现公安思想政治工作的现代转型。

第一，坚持政治性与教育性相结合的原则。作为统治阶级和执政党意志体现的重要形式和重要工具，思想政治工作必然具有阶级性和政治性。公安思想政治工作直接服从和服务于党的人民公安事业，服从和服务于建设一支忠诚可靠、训练有素、精通业务、纪律严明、作风过硬、秉公执法的公安队伍，政治性是公安思想政治工作最重要的属性。公安队伍是党的队伍，是人民的队伍，人民警察思想政治教育必须坚持党的领导，以党的思想为指导。公安思想政治工作肩负着引导和保证公安队伍正确的政治方向的重任，因此在公安思想政治工作中必须突出政治性，发挥思想政治工作生命线的作用。同时，公安思想政治工作又是一种教育实践活动，必须

[1] 谢维和. 教育活动的社会学分析——一种教育社会学的研究［M］. 北京：教育科学出版社，2000：26.

遵循教育发展的规律和人的思想品德形成与发展的规律，要求在思想政治教育过程中，分析受教育者的思想状况和心理需求，激发其动机，引导其认知，渗透其情感，形成其信念，塑造其人格，最终形成其行为。公安思想政治工作在坚持党对公安工作的绝对领导，确保正确政治方向的前提下，注意把握思想政治教育的一般规律和公安思想政治工作的特殊性，积极发挥教育者和受教育的主观能动性，真正做到政治性与教育性的有机统一。

第二，树立人本化的教育理念，实现个人价值与社会价值的有机统一。“人的全面发展”的理论是马克思主义理论的重要组成部分，也是思想政治工作的目标和价值。公安思想政治工作要树立以人为本的教育理念，把有利于民警的全面发展作为最根本的标准和价值向度，坚持尊重民警、理解民警、关心民警，充分调动和激发民警的积极性和创造性，促进民警的自我实现，最终达到民警的自由全面发展。民警是社会的人和现实的人，具有社会性和现实性，生活和存在于特定的社会生态中，因此，公安思想政治工作不仅要面向民警的需要，而且要面向社会的需要。思想政治工作的个人价值和社会价值是辩证统一的，个人价值是社会价值的前提和基础，社会价值是个人价值的体现和验证，二者既相互联系又相互区别，互相促进，共同发展。在长期的公安思想政治工作实践中，我们过去更多强调民警的社会需要、社会价值而忽略其个体需要和个体价值，强调民警对公安工作的作用、责任、贡献和牺牲，将思想政治工作的出发点和落脚点放在社会上，国家和社会是思想政治工作一切方面的标准。然而，思想政治工作的社会价值和个人价值是有区别的，并不能相互替代。因此，在公安思想政治工作的实践中，我们在讲求社会价值，满足公安工作对警察需求的同时，应更多关注民警的个人需求和个人价值，树立“以警为本”的教育理念，确立“促进民警全面发展”的教育目标，注重民警的主体性、差异性和层次性，关注民警的自身内在需求和隐性情感，实现个人价值和社会价值的有机统一。

第三，创新公安思想政治工作方法。思想政治工作方法是思想政治教育活动的中介，是连接思想政治教育者和受教育者的桥梁和纽带，对于完成思想政治教育的任务是十分重要的。传统公安思想政治工作方法存在着理论单向灌输、受教育者主体性缺失、隐性思想政治教育资源开发利用不足、思想政治教育载体老化等问题。为了适应新形势的需求，公安思想政治工作方法必须与时俱进，创新发展，做到正面理论灌输与受教育者自我教育相结合、隐性教育与显性教育相结合、传统思想政治教育载体与现代新载体相结合，从而更好地加强和改进公安思想政治工作，提高公安思想政治工作的实效性。

（三）动态平衡论方法

生态学观点认为，世界具有永恒变动的特征，人与自然、人与社会之间不仅是有机统一的，同时也是矛盾对立的，它们无时无刻不在变化发展之中。“这种运动变化表现为一种有规律的联系现象，一种宏观整体上有序的状态，并且这种有序状态是事物内部力量和外部力量共同作用形成的一种动态平衡的形式。”[1] 生态平衡是一个动态变化的过程，系统各要素之间、系统与环境之间时刻在发生着物质、能量和信息的交换和传递。在一定的时空范围内，在相对稳定的条件下，生态系统各构成要素之间总是能够相互协调和适应，从而使生态系统处于相对稳定、平衡的一种状态。然而这种稳定状态不会维持太久又会被新的不平衡所代替，整个生态系统总是处于由生态平衡到生态失衡再到新的生态平衡的动态演替中，系统要素与环境在平衡与失衡的反复博弈中达到新的进化，从而赋予整个生态系统生生不息的动力。

公安思想政治工作生态系统也具有开放性、动态性、平衡性的特征，系统内部各要素之间不断发生着信息和能量的流动、转换和互动。可以说，动态平衡是公安思想政治工作不断发展创新的动力和源泉。实现公安思想政治工作生态系统的动态平衡，要注意以下两个方面的问题：

一是保持思想政治工作主客体之间的生态互动。在公安思想政治工作生态系统中，教育者与受教育者是特定的主体，具有主观能动性的属性，他们之间相互依存，相互促进，并在一定条件下相互转化。一方面，思想政治教育工作者不断向教育对象“输出”观念，希望实现教育对象的认同和内化；另一方面，受教育者也不断向教育者“输出”自己的要求、愿望和建议，希望被采纳和重视。因此，要实现公安思想政治教育工作效果的

[1] 薛为昶．超越与建构：生态理念及其方法论意义［J］．东南大学学报，2003（4）．

最大化，就必须确保主客体之间实现双向、良性互动，在充分发挥组织领导者和政工干部积极主导性的同时，又要充分发挥广大民警的能动接受性，着眼于双方共同发展和双方价值的实现。

二是保持思想政治工作生态系统内部要素与外部生态环境的和谐共生。公安思想政治工作目标和任务也存在生态平衡的问题，公安思想政治工作生态要素之间的和谐发展是思想政治教育活动顺利开展的重要保证。一旦内部要素与外部生态环境之间的物质循环、能量流动和信息传递过程出现问题，生态平衡就会被打破，从而导致思想政治工作生态系统的结构与功能的失衡，思想政治教育工作的目标和任务就无法顺利实现。就公安思想政治工作的外部环境来看，目前中国正处于经济转轨、社会转型的大变革时期，经济全球化的发展导致了文化的多样化和价值观的多元化，也使公安民警的思想政治状况不可避免地受到不同程度的影响；市场经济深化出现的居民收入差距拉大、社会矛盾加剧等问题，使公安执法环境不断恶化，警民关系不和谐因素增多；互联网的普及造成大量合法与非法、健康与不健康的信息出现，给公安思想政治教育工作带来一定困扰。由此可见，公安思想政治工作生态环境变得愈加复杂与多元，这些生态因子的现实变化，对公安思想政治工作生态系统带来巨大冲击，从而引发思想政治工作生态危机。因此，公安思想政治工作必须积极应对，根据社会发展的现实情况及时调整教育目标和教育理念，对在思想政治工作过程中出现的问题进行调解和科学应对，使公安思想政治工作与其环境在输入和输出上达到新的平衡。

（执笔人：张灏，江苏警官学院马克思主义学院博士；刘奕，江苏警官学院马克思主义学院博士。）

第六章　公安思想政治工作评价的生态学分析

现代哲学意义上的生态观，将世界看作相互联系的动态网络结构。公安思想政治工作作为公安工作的“生命线”和“传家宝”，是由主体、客体、介体和环体构成的相互联系、相互作用的生态系统。只是当下生态环境发生了剧烈变化，公安思想政治工作面临着巨大挑战。将生态学引入公安思想政治工作领域，从生态学的视角来审视、评价公安思想政治工作，以此带动公安思想政治工作效果的提升，也许是应对挑战的一个理性而务实的选择。

一、生态学视角下公安思想政治工作评价

公安思想政治工作是一项有意识、有目的的实践活动。它的生命力就在于及时回应社会发展和民警关切的问题，帮助民警解决思想问题和实际问题。党的十八大把生态文明建设纳入中国特色社会主义事业总体布局，彰显了生态文明建设的战略地位。党的十九大报告对生态文明建设着墨较多，“生态文明”被提及多达12次，同时还首次提出了“美丽中国”概念。近年来，随着生态文明理念深入人心，建设美丽中国已成为大家的共同行动。从这个意义上讲，用生态学的方法开展对公安思想政治工作的评价活动，不仅具有生态文明建设的实践基础，而且也是对生态学发展的一个积极回应，更是新时代赋予公安思想政治工作的新使命。

（一）公安思想政治工作评价的内涵

伴随着对公安思想政治工作的有效性和公安思想政治工作价值研究的深入，我国公安思想政治工作评价的研究逐渐发展起来。公安思想政治工

作评价需要解决的首要问题是公安思想政治工作的内涵问题，这是我们进行公安思想政治工作评价的逻辑出发点。“无论从价值论、过程论、管理论还是其他理论出发，学界在思想政治教育评价内涵的核心问题上最终综合形成了主流观点，即思想政治教育评价是评价者依据一定的思想政治教育评价标准，运用定性和定量的科学方法，对思想政治教育过程及其结果进行价值判断。”[1] 综合学界关于教育评价的概念、公安思想政治工作评价的观点，可以这样来理解和认识公安思想政治工作评价的内涵：公安思想政治工作评价是指公安思想政治工作价值评价的主体，也就是公安机关领导、政工干部根据公安思想政治工作的任务和目标，运用科学的手段（包括定量和定性结合的各种方法）对公安思想政治工作的各种教育活动、教育过程和教育结果等进行的价值判断活动，它既强调对公安思想政治工作与受教育的公安民警之间的价值关系的把握，又注重思想政治工作环境与受教育的公安民警之间互动关系和联系的效果的反馈，被视为促进公安思想政治工作的有效方法和手段。

（二）公安思想政治工作评价生态分析的必要性

1. 引导与约束需要。公安思想政治工作评价的生态学分析，就是把公安思想政治工作评价看作一个生态系统，并采用生态思维对公安思想政治工作是否符合公安机关发展的定位、发展目标及思想政治教育发展水平进行评估。即按照确定的公安思想政治工作评价的指标，评价公安思想政治工作满足公安机关的公安民警教育工作要求的程度。显然，公安机关要求什么，公安思想政治工作就应该做什么。公安机关评价的重点就是公安思想政治工作的重点。因此，公安机关对公安思想政治工作的评价，对公安思想政治工作具有导向和制约的作用。

2. 了解当前公安思想政治工作现状的需要。公安思想政治工作评价的生态学分析，能及时为公安机关的领导在思想政治工作决策提供准确和详细的信息。同时，还可以对当前公安思想政治工作的现状与教育质量进行全面的检查和剖析，以推动公安机关对于公安思想政治工作作出符合实际

[1] 丁燕，巩克菊．近五年来思想政治教育评价研究述评［J］．山东青年政治学院学报，2011（5）．

情况的科学决策。这是任何其他的工作方式都无法替代的。

3. 与社会、国家发展接轨的需要。当前，公安思想政治工作评价的生态学分析，是为了适应生态文明建设 、将生态因素注入公安思想政治工作评价而开展的一项重要工作，有利于促进公安思想政治工作的生态化，把公安民警打造成为“生态人”，增进公安思想政治工作与社会、国家发展趋势的契合度。

二、公安思想政治工作评价的生态原则

（一）坚持科学性与实践性相结合原则

公安思想政治工作是党的思想政治工作在公安机关的工作实践中的具体体现，也是党的思想政治工作的重要组成部分。在全国组织工作会议上，习近平总书记强调：“党要管党，首先是要管好干部；从严治党，关键是从严治吏。”[1]公安思想政治工作是落实公安机关队伍建设和管理的重要途径和内容。多年来，公安思想政治工作根据党在不同历史时期的中心任务及党对公安机关的工作要求，积极服务于党和公安机关的中心任务，保证和促进了公安机关中心工作的顺利实施和完成。当前新时代，公安思想政治工作面临很多的冲突和挑战，如何加强公安思想政治工作在公安机关中心工作中的重要作用？把握公安思想政治工作评价的生态原则——科学性和实践性原则成为首先要考虑的因素。

科学性与实践性相结合原则是公安思想政治工作评价的第一原则。戴焰军教授在《提高党的建设科学化水平》中指出，科学化最本质的是认识和把握规律，按规律办事。[2] 思想政治工作评价的科学性原则就是要按照科学的理论、科学的管理、科学的方法对思想政治工作进行效果评估和判断。公安思想政治工作评价的实践性可以理解为生态系统下，不脱离公安民警所处的社会环境和职业环境，充分认识和把握公安民警的需要，关注公安民警生活中困难实施的思想政治工作效果。避免传统上过度把公安民

---

[1] 新华网：习近平谈为官之道，哪些人的事例曾被提到，http：//www. xinhuanet. com/politics/2015 -07/31/c_128081065. htm。查阅时间：2019 年 9 月 2 日。

[2] 戴焰军. 做好党建工作的科学指南——读《提高党的建设科学化水平》，共产党员网. http：//news. 12371. cn/2015/03/12/ARTI1426114469539317. shtml。查阅时间：2019 年 9 月 1 日。

警的思想政治教育工作侧重在业务工作方面，片面强调思想政治工作在业务工作方面引导的重要性，忽略公安民警其他社会角色的实现。

毛泽东同志曾经说过："掌握思想教育，是团结全党进行伟大政治斗争的中心环节。如果这个任务不解决，党的一切政治任务是不能完成的。"[1]公安思想政治工作是公安机关工作质量和履行职责的重要保障，也是公安队伍建设生命力的重要体现。但是必须看到，公安思想政治工作在新的社会形势下面临很多的困难和挑战，传统的公安思想政治工作经验不再那么有效，在复杂、多变的现实面前，也容易受到抵触，甚至出现某种迟滞僵化现象。如何评价新时期公安思想政治工作迫切需要进行科学性和实践性的探索研究。改革开放以来，我们党提出思想政治教育科学化研究的命题，主要是因为长期以来的思想政治教育工作的传统是以经验型思想政治教育作为主导。如，政工干部通常是在工作实践中成长和发展起来的，很多政工干部没有系统接受过思想政治工作的专业学习和培训，工作经验往往依赖自身工作实践的积累，工作方式等有时比较随意，工作效果也受到很多的制约。目前对公安思想政治工作进行评价处于一个相对困难的境地，使公安思想政治工作陷入做多做少没差别的困境中，影响了公安政工干部的积极性。因此，公安思想政治工作评价需要坚持科学性和实践性相结合原则，把思想政治工作从过去传统的经验方式上升到科学范式，唯有如此，才能使公安政工干部更好地掌握思想政治工作的科学规律，更好地改进和创新公安思想政治工作评价，避免公安思想政治工作僵化。

（二）坚持人性化与情感化相结合原则

加强新时代公安思想政治工作评价有效性离不开人性化与情感化相结合的原则。从生态学视角分析，发展是人与环境的复合函数，人的发展就是在这样相互联系的生态系统中发生的。公安思想政治工作是联结公安机关和公安民警的重要纽带，公安思想政治工作得到公安民警的认同和肯定，有利于公安民警在公安机关的身份认同形成。社会认同理论由于对社群行为的强大解释力，已经被广泛用于组织行为、品牌忠诚、族群冲突等领域。社会认同理论认为，一旦社群成员将自我归类于某个社会群体，其

---

[1] 毛泽东．毛泽东选集：第3卷［M］．北京：人民出版社，1991：1094．

群体成员的身份意识将会影响其群体内的偏私行为。其核心的解释是个体为了满足自尊的需求激发了其社会认同的动机，突出的是身份意义的价值层面。公安思想政治工作评价人性化与情感化相结合的原则在于突破传统思想政治工作评价注重“完成任务”或“解决问题”，多通过政治运动和命令主义来贯彻，短期行为较多，并且受长官意志、官僚主义倾向影响严重，上下级之间缺乏应有的民主、平等意识，工作对象往往处于消极被动境地，因而压抑了广大公安民警的积极性和创造性。因此，公安思想政治工作评价不单纯是立足于公安机关的性质和职能来定位其目标，而是立足于公安民警在当前社会转型时期现实生活中扮演“政治人”“经济人”“社会人”的多重角色和身份、职责，制订其考核评价方案及中心任务，增强其工作评价中关于思想政治教育工作中非政治性的关注，如属于人类社会发展普遍需要的个体素质要求，形成对公安民警的职业个性、人格完善的重视，实现思想政治工作评价中人性化与情感化结合的统一。

（三）坚持整体性与动力性相结合原则

公安思想政治工作评价整体性与动力性相结合原则是公安思想政治工作动态发展目标的统一。整体性指从公安机关队伍建设和管理的层面来讲，公安思想政治工作发挥了整体性的作用，促进了公安机关工作目标的实现。动力性指思想政治工作对于公安民警个体的潜能开发、素质培养、能力进步产生了内在促进动力。在过去很长一段时间，公安思想政治工作的作用被简单定位在队伍管理“不出乱子”，公安民警个人“不发生违法违纪问题”，从而导致公安思想政治工作重视政治因素，忽视民警的培养成长因素，重视公安工作领域的问题，轻视公安民警个人自身的其他因素，形成了公安思想政治工作困境，即思想政治工作忽视公安民警的需要从而导致他们的不重视。他们认为思想政治工作是“花架子”，不是真正需要的东西，很难得到信任和支持，人为阻断了公安机关和公安民警之间的有效精神联结和纽带，甚至影响了对公安队伍的职业认同。

公安机关担负和履行维护社会安全工作职能的主体和能动力量是由人组成的公安民警队伍。思想政治工作实际上就是在市场经济环境中，引导公安民警肩负起公安机关执政为民理念的重要职能。也可以这样理解公安思想政治工作，这项工作的核心是它服务的对象即广大的公安民警群体。

作为公安思想政治工作评价的整体性和动力性相结合原则贯彻特别重要。

公安思想政治工作评价的动力性，关键是看其能否实现公安民警潜能最大化和公安机关工作效率最大化。这首先取决于公安思想政治工作所实施的内容和形式是否受到公安民警欢迎，他们是否乐于接受和掌握思想政治教育的内容，同时公安民警接受了思想政治教育后对于工作是否有促进其积极性的体现，是否发挥了良好的作用。因此，公安思想政治工作评价的整体性和动力性相结合体现在公安机关维护社会稳定的整体性效能是否有所改善，公安民警的个人价值与利益实现的动力性是否有效。

（四）坚持自主性与尊重性相结合原则

公安思想政治工作评价自主性与尊重性相结合的原则是新时代思想政治工作的突出特征。自主性体现出重视公安民警的主体性要求，注重启发公安民警的自觉性发展，把作为公安民警的人的因素的“人的自主选择”这一长远观点呈现出来。尊重性的基本意思是指公安思想政治工作是否体现了对公安民警的重视、尊敬，在贯穿他们职业生涯的思想政治教育活动中是否体现了对他们的重视、关心和平等相待。

作为社会宏大生态系统的一部分，公安队伍处于整体社会生态系统中，无时无刻不受到社会的影响。公安民警身处公安机关的组织环境和社会环境中，其思想价值观也处于多元、独立、选择的过程中，比过去的任何时候都更加明显。过去思想政治教育采用的单向度的、自上而下的侧重于正面灌输和说服教育的思想教育方法已经明显滞后于时代的发展。随着新时代新技术的发展，公安民警的自主性选择逐渐增强，公安思想政治工作局限于业务工作目标任务的执行、考核和奖惩，忽视对其真正关心的能力发展的重视，这种矛盾隔离状况将阻碍他们成长。

（五）坚持人文性与创新性相结合原则

公安思想政治工作评价人文性与创新性相结合原则是当前公安机关跨越式发展的内在要求。公安思想政治工作评价的人文性原则要求符合当前新时代公安思想政治工作主体的心理需要。思想政治工作评价的主体是思想政治工作系统对公安民警实施影响的有效性把握。作为公安思想政治工作的主体，公安民警是其服务和实施的对象。当前公安民警普遍的文化素养有了明显的提升，其对于公安思想政治工作也有新的要求，这种新的要求主要以人文性为核心。过去公安思想政治工作更多采用宣传、灌输、教育等方式，强调服从，以强制的“硬”性的模式来使公安民警始终处于理性化的“工具”状态，适应公安工作的各项制度要求。但这种传统的公安思想政治工作的模式忽视了公安民警群体本身的主体性，导致公安民警在这种模式下形成了一种非积极性的应对模式，缺乏主动性，影响了整体工作效率和公安工作形象塑造。公安思想政治工作人文性的核心在“人”，强调对于公安民警的主体性尊重，重视通过公安思想政治工作的人文性的内化，调整公安工作整体组织目标与公安民警个体发展目标的统一，促进公安工作整体社会价值与公安民警的主体性价值具有内在的一致性。公安思想政治工作的人文性的“接触、沟通、激励、熏陶”等柔性方式，充分提升公安民警的潜能。只有在这种人文性的公安思想政治工作的环境中，公安民警才能由“封闭、理性、紧张”的工具人状态转变为真正能符合现代公安工作要求的“开放、感性、放松”的人文修养好的职业形象。而现代社会转型的人文化的公安民警群体的培养则是实现公安工作现代化的必然路径。

公安思想政治工作评价的创新性离不开大数据背景下的方法创新和理念创新。当前大数据技术的发展，能够帮助我们获取全面的公安民警的工作、生活状态的数据信息，并为我们提供进行海量数据信息分析处理的手段。公安思想政治工作真正成为一种理解、分析公安民警思想和行为的现代科学工作。大数据的技术手段，对于公安民警群体的整体思想动态的了解具有真实性的保障。生态学观点分析告诉我们，人的生存和发展离不开社会环境的变化，人与环境是密不可分、相互影响的。大数据时代的公安思想政治工作，也向着相互联系的方向发展。即从过去公安思想政治工作经常解决因果关系的“为什么”的问题导向向这个问题与哪些因素相关的“是什么”问题导向转化。生态学让我们意识到，公安思想政治工作的复杂性表现为人或者事物都是受到多重环境因素影响的，事物或人之间单一的线性关系非常少，只存在于一些理想化的情况下，更多是在多重环境下相互影响、相互制约的复杂关系。因此，在公安思想政治工作评价中，我们用单一线性关系很难把握公安民警思想和行为的因果关系，而通过大数据信息的收集，可以探索到公安民警的思想和行为的一般性规律和共同性规律。这会极大地提升公安思想政治工作评价的科学化水平，在一定程度上，突出了对公安民警群体主体地位的重视，促进传统公安思想政治工作模式的转化和升级，更加贴合公安民警思想政治的心理需要。避免了传统公安思想政治工作简单化、公式化、单一化的刻板模式，使公安思想政治工作的工作目标和公安民警的实际工作效果的契合度越来越呈现正向发展趋向。

三、当前公安思想政治工作评价困境的生态学分析

从公安思想政治工作实践看，公安思想政治工作的生态环境、公安民警的思想观念呈现出多元和变化的特征，传统公安思想政治工作以“理性讲道理”的“灌输式”模式、以“娱乐代替教育”的文体活动式模式已经不能适应当前社会快速发展的公安民警的多元心理诉求需要。基于生态学的视角从评价层面分析，主要存在以下困境。

（一）传统的公安思想政治工作评价内容以工作任务为核心，缺乏整体的生态环境评价意识，导致刻板的静止性教育结果

公安思想政治工作评价的客体与主体也是公安思想政治工作价值评价的基本问题，是选择“谁来评价”“评价什么”的问题，因此是公安思想政治工作评价过程的核心要素，也是当前学界相当重视的问题，属于研究的热点之一。做好公安思想政治工作评价是保障公安思想政治工作和队伍健康发展的前提。

我国公安思想政治工作评价内容以“工作任务”为核心，导致评价结果的行政化、空洞化。中华人民共和国成立以来，公安思想政治工作发展的历程可以大致分为前三十年和后三十年两个阶段：从 1949 年至 1976 年属于公安思想政治工作的初创时期，在此期间，公安思想政治工作围绕党的中心工作展开。1951 年 6 月，公安部召开第一次公安人事工作会议，会议强调公安人事工作机关应是政治的、思想的工作机关，其主要任务是加强公安部门的思想领导和政治领导。1952 年 10 月，第五次全国公安会议通过了《关于建设公安部门政治工作的决议》，决定各级公安部门一律设立政治工作机关或专职政治工作人员。1961 年 3 月第十一次全国公安会议决定县公安局设教导员，派出所设指导员。1962 年 11 月公安部印发了

《公安派出所政治指导员暂行工作细则（试行草案)》。在此期间，召开了三次全国公安会议，对全国公安思想政治工作进行全面部署，分析公安政治工作开展的基本情况，总结成绩，研究了一个时期公安政治工作的基本任务、中心任务和具体任务。第五次全国公安会议和第十一次全国公安会议分别通过了《关于建设公安部门政治工作的决议》和《加强公安政治工作的决议》，这两个决议是公安思想政治工作历史上具有政治工作条例性质的纲领性文件，明确了建设公安政治工作的指导思想和基本任务，确定了公安政治工作体制，规定了公安政治工作的方向、性质、地位、作用、方法，为公安思想政治理论研究奠定了基础。[1] 这一阶段，围绕公安工作队伍建设、工作任务进行了公安思想政治工作评价的总结，核心是围绕党的中心工作进行评价，突出了公安思想政治工作的政治建警特点。因此，公安思想政治工作评价目标在初期阶段已经确立了工作评价的基本框架，政治建警是保障我国公安队伍根本性质的关键，也是公安思想政治工作评价的主要指标。在公安思想政治工作发展历程的第二阶段，从 1976 年至今，公安思想政治工作获得了很大的发展。表现在召开公安思想政治工作会议，加强队伍建设方面。如，召开第四次（1979），第五次（1984）全国政治工作会议以及全国公安基层政治工作会议（1986），全国公安政治工作座谈会（1989），基层公安队伍建设座谈会（1995）和全国公安队伍正规化建设座谈会（2006），制定《中华人民共和国人民警察法》（1995），出台《中共中央关于进一步加强和改进公安工作的决定》（2003），《关于进一步加强和改进公安思想政治工作的意见》（2005），确定了公安队伍建设的目标，强调要成为一支忠诚可靠、训练有素、精通业务、纪律严明、作风过硬，能够统一指挥、快速反应、秉公执法，具有坚强战斗力的队伍。因此，这一时期，公安思想政治工作是以工作任务为核心，强调队伍建设的革命化，执法工作的规范化。“在新的形势下，警务工作更加繁重，更需要一支政治合格、乐于奉献、敢于牺牲的人民警察队伍。我们必须更加重视人民警察思想政治工作，在思想政治工作中突出政治性，使思想政治工作真正起到生命线的作用。”公安民警是党的路线、方针、政策的执行

[1] 赵颖．建国以来公安思想政治工作的发展历程及基本经验［J］．贵州警官职业学院学报，2014（2）．

者，也是公安思想政治工作的受教育者，而政工干部是公安思想政治工作的评价主体和教育主体，其自身的专业素养对其工作评价构成了最直接的影响。长期以来，我国公安思想政治工作模式多采取“上传下行”的方式，在思想政治工作的内容上不能够联系公安民警工作实际，而是仅仅按照“程式化”的方式，按照上级的要求被动地传达文件、会议精神、领导讲话，导致公安思想政治工作内容失去生活化的内容，变得僵化，困于瓶颈难以突破，形成了思想政治工作往往流于“表面化、虚假化”的行政化、空洞化。这样的公安思想政治工作内容也造成了评价脱离实际现实社会环境，很难达到评价的有效性，促进思想政治工作实效性发展。

（二）公安思想政治工作评价客体过度“工具化”，缺乏对公安民警的生态成长评价意识，易于导致评价客体呈现出消极被动工作状态

公安思想政治工作评价的客体是公安机关的广大公安干警。但在公安思想政治工作实践中，一些从事公安思想政治工作的政工人员仅仅把公安民警定位为完成工作任务的角色，常采用“重压”的强制手段和行政命令的方式实施思想政治工作。“思想政治工作在很大程度上还是过去计划经济时期一套模式，单一的行政命令起着主导作用。”这样的公安思想政治工作影响到它的实效性实现，一方面造成了公安机关队伍建设的方针、政策不能很好地得到贯彻，严重的甚至扩大了公安机关组织和公安民警之间的距离，影响到公安民警的归属感和凝聚力，失去了公安思想政治工作的联结性的特点，没有起到激发公安民警精神动力的作用，反而导致公安民警对公安思想政治工作的反感、抵触和不接纳的负面心理，认为思想政治工作与自己无关，慢慢影响到公安民警边缘化心态的养成。

另一方面，由于公安思想政治工作中，政工系统工作长期地以上级对下级的模式开展工作，使很多政工干部形成了不平等意识，不是以理服人，而是以势压人，认为我是领导，公安民警必须听从和服从。公安民警的成长受到这些思想政治工作的外部期待的评价和指责，使他们往往产生否定自己的想法和观点，“工具化”的工作角色得到强化，而慢慢地抛弃了自己的个性。因此，在公安思想政治工作中，很容易造成一个误区：我们经常会听到一些说明我们有问题的信息，我们不符合某些权威的标准，

而其他更多的人更加符合。这样的误区容易导致民警希望通过自己的服从来获得别人的接纳，因而不断忽略自己，感觉自己糟糕并贬低自己。在公安思想政治工作中，当出现以他人的标准来判断公安民警自己的情况时，往往会使公安民警的心理状态陷入自我否定，进而增加民警的焦虑，直接影响民警的工作积极性。

（三）公安思想政治工作评价机制及方法滞后，缺乏对教育方式的内在生态化评价要求，思想政治工作评价模式导致单一化外在评价倾向

中华人民共和国成立以来，经过几十年的探索，公安思想政治工作无论是在内容上还是在工作机制及方法建设方面，都取得了一定的成就。但随着社会转型发展，公安思想政治工作面临巨大的挑战。因此，在新时代如何做好公安思想政治工作机制及方法评价，决定着公安队伍发展的根本性质和发展方向，也影响着公安民警的职业素养。保持公安机关队伍建设的先进性成为新时代的重要课题。

20 世纪七八十年代，受当时社会环境的局限，思想政治工作需要诉求比较单一，各种思想政治工作活动处于发展初期，在公安思想政治工作评价机制建设方面比较单一，一般围绕公安机关思想政治工作的活动效果进行经验的总结分析，确定下一阶段的思想政治工作任务。当时，公安思想政治工作依托学习重要讲话、会议精神、听取报告文件的形式进行。这种公安思想政治工作形式在几十年的公安工作实践中取得了在工作机制及方法上的制度保障，取得了一定的思想政治工作成就。随着我国社会转型的环境变化，各种社会矛盾层出不穷、经济发展区域失衡、群体性事件频发等都影响着公安思想政治工作开展及公安民警思想心理状态。我国公安思想政治工作评价机制及方法单一制约着公安思想政治工作发展，在回应公安民警实际的思想政治互动需要方面处于缺位状态，形成了公安思想政治工作评价外在评价倾向，很难深入公安民警自身的需要，解决公安民警突出的问题。

四、公安思想政治工作评价机制生态化构建的探索

（一）公安思想政治工作评价机制生态化构建核心应在工作环境营造上体现“人”的整体性价值

生态学理论，强调系统性和整体性。正如列宁所说：“要真正地认识事物，就必须把握研究它的一切方面，一切联系和中介。我们绝不会完全地做到这一点，但全面性要求可以使我们防止错误和僵化。”❶ 整体性充分地体现和贯彻了列宁的这一辩证思想，并把它具体化了。从根本上来看，公安思想政治工作评价的本质就在于实现公安思想政治工作的科学化、规范化，激发队伍的斗志和活力，确保公安工作任务的完成。因此，按照生态学观点建设符合公安民警成长成才的思想政治工作评价机制，对实现公安思想政治工作的科学化、规范化具有重要意义。

传统的公安思想政治工作，往往体现为行政主导式，“忽视思想政治教育对象的层次需要和个别性需要，往往导致一刀切或一个样的现象”❷。公安思想政治工作评价的生态化建设机制核心在于改变传统公安思想政治工作行政化主导方式，按照社会发展需要和民警的诉求，建设一个适应新时代新要求更加自由开放、互动合作的工作环境氛围，是公安民警美好生活的向往，特别是对民主、法治、公平、正义、安全环境的需求得到一定程度的满足。在建设评价机制的过程中，有以下两点必须给予高度关注：一是立足“90后”“95后”青年民警已经成为基层公安单位主力这一态势，从生态化视角改革公安思想政治工作传统模式中不适应公安民警特别是青年民警诉求的部分，主动与时俱进，依赖脸书、人人网、QQ群、微博微信等社交网站和社交App，不断更新自己当前的状态，同时注意分享他们与朋友、同事、亲人的社交信息，建构典型的熟人关系生态链交互的方式，进而真正建立起科学化的能体现公安民警整体性的“人”的价值的评价机制。二是立足于市场经济的实质在于追求利益最大化这一特性，在建构实现政治工作评价机制时，适当地考虑公安民警的利益诉求，因为长

❶ 肖应连. 论公安思想政治教育整体性［J］. 湖南公安高等专科学校学报，2013（1）.

❷ 刘亚君，王向志. 加强公安民警思想政治教育人文关怀的思考［J］. 学理论，2015（11）.

期以来，公安思想政治工作都以强调“服从”“奉献”“牺牲”为主要内容，这本身并没有错，而问题在于：在市场经济发展的现实环境中，公安民警面临多重选择，如果不从社会现实环境中考量公安民警的心理需要，只是刻板要求奉献、牺牲，不仅不能达到公安思想政治工作的目标和效果，而且会导致对公安民警工作动力的伤害。因此，当市场经济已经成为不可逆转的发展趋势时，公安思想政治工作评价机制也应该考虑公安民警作为“人”的价值取向，适当满足公安民警的生存和发展需要，如物质需要、安全需要、尊重的需要等，以激发公安民警工作的热情和积极性。

（二）公安思想政治工作评价机制生态化构建应在评价内容上上升到警察文化层面

公安思想政治工作评价内容随着新时代发展变化的要求，就不能停留在传统的评价内容上，而是要不断进行更新和创新。传统的公安思想政治工作评价内容一般以对“物”的评价为中心，管理者主要运用科学化的方法，使一切公安思想政治工作的事务“成果化”“系统化”，在这种评价内容下，只会看到公安思想政治工作中的“事务”，很少看到其背后的公安民警的人的因素。基于生态学的视角，将公安思想政治工作评价内容视为一个生态系统，并上升到公安文化层面，有利于彰显“人”在公安思想政治工作生态系统中的地位和作用，使公安思想政治工作评价内容围绕“人”来展开，更加关注人的需要，特别是文化需要，凸显公安思想政治工作的“人本”价值。

公安思想政治工作评价内容上升到警察文化层面，注重对公安民警的内在精神动力的激励，可以充分挖掘公安民警的创造潜能。《关于创新公安思想政治工作方法的若干思考》一文中就提出，要把握好人的需要与动机、行为的关系，思想政治工作也就是以民警的需求为基础，激发民警的动机，使之产生一种内在的驱动力，朝着我们期望的目标前进。[1] 公安思想政治工作评价内容的生态化建设上升到警察文化层面，可以找到思想政治工作的现实载体，增强公安思想政治工作与公安民警自身的联结，发挥对公安民警的关心及其情感的激发的作用，促进其潜能发展，从而能够使

---

[1] 殷梅霞．关于创新公安思想政治工作方法的若干思考［J］．政法学刊，2011（5）．

公安思想政治工作评价内容丰富化、时代化，进一步增强对公安民警的吸引力和感染力。公安思想政治工作评价内容生态化建设上升到警察文化层面，有利于拓展思想政治工作领域，改变过去思想政治工作评价只是定位在公安民警工作角色的局限性，促进公安民警在思想上与党和国家的意志形成统一，保障党和国家的各项工作在公安机关的顺利展开，促进公安民警的职业价值观的养成。

（三）公安思想政治工作评价机制生态化构建应在评价方法上实施多元化策略

科学的公安思想政治工作评价方法及制度是提升公安思想政治工作效率的重要保障。缺少科学的公安思想政治工作评价方法及制度，不仅公安思想政治工作开展的成效无法呈现，而且公安民警的工作也会因为失去明确的导向而陷入低效甚至混乱，进而影响公安工作任务的完成。因此，必须重视公安思想政治工作评价方法及制度的探索，以实现公安思想政治工作评价的科学化。

黄生鹏、王光森在其主编的《新时期公安思想政治工作研究》一书中提出，公安思想政治工作应该把重心放到工作办法上，[1] 对我们研究公安思想政治工作的评价方法颇有启发。我们认为，为了全面反映公安思想政治工作的实情和状况，可以从自我评价法、上级评价法、第三方评价法、网络评价法几个方面进行多元化评价方法建构。

自我评价法在公安思想政治工作评价中具有重要的地位。自我是公安思想政治工作的受教育者，具有主体性，是进行公安思想政治工作的实践主体。因此，自我评价法在公安思想政治工作评价中能够根据实践情况作出真实的反馈，以防止思想政治工作评价中遗漏重要的情况，对思想政治工作评价具有重要的借鉴价值。而上级评价法主要指上级组织（包括间接上级组织和直接上级组织）的评价，是组织的高层对思想政治工作进行的价值判断，在一定程度上对评价的结果有很大影响。相比较而言，第三方评价法具有一定的客观性，是社会公众对公安思想政治工作评价的反映，社会公众主体是公安民警自身进行实践的基础，第三方与公安民警两者间

[1] 黄生鹏，王光森. 新时期公安思想政治工作研究［M］. 南京：东南大学出版社，2000：5.

具有紧密的联系，因此，相对评价结果更具有合理性，也更加贴近社会实际。而网络评价法是运用网络信息技术进行思想政治工作评价的一种方法，有利于提升评价机制的互动性，评价信息也容易得到扩展，增进人们对公安思想政治工作效果的立体化认识。

总之，公安思想政治工作是公安队伍建设的基础和根本。这就决定了公安思想政治工作评价机制生态化构建的必要性和重要性。但由于公安思想政治工作评价机制的生态化构建是一个新的课题，涉及许多专业问题和技术问题，因此，还需要领导高度重视，抓住重点环节，精准施策，唯有如此，才能使公安思想政治工作评价机制建设达到预期目标。

（执笔人：王燕，江苏警官学院治安系讲师。）

下　篇

第七章　公安民警政治信仰的生态分析

公安思想政治工作的核心，是公安民警政治信仰与核心价值观的引领。但如果只是教条式的灌输，那么不论是马克思主义理想信念，还是人民警察核心价值观，对公安民警而言都只能停留在字面的表层含义上，无法形成内心真正认同的政治信仰。在政治信仰的引导和树立过程中，应坚持生态学的路径和原则，将公安民警的政治信仰放到所在的生态系统和环境中，综合各方面因素进行观察，找出影响公安民警政治信仰坚定性的生态学源头，从环境因素、民警个人特点以及民警与环境的沟通交流中，综合确定其政治信仰树立与更新的路径和方向，在保证符合我国国情及生态学规律的前提下，合理引导公安民警树立科学的、正确的政治信仰，并保持与时俱进、及时更新。

一、公安民警的政治信仰概述

（一）政治信仰的含义

1. 信仰的内含。“信仰”一词，最早来源于梵语，由唐代道世和尚在《法苑珠林》一文中将佛教修行信念译为信仰。信即相信、信奉，强调对某种事物或观念的肯定态度；仰即敬仰、仰慕，强调对某人或某物的敬仰之情。《辞海》将信仰解释为：人们对某种宗教或某种主义极度敬服，并将此奉为行动的准则。《现代汉语词典》则将其释义为：对某种主张、宗教极度相信和尊敬，并拿来作为自己的行动榜样或指南。可见，信仰并非一般意义上的尊重，而是在一个深刻意义上对人们意志和行动的指引与引导。英语中的信仰（belief）一词强调现实性和真理性，也是重视真理或绝对精神对人们思想和行动的引导。

因此，我们可以将信仰看作一种行动方向上的指引，是人们以对某种主义、精神的信服和高度肯定为基础建立起来的心理和行动的指南。可以说，信仰为我们提供生存与各种行为的意义，将我们的生命与某种高级的或永恒的事物相融合，以此来体现我们的人生价值，并在一定程度上降低和消除我们对死亡的恐惧。信仰可以是一种指导，也可以是一种准则，对人们下一步的心理发展和行为导向有着极其重要的影响。信仰是普遍存在于人类社会的一种心理现象，有时存在着较大的主观性，对某些人而言，信仰的建立并非以客观真理为依据，同时，不同个体对同一真理或理论的能动反映也常常大相径庭。因而，成长环境、知识层面、实践经历与时代背景上的差别使不同个体在信仰上往往存在较大差异。信仰的差别，表现在不同方面，就有了政治信仰上的差别、神学信仰上的差别、哲学信仰上的差别、科学信仰上的差别、价值观信仰上的差别、财富观信仰上的差别等。甚至对很多人而言，并没有建立什么信仰，那么与信仰坚定的人相比，在人生行动指南上便有了更大的差异。因此，有没有信仰、有着怎样的信仰、信仰是否坚定，对一个人的毕生发展有着极其重要的影响。

2. 政治信仰的概念与重要性。政治信仰是人类信仰中极其重要的信仰形式，在一定程度上制约着宗教信仰、道德信仰和哲学信仰。[1]政治信仰对人生导向、思想和行为的发展方向、个体对社会和相应岗位的奉献意识、责任意识有着重大的影响。可以说，政治信仰在各种信仰形式中居于核心与主导地位。

这里首先需要厘清什么是政治信仰。任何时代都存在着政治信仰，我国古代高度中央集权制度下的“君君，臣臣”是一种政治信仰，现在的“共产主义”也是一种政治信仰；资本主义社会的“自由、民主”是一种政治信仰，社会主义社会的马克思主义也是一种政治信仰。由此可见，不同时期、不同社会结构下，都有着较为主流的政治信仰。而且，虽然政治信仰有着客观的对错之分，但错误的政治信仰依然是政治信仰。比如对于某些极端民族主义分子或极端宗教分子，我们可以否定其政治信仰的科学性与正确性，却无法否定其政治信仰的客观存在。

---

[1] 刘先春，李亚．政治信仰：政党治理现代化的精神内核［J］．中共浙江省委党校学报，2017（2）．

政治信仰，是特定社会和国家的人们在对某种社会政治体系及其理论学说认同、信服和敬仰的基础上，进而奉为自己言行准则并身体力行的精神体系。[1]要准确理解“政治信仰”这个概念，需要将其拆解为“政治”和“信仰”两个部分进行探讨。我们已经知道信仰是一种指南，建立在对某种事物、理论、精神的信服的基础上，体现人们的某种追求和倾向。而加入“政治”这个定语，便体现出信仰在政治上的深刻内涵。列宁说过，“政治就是参与国事，确定国家的活动方式和内容”；孙中山则把政治看作管理公共事务的活动；而按照亚里士多德的观点，政治的最高目的是使人和社会达到最高的道德境界。虽然不同的政治家和政治学者对“政治”的概念仁者见仁，智者见智，但政治生活通常包含以下几个公认的因素：政治理念、政治活动、政治体系、政治目标。因此，当我们把“政治”与“信仰”结合起来看的时候，信仰便体现着政治对人生的指南，便是建立在对典型政治人物、政治目标、政治理念信服的基础上，体现着人们在政治上的追求与倾向。

历史的车轮滚滚向前，创造历史的主体是人民群众，不断推进历史演进的主体也是人民群众。广大群众的思维模式和个性特征千差万别，那么人们又是如何做到万众一心、众志成城的呢？历史上此起彼伏的农民起义，近现代史上抗击帝国主义外来侵略的民族保卫战，改革开放以来人民群众通过劳动推动社会经济发展，新时代的人们共同创造美好生活，在每一次全民形成合力追求某个共同目标的背后，都有政治信仰发挥着极其关键的作用。当最广大人民群众有了相同或相近的坚定的政治信仰和价值取向时，就形成了最巨大的合力，向着一定的方向推动着社会历史的发展。

总之，作为一种心理需要和发展指向，政治信仰对国家和社会的发展以及个人成长具有重要意义。政治信仰不仅在公共治理、坚持党的统一领导和地区发展中占据全局性和战略性的位置，而且在推进国家治理体系和治理能力现代化中体现逻辑性和历史性的统一。

（二）公安民警的政治信仰

1. 公安民警树立政治信仰的必然性。警察是随着国家的产生而产生

[1] 井中雪．论政治信仰［J］．山西师范大学学报（社会科学版），2005（5）．

的，原始社会末期，由于生产力的发展，私有制出现，社会分裂为不同的对立阶级。当阶级矛盾激烈到无法调和的时候，国家这个维护阶级统治的政治形式应运而生。有了国家，同时也就出现了警察。国家是经济上占统治地位的阶级进行阶级统治的政治权力机构，警察则是这个机构中执行国家专政职能的工具，维护的是统治阶级的利益，我国警察亦然。《中华人民共和国宪法》第一条规定：“中华人民共和国是工人阶级领导的、以工农联盟为基础的人民民主专政的社会主义国家。”我国的国体是人民民主专政，公安机关是人民民主专政的重要工具，是国家治安行政和刑事执法机关，担负着打击犯罪、保护人民的重要职责。人民是国家的主人，国家的一切权利属于人民。公安机关是人民的公安机关，公安机关的权力是人民赋予的，这也是我国警察被称为“民警”的原因所在。公安机关和人民警察必须执行人民的意志，维护人民的利益。

因此，需要公安民警有着统一的、与人民群众利益一致的、具有科学性与实践性的政治信仰。只有树立一致的政治信仰，全体公安干警的力量才能统合起来形成合力，履行好自己的职责，真正做到全心全意为人民服务，维护好、保护好人民群众的生命财产安全，为人民行使当家做主的权利提供保障。

公安机关是国家机器的重要组成部分，也是中国共产党领导下的队伍。中国共产党是中国工人阶级的先锋队，同时是中国人民和中华民族的先锋队，是中国特色社会主义事业的领导核心。所以，公安机关的性质和使命决定了人民警察必须以党的政治理念作为自己的政治信仰，以党倡导的社会主义核心价值体系来引领自己的价值取向，支撑自己的理想信念，积极贯彻落实党的路线方针政策，圆满完成党赋予的使命和任务，确保公安工作服从和服务于党和国家工作的大局。这是公安民警树立政治信仰的必然性所在，也是公安民警毕生忠诚于自身政治信仰的应然性所在。

2. 坚持政治信仰引导在公安思想政治工作中的核心地位。公安民警是人民民主专政的重要组成部分，是保障社会发展、经济建设平稳运行的有效武器，所以警察队伍的思想政治工作尤其重要。随着改革开放以来互联网和信息技术的高速发展，新时期人民警察队伍出现了新特征和新问题，这就对警察队伍的思想政治工作提出了新的要求。公安民警作为经济建设、社会发展的保障，其思想政治工作的成效直接影响警察队伍的政治方向，因此，确定好公安思想政治工作的核心，是保证公安民警前进方向的当务之急。

政治信仰是人们对理想的政治理念、政治活动、政治制度、政治目标等的确信、认同、敬仰和追求。[1]政治信仰是公安民警的精神支柱，指导着公安民警的政治行为，公安民警的总任务是保障人民民主专政、维护人民的利益，而工作的正常开展便是建立在正确的政治信仰基础之上，正确的政治信仰是公安民警坚定正确的政治立场、明确自身工作任务的前提。公安思想政治工作的核心目的在于培育拥护中国共产党的领导、拥护社会主义、为社会主义事业服务、为人民服务的合格警察，其实质始终在于对人民警察意识形态的塑造和引导，始终反映党的政治要求和人民的诉求。党的十八届六中全会通过《关于新形势下党内政治生活的若干准则》，要求全党同志紧密结团结在以习近平同志为核心的党中央周围，坚定不移地维护党中央权威和集中统一领导。公安民警作为维护社会安全稳定的国家武装机关，必须具有坚定的政治立场，对党高度忠诚，与党和人民保持高度一致，坚持党的领导，这就需要公安民警树立坚定的政治信仰，以保证政治立场的高度鲜明。这是公安思想政治工作的核心所在，也是公安民警的立身之本、力量之源。

从公安机关的整体层面看，通过思想政治工作确立政治信仰，是保证公安机关整体合理有序运转、维护国家长治久安的政治保证，是公安机关明确自身在整个国家、在各个国家机关的位置及作用的必要保证。从公安民警的个体层面来看，通过思想政治工作引导树立正确的政治信仰，有利于民警在日常工作中始终明确自己的角色规范与行为标准，有利于民警始终牢记党中央精神，始终保持全心全意为人民服务的信念。

因此，在公安思想政治工作中，政治信仰居于核心地位，引导公安民警树立正确的政治信仰，是公安思想政治工作的开端，也是继续开展其他方面工作的前提保证。所以，必须始终坚持政治信仰引导在公安思想政治工作中的核心地位。

---

[1] 郑永扣. 作为政治信仰的意识形态［J］. 河南社会科学，2010（4）.

二、生态学与公安民警政治信仰的关联

（一）政治生态学视角下的政治信仰

1. 政治生态学：政治运行的生态学分析。20世纪50年代以来，生态学逐渐成为一门科学，一种应用日益广泛的方法论。生态学被广泛看作一门极有希望解决各种环境问题的学科、一个宝贵的分析武器和一种新的哲学概念或世界观。[1]生态学原本主要任务在于研究和分析生物与其所处环境的关系以及这种关系体现出的规律，但作为方法论而言，人们可以从生态系统的视角来看待和分析问题，并寻求达成共识。对于政治体系、政治环境而言亦是如此。政治体系是政治行为主体所依赖存在的制度形式，是政治行为主体与政治制度的有机统一。它不仅包括政府机构和国家体系，还包括它们之间的互动关系。这与生态系统是极其相近的。所以，完全可以将政治体系看作一个整体的生态系统。生态系统最基本的特性便是整体性，在政治生态系统中，不存在独立生存的个体，每个个体都和其他个体及环境因素相互联结，相互影响，相互作用。基于这种视角，西方渐渐形成了政治学与生态学的结合——政治生态学。我们可以将政治生态学理解为是政治的生态化，也即，用生态学的理论、观点、手段和方法来分析和解决政治问题，以期实现政治的良性发展，增强政治运行的合法性、合理性。[2]

从生态学视角来看，政治体系有以下特点。一是政治生态系统的和谐性，在政治生态系统中，个体之间、个体与政治环境之间相互联系，相互作用，使政治生态系统发展成为以合作、和谐为主基调的有机整体。二是政治生态系统的有序性，政治生态系统虽然有着庞大、复杂的组成成分，但是结构较为稳定，内部不同因素之间有序运作，相安无事。三是政治生态系统的动态性，政治生态系统并非形成之后就一成不变，相反，其结构与成分在时间和空间上都是不断运动、发展、变化着的，时间进程上的反复演化与空间分布上的排列组合，使政治生态系统在自然历史发展过程中

---

[1] 唐纳德·沃斯特．自然的经济体系：生态思想史［M］．北京：商务印书馆，1999：10.

[2] 岳奎．生态政治学与政治生态学的理性之思［J］．法制与社会，2009（4）.

具有了时间上的动态性与空间上的动态性。

政治生态系统的和谐性、有序性与动态性决定了政治生态系统并非僵化、混乱的系统，而是有着科学的发展规律。想要更加科学、全面地研究和分析公安民警及其政治信仰，就需要将其放在整个政治生态系统的背景下进行观察，因为公安民警不是单独存在的，其政治信仰也不是凭空出现的，它们都和政治生态系统有着千丝万缕的联系。所以，如果将公安民警的政治信仰与政治生态系统割裂开来，那就成了无源之水、无根之木，所得出的结论也将没有立足的依据。幸运的是，政治生态学为公安民警政治信仰的研究提供了一种动态的、科学的视角，也为公安思想政治工作提供了一种信而有证的方法论。

2. 从政治生态学视角看政治信仰。就像地球有着地核一样，政治生态系统也有着内部各因素围绕运转的核心，不同国家的政治生态系统，各有其内在核心，如图 1 所示。

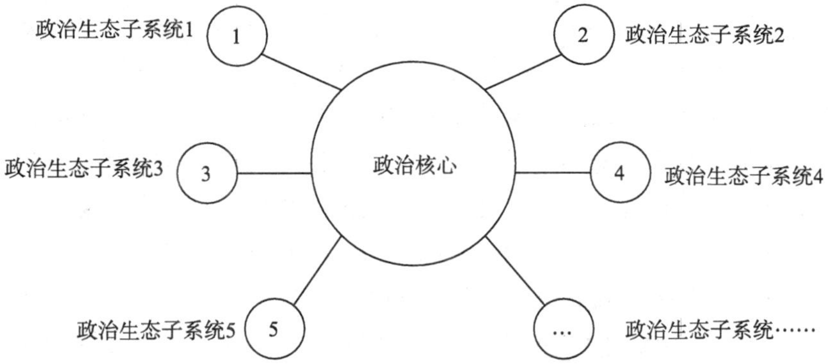

图 1　政治生态系统内部结构图

我国运行的是社会主义政治体系，其核心是什么呢？党的十九大指出，“坚持党对一切工作的领导”“坚持以人民为中心。”所以，我国的政治生态系统是以党和人民为核心的。在任何时刻，我国政治生态系统中的任何元素都要紧紧围绕着党和人民来运作，尤其是公安系统。公安系统是我国政治生态系统的重要子系统，围绕党和人民运转，是保障整个政治生态系统稳定、有序运转的关键子系统，就如同太阳系里围绕着太阳公转的八大行星之一。八大行星都有着明确的公转方向，围绕太阳的公转也是有其内在规律的。对公安系统而言，围绕党和人民开展工作也必然要有稳定的方向，也是必须符合客观事物发展规律的。而正是公安民警的政治信仰，为公安系统提供了方向上的关键指引，引导着公安系统在大的政治生态系统中找准自己所处的位置，定位所处系统的核心，明确自身承担的职能，从而保证严格以党和人民为核心，稳定发挥自己的作用。

公安生态子系统与整体政治生态系统是相互作用、相互影响的。公安民警的政治信仰产生于政治生态系统，发展于政治生态系统，其变化和发展又反过来对政治生态系统产生不可忽略的影响。正确的、坚定的政治信仰，能够为政治生态系统带来巨大的正向外部效应，反之，政治信仰若是缺失或偏离核心，则会造成不可估量的损失。这就是公安民警政治信仰作为政治生态系统有机组成要素所产生的巨大影响。

对我国公安民警政治信仰的研究和分析，必须以我国政治生态系统为背景和依据来进行，对此，习近平政治生态思想提供了最好的指导。党的十八大以来，习近平总书记针对政治生态及其建设发表了一系列重要论述，由此形成了关于政治生态的重要思想。习近平政治生态思想主要从中国共产党的角度论证政治生态的重要性以及如何塑造良好的政治生态环境，从我国政治生态系统的核心出发，对我国政治生态进行了鲜明阐述。习近平总书记指出，政治生态是党内作风、政治作风、社会风气的综合体现，其关键是党员的党性问题、觉悟问题、作风问题。这就对广大党员提出了政治信仰上的要求，公安机关是党领导下的机关，公安民警大多数都是共产党员，如果没有正确政治信仰的引领，如何能够保证公安民警的党性、觉悟和作风？把握住公安民警政治信仰与我国政治生态系统之间的内在关联，便牢牢把握住了公安民警政治信仰的根之所在，在此基础上，才能对其做出科学的、符合生态学规律的解释与分析。

将公安民警的政治信仰纳入公安生态子系统乃至整个政治生态系统进行观察，必然无法绕开政治生态系统中各个构成要素之间的关联与互动。各个要素之间的关联或共生形式，体现着生态系统的静态结构；各个要素的相互作用、相互影响、共同运动，则体现了政治生态系统的动态特性。所以，对于其中处于较为核心地位且有着重要意义的政治信仰，我们可以从静态和动态两个维度来分析，以保证对公安民警政治信仰有较为全面的认识。

（二）公安民警政治信仰的生态学静态分析

生态系统生态学（ecosystem ecology）以生态系统为研究对象，研究生态系统的生物群落与非生物环境之间如何通过能量流动和物质循环发生相互联系、相互作用，以及系统的自我调节机制。根据生态系统生态学，一个完整的生态系统，由生物有机体与其物理环境构成，通过能量转换、物质循环等生态过程以及系统外部环境的相互作用来实现生态系统功能。[1]以此为根据，可以看出，维持政治生态系统的正常运转，离不开内部有机体与生态系统环境之间的良性互动。而正确的政治信仰，既是实现有机体与环境良性互动的标志，也是有机体与环境之间实现相互影响、相互作用的沟通渠道。因此，从政治信仰的静态维度上，我们可以将公安民警生态系统分为公安民警政治信仰的主体与公安民警政治信仰的环境两大构成要素。

1. 公安民警政治信仰的主体。毋庸置疑，公安民警政治信仰的主体自然就是公安民警本身。全国公安民警数量以百万计，其政治信仰的具体情况不一而足。公安机关是一个较为独立的生态系统，也是一个构成元素复杂的生态圈，其中生态因子的多样性是生态圈存在及有机运转的前提条件。民警作为生态圈中的生态因子，其先天基因、成长经历、家庭环境及地域文化各不相同，所以普遍存在政治信仰上的个体差异。

刘建军在《信仰追问》一书中，将信仰者分为狂信者、智信者与随信者。[2] 根据这种分类方法，本书在政治信仰方面将公安民警分为政治信仰狂信者、政治信仰随信者与政治信仰智信者。

公安民警中的政治信仰狂信者有着极其坚定的政治信仰，并以其为人生方向与从警之路的关键指引，这种政治信仰的树立可能来自英模民警的感动与感染，可能来自亲属的志愿传承，也有可能来自舆论引导与价值宣传。但是狂信者的政治信仰容易过犹不及，当较为狂热的政治信仰遇到不尽如人意的现实状况时，可能会对其造成较大打击，从而使部分民警事业受挫，乃至意志消沉。由于狂信者的政治信仰在某种程度而言是不太理性的，并未建立在牢固的根基之上，所以有时经不起客观实践的考验，关键时刻能否一如往常尚未可知。而狂信者的政治信仰一旦动摇，后果将较为严重，尤其是作为公安机关管理者或领导者的政治信仰狂信者，更是牵一

---

[1] 于振良．生态学的现状与发展趋势［M］．北京：高等教育出版社，2016：298．
[2] 刘建军．信仰追问［M］．北京：中国青年出版社，2015：101．

发而动全身，易造成一些影响范围较大的激进后果。

政治信仰随信者在公安民警中所占比例较小，这一部分民警的政治信仰不是特别坚定，对于践行自身政治信仰也不是很自觉。他们能够意识到自己需要建立怎样的政治信仰，也知道警务工作需要有着政治信仰的指引。但是，如果对中国特色社会主义理论体系缺乏一定理解，或者在警务实践中缺乏独立思考，在日常生活中常常人云亦云，对国家大事、人民幸福不够关心，那就很难谈得上树立坚定的政治信仰。

从政治信仰来看，公安民警中占比最多的应为政治信仰智信者。根据李宏对人民警察核心价值观相关问题的调查结果来看，被调查民警群体对人民警察核心价值观的认同度很高，80%以上的被调查对象表示认同人民警察核心价值观，约50%的被调查对象表示深刻理解人民警察核心价值观的内涵。[1]政治信仰，是人民警察核心价值观的灵魂，是对核心价值观认同的最高体现。无论是二十四字社会主义核心价值观，还是2011年孟建柱所明确的“忠诚、为民、公正、廉洁”人民警察核心价值观，对其认同程度都体现着政治信仰的坚定程度。对人民警察核心价值观的普遍认同，体现出大部分民警是有政治信仰的。同时，50%的公安民警理解人民警察核心价值观的内涵也体现出相当多民警的政治信仰建立在理智思考的基础之上，这部分民警的数量多于政治信仰狂信者或是政治信仰随信者。政治信仰智信者的政治信仰较为坚定，而且这种政治信仰是建立在对信仰对象深刻理解的基础上的，是遵从客观规律且对警务实践有着明确指导意义的，并不会轻易地以某些人或事件为转移。政治信仰智信者往往能在政治信仰的指引下坚定地度过从警生涯。

“横看成岭侧成峰，远近高低各不同。”对于同样的客观实体，不同主体会有不同解读，观山如此，政治信仰的树立亦是如此。当民警作为互有差异的个体进入公安生态系统乃至国家政治生态系统的时候，政治信仰上的个体差异是允许存在的，但是，生态系统之所以被称为系统，其内部各生态因子是具备相一致的整体特征的，是需要民警在政治信仰方面向核心靠拢的，否则将会被生态系统边缘化，甚至排斥出去。因此，公安民警作为主体，是政治信仰树立的关键。

---

[1] 李宏．人民警察核心价值观基本问题研究［M］．北京：中国社会科学出版社，2017：192.

2. 公安民警政治信仰的环境。美国生态学家罗尔斯顿提出，生态系统奉行的是一种“共同体式的整体主义”[1]。生态系统作为有机的生命共同体，创造、支撑、整合着内部的各类生态因子，并为生态因子的生存及变化发展提供必要的环境。作为生态因子的民警及其政治信仰，依赖政治生态系统而存在。公安民警能否树立政治信仰、树立什么样的政治信仰、政治信仰是否坚定，以及是否符合客观规律，都与政治生态系统有着千丝万缕的联系。

生态学认为，有机体离不开环境，个体需要利用环境进行生存、发展、抵御死亡及实现不同形态。人虽然作为个体生命而存在，但却做不到离开整体独立生存。人是在人类社会整体中生存的个体，是以社会性为根本属性的个体，必须在社会交往活动中结合成一定的共同体，在共同体中展开生命存在的本质。人们结成了共同体，又受着共同体的影响和塑造。公安民警也离不开自己所在的环境，离不开公安系统这个共同体，公安民警的政治信仰自然也是与环境紧密相连的。虽然政治信仰属于警察的主观意识形态范畴，但却是发源于环境，并引导警察去适应环境的客观规律的。而这个环境，其实就是影响、引导公安民警生成其政治信仰的所有外部因素的综合，既包括公安民警所在的整体政治生态系统，也包括公安系统这个生态子系统。

对公安民警政治信仰的环境而言，最重要的一个特点便是开放性。生命物质必须从周遭环境汲取能量供应自身所需，这些能量的运动推动了一系列生物地球化学循环，各种物质和能量在各种生命体与非生命体之间传输，构成了一个开放的整体生态系统。当今社会是信息社会，是开放的社会，每个个体都时刻在与外界发生着联系，每一个瞬间，都可能伴随着个体能量发散到环境中以及环境能量提供给个体的过程。公安民警在日常的工作和生活中也都是时刻与环境紧密联结的。宏观政治环境、警务工作环境、家庭生活环境、网络虚拟环境，全方位包围着公安民警，这些环境都是开放的、信息畅通的，这就意味着公安民警政治信仰的树立与坚定性会受到多方面因素综合的、复杂的影响。其中，影响最大的因素便是国家的

---

[1] 霍尔姆斯·罗尔斯顿. 环境伦理学：大自然的价值以及人对大自然的义务［M］. 杨通进，译. 北京：中国社会科学出版社，2000：48.

意志与统治阶级的意志。而思想政治工作作为党的意志、人民的意志、国家的意志与民警之间的传输桥梁，必然是根据国家和社会的发展要求，有目的、有计划地将承载着国家和社会要求的思想意识、价值观念和道德规范传递给民警，民警根据这些信息建构自己的政治信念、职业理想以及政治信仰，而这个过程一直受到国家环境和社会环境的明确或潜在的影响。所以，对公安民警而言，思想政治工作至关重要，其政治信仰的一个很大来源便是思想政治工作的教育和引导。

公安思想政治工作对民警政治信仰的教育和引导是基于环境基础之上的，环境包含了党和人民的意识、观念、价值评判等主观意识形态方面的信息，这些信息，大部分来自民警所在的政治生态系统。除了这些信息以外，社会舆论和传媒、民警的成长环境、教育环境以及娱乐环境等，都是对民警政治信仰产生重要影响的环境要素。

无论是何种环境要素，都是客观存在的，虽然每天都会发生环境中的各种演变，但较之于民警思想的提升与转变，依然是相对静态的。公安民警的政治信仰的建立与更新，离不开民警主体自身，也离不开政治生态系统及各方面环境因素的塑造与影响。但是，公安民警都是具有相当强的主观能动性的个体，其中大多数人都有着较高的政治觉悟，所以，公安民警并不是仅仅被动接受环境的影响，其政治信仰也不是被动形成的。相反，公安民警是在不断主动探索、学习及警务实践中树立政治信仰的，其政治信仰也会反过来对民警行为以及环境因素产生巨大的影响。政治信仰的形成、变化过程及其反作用力都是动态的，也是与政治生态系统有巨大关联的。鉴于此，便需要对公安民警的政治信仰进行生态学角度的动态分析。

（三）公安民警政治信仰的生态学动态分析

“问渠那得清如许？为有源头活水来。”公安民警要想保证政治信仰的正确与坚定，保证政治信仰与时俱进，离不开与外界环境的沟通交流，从沟通交流中不断更新自己的思想和观念。这种沟通和交流类似于生态环境中的水的循环过程。水是地球生物化学循环中不可或缺的物质，水要依照自己的循环路径周而复始地转变形态和转移位置，人的思想也不是一成不变的，是在人与环境的互动中不断发展变化的。公安民警政治信仰便是在民警主体与环境的不断交流互动中变化着的，我们可以从两个方面来看公安民警政治信仰的发展变化，一方面是政治信仰自身的动态演化过程，另一方面是政治信仰对政治生态系统的反作用过程。

1. 公安民警政治信仰的动态演化过程是自组织与他组织的发展和演化。公安民警最初可能并不具备坚定的政治信仰，也可能是政治信仰的随信者或狂信者，但随着时间的推移以及警务工作经验的不断积累，民警的政治信仰伴随理性的沉淀而逐渐升华，渐渐形成真正让自己认同的、能够为之奋斗终生的、符合警务客观规律的政治信仰。这个过程，便可以看作公安民警政治信仰的动态演化过程。

公安民警处于政治生态系统及其公安生态子系统之中，民警个体本身是一个独立运转的小型生态系统，相应的，公安民警政治信仰可以说是一个更加微型的生态系统。所以，完全可以将生态学视角与系统论的观点结合起来分析公安民警政治信仰的动态变化过程。从系统论观点出发，可以借用自组织演化理论的视角。

自组织（Self – organization）是客观世界存在的一种组织现象，最早由康德提出这一概念。康德提出，作为自组织的系统内部各个部分是相互依存的，各部分通过相互作用而存在和发展并联结为整体。而自组织理论是20 世纪 60 年代开始出现的一组关于自组织的理论群，其中哈肯（H. Haken）的协同理论比较有代表性。

哈肯比较了自组织与他组织的概念。以生命现象为代表的自然生态系统总体上都是自组织模式，是一种有序结构自发形成、维持、演化的过程，自组织系统的发展和演化动力都来自系统内部。[1] 相对的，他组织系统的发展和演化动力来自系统外部，其整体活力受制于外部因素，即受到更高层次生态系统中各要素的影响。公安民警政治信仰的自主发展和演化便是自组织模式，当处于政治生态系统之中并受其影响时，也就可以看作他组织模式。通常情况下，自组织系统的发展和演化模式要优于受外在影响较多的他组织发展和演化模式。[2]

作为自组织的政治信仰生态系统，其发展演化是由自身特点和活动造成的，发展和演化的过程，便是公安民警接受外在政治生态系统的信息，

---

[1] 赫尔曼·哈肯. 协同学引论［M］. 徐锡申，等译. 北京：原子能出版社，1984：240.

[2] 吴彤. 耗散结构理论的自组织方法论研究［J］. 科学技术与辩证法，1998（6）.

并与外界客体发生相互作用的过程，本质上是内源性动力推动的自组织发展和演化，而这种内源性的动力是公安民警建立与更新政治信仰的根本推动力。这与政治信仰的自身特性是分不开的。政治信仰体现公安民警对信仰客体的主动认可与肯定，这种认可很难由外界因素强加而来，更多的是来自政治环境的长期熏陶、自身对人生与警察职业的理解以及警务工作实践中的经验积累和系统化思考。所以真正的政治信仰不可能是强迫的。著名心理学家与哲学家弗洛姆说过："自由和民主的思想，如果不是以个人的生产性体验为基础，而是由强迫个人相信这些思想的党派或国家所提出，那么，它们除了堕落为非理性信仰之外，就什么都不是了。"❶ 所以，即使政治生态系统中有很多要素，如政治权威，会对公安民警政治信仰产生较大的导向作用，但如果离开了外来价值引导与民警内在理想信念的相互契合，那外来的价值导向就不会为民警个体真正主动接受，相应的，政治信仰的树立也就无从谈起了。

公安民警政治信仰生态系统的自组织发展和演化，首先建立在民警个体政治追求的基础之上，人是社会性的动物，也是政治性的动物，公安民警也不例外。有了对政治的追求以及对政治信仰的需求，接下来便需要经历对政治生态系统所体现的政治文化的内化，这是最核心的过程。政治文化是主体关于政治现象和政治生活的情感表达和价值判断，政治文化的内化过程就是主体获得政治认知、政治情感和政治价值的取向的过程。❷这个过程伴随着信疑交织的情感体验。最后便是政治信仰建立与更新的过程。经过这个过程，公安民警对政治有了自己的看法和理解，能够理性地分析和处理问题，能自觉接受党引导的先进政治文化，树立共产主义理想，建立坚定的政治信仰，同时又主动追求政治信仰的与时俱进。通过自组织发展和演化过程，公安民警达到外在政治生态系统要素与内在心理需求的交融，逐渐建立了对外认同、对内提升的良性政治信仰机制。

公安民警政治信仰生态系统的他组织发展和演化，较之于自组织发展和演化所起到的作用要小一些，但也是重要的系统性演化过程。政治信仰具有强烈的政治性和阶级性，体现党的意志、国家意志、人民意志，与社

❶ 艾瑞克·弗洛姆．为自己的人［M］．孙依依，译．北京：生活·读书·新知三联书店，1988：193．

❷ 曾庆娣．大学生政治信仰的生态学分析［J］．高教探索，2007（1）．

会意识形态有着极大关联，所以，公安民警政治信仰生态系统的发展和演化会受到来自国家、政党的外源性动力的影响，也就出现了外源性动力推动下的他组织发展和演化过程。政治生态系统，一层系统套一层系统，每个层面上都有着不同建构的政治信仰，但在整个生态系统环境中，各种小系统之间又存在着相互影响与相互合作。例如，公安民警政治信仰系统与中国共产党政治信仰系统之间、与民主党派政治信仰系统之间、与普通大众政治信仰系统之间、与司法系统政治信仰系统之间以及与公安民警自身所具有的其他集体信仰之间都有着相互影响或融合。同时，大量子系统所组成的政治生态系统，在很多情况下，子系统之间的相互作用推动了整个政治生态系统的发展和演化。各个政治信仰子系统之间的交流和融合，也使整个政治生态系统中的政治信仰趋向共同的最高目标，表现为有了统一的核心意识与政治意识，不论政治信仰的具体内容如何，都是以习近平总书记领导下的中国共产党为核心的，这是政治信仰正确性的根本保证。在政治生态系统核心的指引下，在其他子系统政治信仰的影响下，在政治生态系统环境中的各种因素的作用下，便有了公安民警政治信仰生态系统的他组织发展和演化。

无论是出于内源性动力还是外源性动力的推动作用，公安民警政治信仰都是不断发展、变化并追求完善和与时俱进的，这种发展和演化是公安民警政治信仰的正确树立和与时俱进，以及帮助公安民警在政治生态系统中找准自己位置的必要保证。

2. 公安民警政治信仰对政治生态系统的反作用过程：适应与竞争。生态学研究发现，任何生物都为自己建立了能量库，以防外部能量一时供应不足的时候可以支撑渡过难关。因为生命是离不开能量供应的，正如不存在“永动机”一样，也不存在不需能量便能一直生存的物种，生命体就像一部机器，没有能量不断补充，一定会停止运转。公安民警的工作是劳累的、繁忙的、高风险的，所需要供应的能量是要高于一般职业者的，在当今社会，这种能量不只是物质上的能量，更多的是心理和精神上的能量。政治信仰便是为公安民警提供能量的重要来源。同时，公安民警作为政治生态系统的有机构成要素，牵一发而动全身，大量民警个体因其政治信仰发生的变化对政治生态系统整体都会产生巨大的反作用力，可以说，政治生态系统影响了民警个体政治信仰的形成，而民警的政治信仰又会反过来对政治生态系统产生一定的影响。

物竞天择，适者生存。事物的产生、存在与发展，都需要经历重重考验。物种的生存如此，政治信仰的发展和演化亦是如此。公安民警政治信仰对政治生态系统的反作用，整体表现为两方面：适应和竞争。适应是一种较为和缓的反作用，表现为推动公安民警坚定维护政治生态系统的平稳有序运转，保证政治生态系统的稳定与和谐；竞争是一种较为激烈的反作用，表现为公安民警经历心理上、情感上的冲突之后，最终接受科学的、正确的、符合客观规律的理想信念，形成内心真正认同的政治信仰，使政治生态系统中出现选择、淘汰的动荡过程。

适应，意味着改良自身以获取生存。时代不同、国情不同、政治氛围不同，相应的政治信仰也有所区别。一种政治信仰的形成和出现，既是主体有意识的创造，也是主体不自觉接受环境影响的结果。马克思主义提供了辩证唯物主义和历史唯物主义的世界观基础，并以此为根据探索出人类社会发展的客观规律，内在蕴含共产主义理想，符合人类社会历史发展的客观规律和人民的根本利益诉求，这是公安民警乃至中国共产党的政治信仰所具有的意识形态性功能，是一种坚定的政治宣言和政治承诺，并将之贯穿在相应政治行为的始终。这是政治信仰的主体对人类社会发展规律的适应，也是对政治生态系统的适应，这种适应使政治信仰本身变得更加科学。人类社会的发展有其自身特殊规律，政党的发展、公安机关的运转也有自身的规律，适应客观规律而存在的政治信仰，便是科学的信仰。科学的信仰是真理与价值的统一，是有着现实基础和规律依据以及符合人们切身愿望和根本利益的价值体系。[1] 只有科学的政治信仰，才能够维持公安机关的合理有序运转，推动政党的持续存在，保证政治生态系统的和谐有序。科学的政治信仰一定是适应客观现实规律的，但是这种适应不是被动地接受环境改变，而是充分发挥公安民警的主观能动性，结合自身岗位特点与工作实际，主动对自身政治信仰作出的改良。离开了内源性动力支撑的主动改变，对政治生态系统变迁的一味被动迎合与全盘接受会使公安民警的政治信仰成为无根飘萍，随波逐流，也就谈不上正确的、科学的政治

---

[1] 吴文新、孙武安．知行合一：社会主义核心价值体系何以必须被信仰［J］．毛泽东邓小平理论研究，2009（6）．

信仰了。

竞争，则是一个激烈的过程。生态系统无时无刻不在体现着相互适应、相互依赖及选择淘汰。各种不同的元素之间总是以互相补充、彼此交换的方式进行竞争。竞争能够帮助民警个体认识到自身信念的缺陷，也能够促进民警吸纳政治生态系统中有利于自身成长的政治生态因子，逐渐树立并改进自己的政治信仰，从而使最后在政治生态系统中留存下来的都是向系统核心看齐、政治信仰正确的个体，通过淘汰不符合政治生态系统运转需求的个体，保证整体系统的良性运转。政治信仰的建立不是一蹴而就的，而是一个漫长的过程。在这个过程中，民警个体需要向党中央学习，需要相互学习，需要从实践中学习，需要向人民群众学习。如果不能保证长期的持续学习，政治信仰就会跟不上时代的发展要求，跟不上党中央的最新指示，跟不上公安机关的最新价值理念，也满足不了新时代人民群众渐渐发生变化的利益诉求。竞争的机制具有残酷性，但正是这种残酷性，在给公安民警带来巨大压力的同时，也为其时刻注重更新政治信仰和工作理念带来了巨大的推动力。在多数情况下，生态系统无法容忍没有进化和适应的物种，人类社会和历史不欢迎停步不前的人，公安机关也不容许公安民警安于现状、原地踏步，因为这不符合政治生态系统及更高层次生态系统的发展需求，也不符合人类社会历史发展的客观规律。

公安民警政治信仰的适应和竞争机制保证其生存、更新与发展，推动公安民警提升政治意识、大局意识、核心意识与看齐意识，促进公安民警向政治核心靠拢，向人民靠拢，帮助公安民警经受住人民的考验和时间的检验，支撑公安民警做好每一项警务工作，保障国家政治和社会的平稳运行，从而在正向上推动政治生态系统的运转与发展。

三、公安民警政治信仰的树立与更新

（一）公安民警政治信仰面临的挑战

人民警察是共产党领导下的武装力量，工作性质具有特殊性，这种特殊性使公安民警的政治信仰不同于一般人员，而且也面临更多的考验。警察是一种高风险、高压力、高负荷的特殊职业。如今，公安民警面对着经济转轨、社会转型、矛盾错综复杂、刑事案件高发的特殊环境，其工作比其他职业面临着更多的压力和风险，需要广大民警付出更多的奉献和牺牲，这也就需要民警具有更加坚定、科学、正确的政治信仰。

当今社会是一个复杂的社会，是一个多变的社会，是一个网络和信息化的社会。随着我国利益分配的多元化趋势，整个社会的政治信仰也开始出现多元化的发展，公安民警的政治信仰受到来自各个领域的观念干扰。总体而言，公安民警政治信仰面临着以下几个方面的挑战。

一是不同意识形态上的挑战。目前我国能够影响公安民警政治信仰的意识形态形式主要有三种：首先是马克思主义中国化的中国特色社会主义理论思想，这是我国社会主义建设事业的指导思想；其次是对马克思主义和共产主义教条式理解的传统思想观念，这种观念仍然存在，并影响着很多人的政治信仰；最后是要求发展资本主义的观念，这种观念在一定范围内存在，也是当前影响政治信仰的不可忽视的因素。

二是政治生态系统中负面生态因子带来的挑战。政治生态系统中的生态因子每天都在进行新陈代谢，生态系统本身每天也在进行着内部的优胜劣汰，有优就有劣，有精华就有糟粕，正面因素发挥作用的同时，总会有一些不良生态因子带来负面的影响。每个个体都与政治生态系统、政治环境之间相互作用并产生潜移默化的影响。有一些人党性不强、觉悟不高，浑浑噩噩，常常带来歪风邪气、庸俗腐朽，使符合党性要求的民警也受其不良影响，有时甚至造成原本正确的政治信仰的动摇。广大民警需要从自身严起，从小事做起，自觉遵规守矩，守得住清贫，耐得住寂寞，思考自己在政治生态系统中的责任，进行自我革命，在一点一滴、一举一动、一言一行中自觉完善，炼就金刚不坏之身、百毒不侵之体。而做到这些并不容易，需要时刻面临政治生态系统中那些负面生态因子的干扰，面临一些不良诱惑的考验，这些可以说是好警察政治信仰的试金石。

三是公安工作压力带来的挑战。毋庸赘言，公安工作是劳累的、辛苦的，是伴随着极大压力的，人在巨大压力下工作，短时间内还可以依靠爆发力取得较好的成绩，但长此以往，能否一直以较为持久、坚定的精神坚持把工作保质保量完成，就很难保证了。政治信仰正是为公安干警带来力量的精神源泉，这份力量来源能否持续发挥作用，就要看政治信仰本身是否是科学的、符合客观规律的，是否能成其为真正的政治信仰。我们在下一章将要讨论的警察职业倦怠，从某种程度上说便是在难以从政治信仰中汲取力量的时候，民警的前进动力弱化，导致对所进行的工作变得无力、懈怠，甚至失却奋斗的初心，这是我们不愿意看到的，但也是公安民警政治信仰所面临的切切实实的挑战。

（二）坚定最高政治信仰——马克思主义信仰

既然公安民警政治信仰面临着多方面的考验和挑战，那么对广大民警而言，建立科学的、正确的、与时俱进的政治信仰便迫在眉睫。政治信仰不是口号，不是空谈，也不是脱离民众的精英主义思想。《荀子·大略》："夫尽小者大，积微成著，德至者色泽洽，行尽而声问远。"政治信仰是从实践中得来的，是广大人民群众在社会历史发展的进程中不断探寻、不断检验而总结出来的。政治信仰从来都不是完全抽象的概念，而是能够指导具体实践的指南。人人都是环境，人人都是政治生态系统的一分子，每人的政治信仰也都是影响政治生态系统运行的重要因素。

作为保证政治生态系统稳定运转的重要生态子系统，公安机关是我国人民民主专政的重要武装力量，肩负着保卫人民生命财产安全、打击犯罪、服务群众、维护国家安全和社会稳定的重要使命。所以公安民警的政治信仰是尤其重要的，政治信仰的科学性和正确性决定了民警的枪指向何处，决定了民警为老百姓提供服务的质量高低。政治意识、大局意识、核心意识、看齐意识便是公安民警政治信仰科学性和正确性的保证。公安机关作为党组织领导下的队伍，其性质和使命决定了公安民警必须以党的政治理念作为自己的政治信仰，以党倡导的工作精神作为自身工作的动力。习近平总书记强调："我们党是用马克思主义武装起来的政党，马克思主义是我们共产党人理想信念的灵魂。"达成共识的是，在我们这个时代，马克思主义是一种精神的象征，对马克思主义的信仰是最崇高、最进步的信仰。[1] 这是由它的科学性、阶级性和实践性所决定的。

马克思主义的科学性在于其世界观和方法论是科学的，代表了最广大人民群众的根本利益，是开放的、与时俱进的理论体系。生态系统中的生态因子想要保证生存和发展，必须要符合内外环境的客观规律。人民警察要保证工作方向的正确性和工作方法的准确性，就应该坚持马克思主义。

---

[1] 李宏．马克思主义信仰：人民警察的最高信仰［J］．求实，2011（1）．

坚持马克思主义就是坚持真理和坚持科学。

马克思主义阶级性在于，它的政治立场是实现以劳动人民为主体的最广大人民的根本利益；它的社会理想是实现物质财富极大丰富、人民精神境界极大提高、每个人自由而全面发展的共产主义社会。而人民警察是人民民主的专政工具，是最广大人民根本利益的维护者，其阶级性与马克思主义的阶级性是一致的，是属于无产阶级的。这就决定了人民警察的最高政治信仰只能是马克思主义。只有坚持以马克思主义为最高政治信仰，民警才能找准自己的生态位，明确自己在政治生态系统中的作用与存在意义，发挥好自己的作用。

马克思主义的实践性决定了马克思主义始终保持与时俱进的理论品质，不断随着实践的发展而发展。随着社会结构的变迁和治安环境的改变，政治生态系统内部的各方面因素都在不断发展变化，生态系统的一个重要原则就是优胜劣汰，公安民警想要保证持续、稳定地发挥作用，就必须时刻注重及时更新思想观念，那么就必须以最能体现时代先进性的马克思主义为政治信仰，培养改革创新的时代精神，不断提升工作方法与工作品质。

以上三个特性决定了公安民警必须以马克思主义为最高政治信仰。要树立马克思主义政治信仰，广大公安民警需要做到以下几个方面。第一，理解和把握马克思主义的科学内涵和基本特征，并用马克思主义的立场、观点和方法解决工作中的实际问题。第二，坚决抵制各种错误思潮的冲击影响，坚守马克思主义及其中国化的社会主义理论体系，排除不同意识形态的干扰。第三，把马克思主义政治信仰贯穿到警务实践中，马克思主义政治信仰不是空信，也不是对绝对精神的被动依赖，而是要发挥民警的主观能动性，在警务实践中主动运用马克思主义以发挥自己的主体作用。

（三）与时俱进，坚定新时代政治信仰

以马克思主义为最高政治信仰，必须做到与时俱进，时刻注意政治信仰的更新，这是由马克思主义的科学性与实践性决定的，也是新时代我国社会主义现代化建设所提出的要求。从生态学角度看，与时俱进也是生态因子生存和发展所需要经历的必然过程。生态系统中的个体都是食五谷杂粮、受四时寒暑的，难免会出现不适或疾病，而生命存在的历程，便是机

体的免疫力与各种疾病和不良生态因子不断斗争的过程。对于公安民警而言，生命的历程、警务生涯的历程，都是精神与心理上的正能量与各种负能量不断对抗的过程。正如再好的药物也不可能一次性解决生物面临的各种致病因素一样，也不能奢望可以用原本的马克思主义政治信仰一次性解决广大民警思想上和精神上的各种问题。因此，随着时代更迭，民警面临着思想上和精神上的新的冲突，政治信仰也需要不断更新，做到与时俱进，这样才能保证时刻以最先进的政治信仰指导新时代的警务实践，解决新时代的思想冲突。

与时俱进，便是将政治信仰的目标指向马克思主义中国化最新理论成果——习近平新时代中国特色社会主义思想。2017 年 10 月 18 日，中国共产党第十九次全国代表大会在人民大会堂开幕。党的十九大宣示了习近平总书记是全党拥护、人民爱戴、当之无愧的党的领袖，确立了习近平新时代中国特色社会主义思想的历史地位。另外，党的十九大做出了中国特色社会主义进入新时代的重大政治论断，这是对马克思主义社会发展分期理论的开拓性运用，进一步丰富发展了社会主义初级阶段理论，进一步明确了中华民族伟大复兴的战略安排，清晰指出了党和国家事业的历史方位、时代坐标及前进方向，贯穿了对中国历史、现在、未来大趋势的深邃把握，彰显了中国共产党人实现国家富强、民族振兴、人民幸福目标的使命担当，揭示了中国人民推动中国发展进步、世界共同发展、人类文明前行进程的有机统一。以习近平新时代中国特色社会主义思想为新时期、新阶段的政治信仰，始终做习近平新时代中国特色社会主义思想的坚定信仰者、忠诚实践者，是政治生态系统的新发展对公安民警提出的新要求。

长治久安，作为人民美好生活向往的题中之义，作为中国特色社会主义伟大事业发展前进的根基，也是公安机关矢志不忘的初心使命。进入新时代，我国社会主要矛盾已经转化为人民日益增长的美好生活需要和不平衡不充分的发展之间的矛盾，人民群众对公安工作提出了新要求，即营造更加安全稳定的社会环境、更加公平正义的法治环境与更加优质高效的服务机制。随着生活水平显著提升，人民群众对美好生活的向往更加强烈，不仅对物质文化生活有更多、更高的期盼和期待，而且在民主、法治、公平、正义、安全、环境等方面也提出了更多、更高的要求。具体就公安工作而言，便是人民群众期望生活在更加安全稳定的社会环境和更彰显公平正义的法治环境之中，并期望公安民警能提供更加优质高效的公共安全服务。因此，广大公安民警要从思想观念上适应新形势、新任务和新要求。必须坚持党对公安工作的绝对领导、坚持以人民为中心的发展思想、坚持稳中求进的工作总基调，为维护改革发展稳定大局做出更大贡献；必须继续坚持严格执法、公正司法，维护国家政治安全，确保社会大局稳定，促进社会公平正义，保障人民安居乐业。这也是作为生态因子的公安民警在政治生态系统中发挥自身作用、寻求更好生存与发展的必然要求。

要达到以上要求，就必须以习近平新时代中国特色社会主义思想为政治信仰，在其指导下科学、正确地进行警务实践，从而切实担负起为新时代中国特色社会主义建设保驾护航、做新时代中国特色社会主义事业建设者与捍卫者的重大职责使命。习近平总书记曾经指出："我们多次讲，党的先进性和党的执政地位都不是一劳永逸、一成不变的，过去先进不等于现在先进，现在先进不等于永远先进；过去拥有不等于现在拥有，现在拥有不等于永远拥有。"这是以辩证唯物主义和历史唯物主义的方法论观察问题得出的结论。政治生态系统的演化与更迭永远在路上，公安民警政治信仰的更新与升级也永远在路上。

结　语

伊凡四世，俄国历史上第一位沙皇，生性残暴，毫不留情地屠杀政敌，镇压叛乱，最终失手杀死自己的亲生儿子。伊凡四世的残暴理当引以为戒，但他提出："沙皇不仅应该管理国家，而且应该拯救灵魂。"这句宣言，在政治信仰方面对后世是有一定借鉴意义的。

"灵魂"，可以理解为信仰，而一个国家的灵魂，便体现在政治信仰。国家的管理者应当管理好一个国家的政治信仰，当今社会作为国家主人公的人民群众也需要建立较为一致的政治信仰，相应的，公安民警也应建立与党和人民相一致的政治信仰。一个生态系统中的生态因子是围绕着生态系统核心发展演化的，公安民警的政治信仰也是以党和人民为核心来建立和更新的。

不过，生态系统中的生态因子的进化和演变是缓慢进行的，公安民警政治信仰的建立和演化也不是一朝一夕之功。习近平总书记提出："一个政权的瓦解往往是从思想领域开始的，政权动荡、政权更迭可能在一夜之间发生，但思想演变是个长期过程。”[1] 公安民警的政治信仰是随着所在生态系统的核心精神的引导和暗示，随着公安思想政治工作的逐渐开展，渐渐潜移默化而形成的。这是一个长期的过程，是需要一辈一辈公安民警不断轮替进行“传帮带”的过程。所以，政治信仰的建立与更新，不能急于求成。

另外，我们应当尊重生态系统的整体性，尊重“生态共同体”的客观规律，不以一人之觉悟为喜，也不以一人之迷惘为忧。“一花独放不是春，百花齐放春满园。”广大民警要做到相互扶持，相互学习，共同提升，将习近平新时代中国特色社会主义思想作为自己的政治信仰，做到“入乎耳，存乎心，蕴之为德行，行之为事业”。当公安民警真正将政治信仰内化到自己的一言一行，并以之为警务工作的最高准则，何愁政令不通、警情不畅？

（执笔人：史煜才，北京警察学院思政部讲师。）

[1] 黄相怀. 治心的学问——核心价值观六讲［M］. 济南：济南出版社，2016：89.

第八章　公安民警职业倦怠的生态分析

提高民警的工作积极性与主动性，保证警务工作的高效开展是公安思想政治工作的重要目标。在当前社会变革加快、个人价值取向多元化的背景下，由于受多方面因素的影响，部分民警出现了职业倦怠现象，对警务工作的控制感和自我效能感降低，身心健康受到了较大危害。公安民警职业倦怠的影响因素是多方面的，同时其危害也是多方面的，对自身、其他个体以及所处的环境都会产生很大的负面影响。因此，从生态学角度综合各种因素分析和解读民警职业倦怠的现状和生态学成因，并找出克服民警职业倦怠的有效措施，对加强和改进公安思想政治工作、保证公安工作有序进行具有重要的实践意义。

一、公安民警职业倦怠概述

（一）职业倦怠概述

1. 职业倦怠的内涵。职业倦怠，作为职业人群常常出现的一个突出问题，近些年来引起了广泛关注，为人们所熟知，并成为组织行为学与人力资源管理领域中的研究热点，涌现出相当多的研究成果。“职业倦怠”也称为“工作耗竭”“职业枯竭”等，由美国心理学家弗鲁顿博格于1974年首次提出，并将其应用于心理健康领域。[1] 最早是指在以人为服务对象的职业领域中，工作人员因工作量过大、工作时间过长或工作强度过高而出现的一种情感耗竭、去人性化和个人成就感降低的不良状态。[2]后来“职业

---

[1] 赵崇莲，苏铭鑫．职业倦怠研究综述［J］．宁波大学学报，2009（4）．

[2] Freudenberger，HJ.，Staff Burn Out，Journal of Social Issues，1974，30（1）：159－165.

倦怠”一词被广泛应用到各行各业的职业人群中。

所谓职业，即利用专门的知识和技能进行劳动，为社会创造财富，并获取相应的劳动报酬以作为物质生活来源，同时满足自身精神需求。在工作过程中，人们不只是获取物质利益，还涉及相当多的心理体验。例如，有人会在工作中满足自己的社交需求，有人在其中获得成就感，有人在工作中感到厌烦和身心疲惫等。不同的主观体验都在一定程度上影响着个体对其工作的认同感、参与感以及随之发生变化的工作绩效。在这个社会急剧变革、竞争日益激烈的时代，职业人群普遍面对着较大工作压力，很多人在长期日复一日的工作中感到疲倦和烦躁，渐渐地对工作失却原本的热情，变得失望、麻木，甚至是依靠惯性和忍受来继续自己的职业，有时也会逃避工作，或者怀疑自己的能力，对于原有的人际关系也没有太多维持下去的动力，这些表现综合起来，便可以看作职业倦怠现象。所以，在当今社会，总体上可以将职业倦怠看作一种由所从事职业引发的情绪、情感和行为上的心理衰竭现象。

2. 职业倦怠在职业人群中的表现。职业倦怠对人们的工作绩效、人际关系、职业生涯发展以及家庭生活都有着非常大的影响。职业倦怠在职业人群的身上主要表现为以下几个方面。

一是情绪和情感上的衰竭。具体表现为积极性的减退、工作精力不济、情绪和情感反应衰退、身心感到疲惫不堪、极度的疲乏和虚弱等。职业倦怠者的情绪波动较大，对外在不良刺激的容忍度降低，变得烦躁易怒。另外也会常常伴随无助感或无力感，对工作和生活时常悲观失望。情绪和情感上的耗竭是职业倦怠者在日常工作和生活中表现最为明显的特征。

二是自我调控失效。自我调控是“个体启动、改变、停止行为反应或者进行其他行为改变以保证个人达成目标的一系列过程和机制”[1]。处于有意识状态的职业人群，几乎时时刻刻都在进行着自我调控，但其自我调控并不总是成功的，相反，在很多时候，由于对环境觉察不当或是反应过激，出现了自我调控失效的现象，如小到晨起疲累不愿上班、坐下就不愿

[1] Baumeister, R. F., & Heatherton, T. F., Self－regulation failure: An overview. Psychological Inquiry, 1996, 7 (1): 1－15.

意起身，大到人际关系处理不好甚至攻击他人等。职业倦怠常常伴随着自我调控的失效。

三是成就感低落。一旦出现职业倦怠，容易变得缺乏自信，空虚感强烈，注意力不集中，思维敏锐度降低，由于才智枯竭和无法适应知识的更新而在工作上原地踏步，工作目标和创造活力大大降低。随之而来的，便是工作绩效的显著降低，常常因完不成任务而受到批评指责，工作变得效率低下且僵化或机械化，时常感到无法胜任工作，失去工作热情与责任感，从而陷入工作上越来越被动的恶性循环。

四是"去人性化"。"去人性化"是指用一种消极、否定、冷漠的态度对待周围的人，即使是与自己非常亲近的人，如家人或好朋友。职业倦怠者常表现出对别人的不信任，变得多疑、猜疑，对别人的评价也常常带有批判性。我们知道，"人性化"是以人为本的，是用一种充满价值感的眼光去看待他人；与之对应，"去人性化"如果比较严重，职业倦怠者甚至会表现出一种把人视为无生命的物体来看待的现象。

当一名从业者出现了职业倦怠，最初往往是意识不到的，因为倦怠者与非倦怠者之间并没有明确的分水岭，职业倦怠总是以一种个体意识不到的方式潜移默化地使一名职业者渐渐陷入职业倦怠的泥潭。因此，当许多职业倦怠者在不自觉的情况下承受着痛苦、压力和煎熬而继续坚持在工作岗位上时，很少有人有意识地将自己的状态归结为职业倦怠并寻求改善，更多的是像一个机器人或木偶一般，日复一日，年复一年，麻木地应付着手头的工作。

职业倦怠可能发生在任何职业的领域中，其中较为常见的职业人群为：脑力劳动类职业者、体力操作类职业者、创新类职业者、演艺类职业者、社交类职业者、服务类职业者、常规事务类职业者等。[1]对于不同类型的职业人群而言，职业倦怠的产生源头、表现方式以及产生后的调节方式不尽相同。下面就警察职业来看一下职业倦怠的具体特征与表现。

（二）公安民警的职业倦怠

在和平时期，警察职业可以说是最具有危险性的职业，民警在工作中

---

[1] 王国强．如何减轻工作压力——职业倦怠的防治与调适［M］．北京：人民卫生出版社，2010：69．

会接触大量常人接触不到的丑恶现象。天有不测风云，人有旦夕祸福。既然从事了警察职业，就会在工作过程中伴随紧张、压力、焦虑、挫折、冲突等负面的心理因素，当我们将个体看作一个自成循环的小型生态系统时，这个生态系统虽然有着张力，但对于其中负面能量的承受能力是有限度的，当负面心理能量的积累超过一定限度，就可能导致民警的工作态度和动力发生较大的不良变化，这种变化通常就表现为民警的职业倦怠。

1. 公安民警的职业特点。公安民警职业倦怠与其工作性质和特点有着巨大关联。民警职业有以下几种特征。

（1）工作责任重大：警察职业是维护社会安全稳定与国家长治久安、保卫人民群众生命财产安全、打击违法犯罪活动的特殊行业，关系到社会经济能否稳定发展，也直接关系到人民群众的生活质量。

（2）工作压力大：民警长期担负着来自上级、群众、家庭等各个方面的责任，接触到许多负面信息，所以长期面对着较大的工作压力，有时甚至需要舍己为人。

（3）工作的无规律性：民警的工作任务具有突发性特点，经常需要处理突发事件，而这些事件和任务无法进行预先安排，导致民警工作的规律性较差。

（4）工作的危险性：民警，尤其是刑警，常常会在工作中遇到穷凶极恶的犯罪分子，在与犯罪分子较量的过程中，很容易出现伤亡，当需要经常执行危及自身安全的任务时，工作便具有了较大的危险性。

（5）工作的重复性：案卷整理、执行勤务、社区巡逻，公安工作有许多是每天都在重复进行的，随着时间推移，容易让人觉得枯燥乏味而导致积极性降低。

总之，公安工作与大部分常规工作相比，是具有其特殊性的，而这种特殊性往往是导致民警职业倦怠的重要源头。

2. 公安民警职业倦怠的主要表现。职业倦怠在公安行业中的普遍出现，影响到很多民警及其家庭的正常运转，引起了社会越来越多的重视，关于这方面的研究也越来越多。近年来，不论国内还是国外，对职业倦怠的研究都延伸到了公共安全行业。国内外学者在研究中达成的普遍共识是，民警群体的职业倦怠是民警无法有效解决自身所面对的压力的一种负面反应。国内学者调查发现，民警群体是职业倦怠的高发人群。[1] 截至目前，关于民警职业倦怠的研究成果发现，当公安民警出现职业倦怠这种负面状态时，主要有以下几种表现。

第一，与普遍意义上的职业倦怠相一致，公安民警职业倦怠首先也表现为情绪和情感上的衰竭。职业倦怠民警的情绪常常表现为紧张、急躁不安、易激惹，对于同事或群众容忍度低且具有攻击性，常会出言讽刺挖苦。但独处的时候却常常多愁善感、悲观抑郁，自我评价较低，对现实生活冷漠、悲观。

第二，职业倦怠民警容易变得工作懈怠，工作积极性降低。发生职业倦怠后，民警渐渐变得懈怠、麻木，对工作没什么积极性与责任心，不思进取，缺乏上进心，做一天和尚撞一天钟，办事拖拉，容易用消极、逃避的态度对待所负责的警务工作。

第三，生理上感到长期紧张和不适。公安民警常常连续作战，风雨奔波，甚至要面对自己或战友的流血牺牲，在长期的高负荷运转中，民警的精神高度紧张，造成内分泌功能紊乱。长时间保持兴奋和机体不调的状态会使民警产生疲劳无力的感觉，经常出现失眠和食欲不振现象，还会出现胸口疼痛、背痛、头痛、全身酸痛以及血压升高等生理症状。职业倦怠民警在工作中也会表现出身体协调性差、反应迟钝的状况。

第四，职业荣誉感及从警价值感大大降低，对警务工作的成就感降低甚至丧失。这是民警出现认知偏差时的表现，一般来说，发生职业倦怠后，民警看待事物和问题的角度便会发生变化，原有的价值观也会变得混乱，渐渐地，找不到自己从事警务工作的意义，也失去了以往为之奋斗的目标和动力，变得浑浑噩噩，无法继续从破案或常规性警务工作中获得成就感。有些民警甚至会产生身份和职业上的自卑感，很大程度上降低了从事警务工作的内驱力。

第五，警务工作及日常生活中的“去人性化”。去人性化在民警职业中主要体现为民警对待上级、同事、群众以及犯罪嫌疑人的态度上的巨大反差。职业倦怠民警对上级派发的任务表现出漠视甚至毫不在乎的态度，

---

[1] 龚正荣，朱志华，吴育哲．关于当前公安民警思想状况的调查与思考［J］．公安教育，2004（3）．

与上级和同事的关系较为紧张，不再努力维护与其他人的关系以及自己在别人心中的印象。对待群众基本没什么耐心，甚至会谩骂老百姓。对待犯罪嫌疑人也容易出现刑讯逼供的情况。

第六，社交退缩，与人交流变得困难。民警本是一种时刻需要与他人沟通和交流的职业，无论是面对领导、同事、群众还是违法犯罪人员，都需要通过人际交往来保证警务工作的顺利完成。一般而言，经验丰富的民警都具备比较强的沟通能力，也乐于与人交流。但出现职业倦怠后，民警常会出现社交焦虑，不愿和陌生人甚至是关系比较亲近的人说话，变得沉默寡言，日益封闭，这对日常工作造成极大影响。

民警职业倦怠是一种独立存在并具有独特特征的现象，我们需要将之与其他一些负面心理现象区分开来，例如常见的慢性疲劳综合征，以及神经官能症、更年期综合症、抑郁症等神经或心理问题。另外，也不能将民警职业倦怠简单看作单纯的工作压力大导致的工作应激或职业高原等。

民警职业倦怠的表现及产生原因是多方面的，而且与生态系统也有着莫大的关联，解读民警的职业倦怠，不能避开民警的职业特点、组织关系特点以及工作、家庭和社会环境等。既然是从环境与个人的关系入手，那么从生态学的视角进行分析便是找出倦怠原因和解决方案的最佳路径。

二、生态学与公安民警职业倦怠的关联

（一）公安民警职业倦怠危害的生态学解析

职业倦怠对民警而言危害较大，因为民警本身属于特殊职业，负责保障政治生态系统乃至整个生态系统的正常运转，所以，民警职业倦怠的危害不只是使其职业发展受挫，还会造成更深远的负面影响。整体来看，民警职业倦怠会破坏民警自身以及所处生态系统的生态安全。

生态安全是近些年新提出的生态学概念。有关生态安全的概念至今未形成一致的定论，总结国内外学术界的观点，主要可以分为两类。一类是狭义上的理解，即生态安全是指自然和半自然生态系统安全，强调生态系

统自身的健康、完整和可持续性。[1]另一类则是广义上的思考，即国际应用系统分析研究所于1989年提出的定义：生态安全指人的生活、健康、安全、基本权利、生活保障来源、必要资源、社会秩序和人类适应环境变化能力等方面不受威胁的状态，包括自然生态安全、经济生态安全和社会生态安全，组成一个复合人工生态安全系统。[2]

民警自身是一个内部自成循环的生态系统，在外在生态系统里面便是作为众多生态因子之一而存在的。一旦出现职业倦怠，随着症状的加深与显性化，民警个体的内部生态系统运转会陷于缓慢甚至停滞状态；而民警作为生态因子，与外在环境中的其他生态因子的交流互动也会受到较大的负面影响。当民警自身生态系统运转不畅，加之与环境交流不畅，那么随之而来的便是对所处生态系统造成不利影响。所以，从生态学中生态安全的角度出发，可以看出民警职业倦怠在多个方面对民警自身及其所处生态系统带来危害。

1. 破坏民警自身内在生态平衡，损害身心健康。公安民警个体也是有血有肉的人，自身也是一个独立运转的微型生态系统，内部的精神、脏腑、神经、骨骼、皮肤等各类生态因子之间的协调运转是这个微型生态系统正常运作的关键，一旦某个方面出现问题，就有可能造成内部失衡，从而破坏肌体健康。当职业倦怠发生时，由于民警工作的高强度和高压力，极有可能对民警身体和心理造成双重损害，而这两方面的损伤有可能互相产生一定的强化作用，加深负面影响，导致恶性循环，出现更多的“身心疾病”或“心身疾病”。

“身心疾病”是指身体生理病症的痛苦所造成的心理上的痛苦与压力，职业倦怠所导致的生理病症主要有神经系统、心血管系统、呼吸系统、消化系统、骨关节系统以及泌尿生殖系统等方面的疾病，当身体出现问题时，很难保证心理上的轻松愉悦。

“心身疾病”是指心理和社会因素在其发病和发展过程中起重要作用的躯体器质性疾病或躯体功能性障碍，即是说，心因性因素造成生理上的不良症状或者使原本轻微的生理症状恶化的一种情形。“心身疾病”主要

---

[1] 肖笃宁，陈文波，郭福良. 论生态安全的基本概念和研究内容［J］. 应用生态学报，2002（3）.

[2] 于振良. 生态学的现状与发展趋势［M］. 高等教育出版社，2016：770.

包括冠心病、溃疡类疾病、支气管哮喘、偏头痛、神经性皮炎等。另外还有可能出现心理上单方面的病症，如抑郁症、神经性厌食症等。都会严重影响到民警个体的正常生活乃至生存。

无论是“身心疾病”还是“心身疾病”，都是民警自身生态系统失调的结果，心理因素与生理因素相互影响，造成个体内部各生态因子的失衡和混乱，从而出现各种不良生理症状。

2. 民警无法找准自身“生态位”，职业发展的可持续性面临较大危机。英国学者埃尔顿（C. S. Elton）提出了“生态位”概念，即每一个物种都在其所在的生物社群中处于特定的地位。[1]作为一名民警，通常从入职开始就在进行自我定位，包括职业的社会定位和自身在民警职业中的定位等，这些定位就是民警所需要为自身确立的工作、生活及未来发展的生态位。[2]公安民警所处的生物社群亦即我国的政治生态系统以及公安生态系统，不论是哪个级别的生态系统，都是强调团队意识和集体主义观念的，在不同的生态系统中，民警个体都需要找准自己的生态位。

正常而言，民警的个人职业定位、岗位适应、生涯发展规划都依赖自身生态位的准确性。我们知道，生态系统具有动态发展性，而非一成不变，所以民警个体的生态位是需要不断更新的。职业倦怠的发生，使民警对其职业发展变得不再热衷，对自己的岗位和工作任务也不再具有热情，这就造成民警对自身生态位认识上的僵化和更新上的停滞，从而无法明确自己在未来工作中的长期目标和短期目标，对民警职业前景茫然，进而失却职业尊荣感以及工作动力，对职业发展以及个人价值的实现造成极大的阻碍。职业发展的可持续性也遭到极大破坏，面临巨大职业危机。

3. 民警与生态系统中的其他生态因子沟通不畅，人际关系和社会交往出现危机。民警除个体之外所处的较为微观的生态系统便是工作环境的生态系统、家庭环境的生态系统以及社会交际面上的生态系统。出现职业倦怠后，民警个体作为生态因子，与这几个系统中的其他生态因子的沟通和交流可能会陷入混乱、冲突或者停滞的状态，出现人际关系和社会交往上的危机。

---

[1] 曹剑辉. 生态学视角下的大学生思想政治教育［J］. 思想政治教育研究，2008（1）.

[2] 史煜才，王光森. 文化生态学视角下警察职业倦怠分析［J］. 江苏警官学院学报，2017（6）.

工作中，职业倦怠民警与其他民警的交流会变得淡漠，常常以消极的、负面的态度对待工作中的人和事，不论是对同事或群众，都很难产生信任感、亲近感。长此以往，职业倦怠民警将游离于该系统的边缘，以致社会适应力下降以及工作中的人际关系疏离。

在家庭生态系统中，职业倦怠影响到民警与家人的关系，出现较多矛盾，破坏家庭氛围，严重影响到家庭成员的幸福感。而职业倦怠民警在民警职业发展上的不顺利也有可能造成家庭收入受到影响，导致家庭生活质量下降，进一步引发矛盾。另外，职业倦怠民警可能出现的不良症状或表现，如焦虑、抑郁等心理问题或嗜烟、酗酒等不良生活习惯，也会给家人造成额外的心理负担。这些因素都会造成家庭生态系统的不和谐。

对于职业倦怠民警而言，在社会中的人际交往可能会减少，甚至出现社交退缩、社交焦虑等表现。职业上的倦怠造成民警不再热衷于构建人脉关系，在社会生态系统中不再与其他生态因子发生良性互动。当其他社会生态因子与其主动交流时，有可能会被回避和拒绝。当一名民警拒绝社会支持时，伴随社会交往范围收缩的，将是越发严重的人际关系和社会交往上的危机。

4. 职业倦怠民警的日益增多会影响生态系统的正常运转，存在巨大隐患。生态学强调，在一个种群、群落或是微型生态系统内，各种生态因子之间持续发生相互作用和相互影响。民警的职业倦怠在所处的公安生态系统内部是具有一定的“传染性”和“辐射性”的，既然有人和人之间正能量的传递，就会存在负能量的散播。

当一名民警因职业倦怠而情绪不佳时，容易将自己的满腹牢骚和低落的情绪感染给周围的人，而工作中的人际关系不和谐乃至人际摩擦也容易影响到他人工作的心情。因此，一名职业倦怠民警不仅会影响到其他民警的工作积极性，甚至可能影响到一个科室甚至一个派出所的工作效率，造成所处公安生态系统的失衡，影响到其正常运转。而公安生态系统是整个政治生态系统中非常重要的一个子系统，如果公安生态系统的工作效率或组织文化受到职业倦怠的负面影响，不能保证内部各生态因子的有序运转，将会对政治生态系统的正常运转造成很大负面影响，如人力资源流失等，出现更多社会问题。同时对政治和经济也会产生不良影响，影响到社会的安全稳定。可以说，职业倦怠民警的出现及其数量的增加，给所处的各级生态系统都造成了较大的不良影响和运转上的巨大隐患。

（二）公安民警职业倦怠原因的生态学解析

1. 承载压力超出限度，导致生物反馈机制的破坏。民警所处的环境中，有非常多的因素是不可预知的，很多事情都具有突发性，从生态学角度来说便是类似于自然界那种复杂的“混沌系统”。因为在自然界，除生物以外，还包括许多不同规模的自然现象，小到砂砾的运动，大到整个地球范围内的大气循环和水循环。而生命体在充满未知事物和突然变化的环境中，维持自身生态系统的常规性起伏波动，保持一定的活动规律，都是依靠个体生态系统内部的生物反馈机制。个体通过“反馈”的过程，在合理的限度内及时对环境的变化作出相应的改变，以保证自身内部生态系统稳定在生存所需要的状态。但是，生物反馈机制并非万能，而是有着一定承载限度。生命体在多大范围内可以维持运行而不至于瘫痪，至今仍然是生态学家在探究的问题之一。[1]

民警作为正常的生命体，自身生态系统也依靠生物反馈机制保证正常的运转，但是当承载的工作压力超出生物反馈机制的承载上限时，就容易导致生物反馈机制的破坏，这就对民警本身产生一些负面作用，如自我调控机制的失效。

民警的工作，尤其是基层民警的工作常常都是超负荷运转的，工作量巨大，每天都会有大量的临时性的任务，例如接处警、盘查、办案、讯问、抓捕、突发事件处置等工作，环境繁杂多变，民警一直处于高应激、高负荷状态。在此情形下，少数民警感到自己并不具备相应的能力去完成这些任务，所以在不断增加新任务的过程中渐渐失去耐心，越来越觉得不堪重负，导致负面情绪增长，无法静下心来继续维持良好的工作秩序和人际关系，工作兴趣和热情不断降低，引发情绪和情感的耗竭。

2. 持续处于生态边缘导致民警个人成就感低落。在任何生态系统中，其中的生态因子想要得到发展，都必须与生态系统有着较强的互动和能量交流，如果与生态系统疏离甚至是对立，那么就会游离于生态系统的边缘，可能会失去发展的机会，也会渐渐失去发展和进化的动力。公安民警

---

[1] 大卫·布林尼. 生态学［M］. 李彦，译. 上海：生活·读书·新知三联书店，2003：31.

处于公安生态系统和政治生态系统之中，繁重、重复、枯燥的工作任务会使相当一部分人不太热衷甚至排斥与生态系统核心的趋近或交流，长时间处于生态系统的边缘，从而不断降低民警从事警务工作的动力和成就感。

民警的发展途径和生涯规划是其工作态度的决定性因素，而民警作为政府公务人员，队伍较为庞大，整体呈金字塔态势，越往上职位越少，竞争越激烈，加上未来的不确定性和无规划性，致使少数民警对未来的发展路径和前途走向较为迷茫，有些人持续处于焦虑状态。同时，公安工作的专业性使民警的技能适应面较窄，离职成本较高，这更加剧了少数民警的失落感和迷茫感，感觉自己处于社会生态环境的边缘地带，无法完全适应生态系统环境的要求，工作激情随之消退。此外，民警工作通常是较为专业化和程式化的，日常处理的事务之间相似性较高，如邻里纠纷调解、噪声扰民投诉、打架斗殴事件等，这些工作即使每次都能够顺利解决，也大都是枯燥的重复劳动，所以也无法使民警产生真正意义上的成就感，久而久之，反而会让民警变得麻木、懈怠。

随着工作变得懈怠、工作积极性降低，民警也就越来越脱离生态系统的核心地带，失去很多发展机会，这就为职业倦怠的产生提供了条件。

3. “花盆效应”导致民警去人性化。“花盆效应”是生态学上的概念，也称为“局部环境效应”[1]。从文化生态学的角度，可以将花盆看作一个小型文化生态环境，在这个小环境中包含着较为完整的文化群落和文化地域内循环，里面的事物都有着自己的位置和作用，而处于其中的个体一旦离开了这个小型文化生态环境，就几乎失去生存能力，所以其中的个体生存能力极其有限，需要人为塑造合适的文化生态环境。[2]

就像窄小的花盆一样，民警个人交际范围往往被限制在一个很小的区域内，繁重的警务工作使其精力和注意力主要集中在工作上，容易造成家庭关系紧张、亲朋关系疏离。很多时候，民警难以得到家人的支持与理解，也会失去很多与亲友和邻里交流的机会，交际面变得越来越窄，导致必要人际沟通的缺失，使民警囿于一个窄小的圈子无法跃出，心理状态也越来越封闭，出现社交退缩的情形，不愿再付出太多情感，对工作、家庭

---

❶ 徐作锋．生态学视角下高校辅导员职业发展初探［J］．徐州师范大学学报，2011(3)．

❷ 史煜，王光森．文化生态学视角下警察职业倦怠分析［J］．江苏警官学院学报，2017(6)．

以及对他人淡漠、不耐烦、不热情等，人性化因素大大减少。

因为工作任务繁重，民警外出交流学习的机会较少，沟通交流、互相学习的平台也不多，这就导致能够长期保持学习热情的民警很少。相当一部分人满足现有状态，不愿打破既有的自我认知，处在一个窄小的“花盆”般的生态圈之中。而且这部分民警相互影响，相互强化，在价值观上给予彼此心里暗示，从彼此身上获得安全和稳定感，因而对这个窄小的生态圈也就更为依赖，离开了这个小型生态环境就更加无法生存和发展。由于在这个小型生态环境内部，民警个体之间的差异不大，加之视野范围狭窄，只能看到眼前有限的人和事，既想满足现状，又不想看到和自己相似的个体获得比自己多的进步和提升，所以个体间缺乏相互关怀、相互帮助，更多的则是人际淡漠和疏离，表现出去人性化的特点。

4. 生态系统的整体性发展态势导致越来越多的民警出现职业倦怠。公安生态系统是一个有机整体，大量民警作为散布其中并发挥重要作用的生态因子，相互之间有着密切的能量交流和互动，在大多数情况下，在民警之间交流的能量属于正性的能量，是有助于维持整个公安生态系统的生态平衡的。生态平衡是指生态系统保持一种高度有序的状态，在这种状态下系统的组成、结构相对稳定，功能得到有效发挥，物质与能量的流入和流出协调一致，有机体保持相对的稳定，生态平衡是衡量生态系统健康与否的重要指标。❶民警队伍这个生态系统也需要保持一种生态上的平衡和稳定。目前有许多民警产生了职业倦怠，或者正在渐渐演化出职业倦怠，这就导致民警之间充斥着许多负面能量，造成生态因子之间相互不良影响，即出现民警之间职业倦怠的“传染”。如果不及时加以正面引导，公安生态系统会遭到生态平衡上的破坏，越来越多的民警难以在其中找到自己的正确定位，更多民警面临产生职业倦怠的可能性。

生态学家罗尔斯顿认为，生态系统奉行的是一种“共同体式的整体主义”，生态系统创造、支撑和整合着有机体成员。❷从生态整体主义的视角来看，在公安生态系统中，各个生态单元和生态因子之间互相关联，互相制约，形成复杂、统一的动态结构。公安民警作为公共安全维护者，每天

---

❶ 徐惠风，金研铭，申涤尘. 浅谈教育生态学在高校教师队伍中的运用［J］. 长春大学学报，2008(2).

❷ 佟立. 当代西方生态哲学思潮［M］. 天津：天津人民出版社，2017：168.

都在和人民群众、犯罪分子以及其他政府部门工作人员发生交流与互动，警务工作的好坏直接影响到人民群众的生命财产安全是否得到及时有效的维护，而人民群众对民警工作的反馈又会反过来影响其下一步的工作。就这样，民警工作和群众态度不断互相影响，形成一个动态的生态链。有些时候，群众由于对公安工作的业务流程不熟悉、对案件事实不了解，会对民警产生误解，甚至出现较为激进的言语和行为，就会使民警的思维、情绪和工作积极性受到很大影响。所以，警民之间的不和谐关系以及矛盾和冲突也会使民警工作热情减退，甚至产生情绪情感衰竭。这类现象并非发生于一人、一时、一地，而是在整个公安生态系统中发生的，是出现在许多群众与许多民警之间的，影响到的是民警群体而非单独的民警个体。警务工作的性质特点、群众态度、社会舆论以及新闻媒体的报道等，使民警群体比较容易受到整个社会生态系统的影响，也就导致职业倦怠等负面心理现象有时可能在较多民警身上同时产生。

因此，越来越多的民警出现职业倦怠并非偶然，而是由生态系统的整体性发展态势导致的。生态系统环境的变化，引发了公安生态系统的整体变化；公安生态系统赖以支撑和维持运转的大量生态因子也就是民警个体所发生的负面变化也会及时反映到公安生态系统整体层面上；生态因子之间的沟通与交流也会使部分民警的职业倦怠“传染”到其他人身上。这就对预防、缓解和消除公安民警的职业倦怠提出了更高的要求。

三、预防与缓解公安民警职业倦怠的路径选择

公安民警在生态系统中受到多方面因素的影响，其职业倦怠由于产生来源及演变方式的复杂性，很难自我痊愈，如果放任不管，将会严重影响民警的身心健康、人际关系、工作绩效，同时也会损害民警队伍的整体形象。民警职业倦怠导致的后果即为民警个体小型生态系统以及公安生态系统的生态破坏，生态破坏后的状态所需要的即为生态恢复。

恢复生态学是生态学的分支学科，主要研究生态系统退化的原因、退化生态系统恢复与重建的技术与方法、过程与机理的一门科学。早期恢复生态学的概念强调受损的生态系统要恢复到理想的状态。[1]经过学科的完善

[1] 于振良．生态学的现状与发展趋势［M］．北京：高等教育出版社，2016：591.

和整合，当前与生态恢复相关的概念主要有重建、改良、改进、修补、更新、再植等。将恢复生态学的理念应用到民警职业倦怠，即为排除外在环境中的不利干扰，改良生态系统环境以更有利于民警生存和适应，对受损的个体生态系统进行修复，恢复并提升某些方面的结构与功能，促进民警个体生态系统的发育及更新。而要达到“恢复、改进、提升”等效果，就需要从以下途径和着力点入手。

1. 防微杜渐，遵循生态演化的渐变性，提升公安民警的警察意识以及职业倦怠危机意识。职业倦怠虽然属于心理问题，但同许多生理疾病类似的是，职业倦怠在很多时候是潜移默化地影响着民警个体的，民警往往很难及时意识到自己已经产生职业倦怠。生态环境与生态系统的发展与演化不在一朝一夕，而是渐渐变化着的。十年树木，百年树人。民警的职业倦怠也不是突然产生的，而是在多方面复杂因素的影响下逐渐形成的，而且其危害会变得越来越大，对民警的身心健康、职业发展以及人生价值的实现都会产生巨大的不利影响。

职业倦怠归根结底还是属于意识上的问题，如果警察能够在意识层面将自己打造得无懈可击，就不容易职业倦怠。其中最重要的便是“警察意识”。警察意识实际上就是一种职业意识，是警察个体根据社会需求和自我认知水平对警察职业所作出的价值判断和职业评价，它直接反映了警察个体对警察职业的信念和态度，体现了警察个体对警察职业的取舍、理想等主观偏好，蕴含着警察个体的职业价值取向和职业价值追求。[1] 对警校学生以及刚刚从业的民警进行思想政治教育以引导其树立和强化警察意识，便是从根本上为下一步的生态因子演化提供肥沃的土壤。

弗鲁顿博格说过：“防止职业倦怠症状影响的最佳途径是完全预防其产生。”[2]预防是对防治公安民警职业倦怠而言最重要的一点，需要发挥公安思想政治工作的重要作用，帮助民警准确判断和识别自身心理和生理的当前状态，对于负面状态及时进行诊断，如果确定已经出现职业倦怠的前兆或前期症状，就要引起对可能出现或加重的职业倦怠的足够重视，及时采取有效的预防或缓解措施。在这其中，最关键的便是提升对于职业倦怠

---

[1] 王光森．警察院校大学生警察意识培养论析［J］．学校党建与思想教育，2012(22)．

[2] 张振声，徐永红．中国警察职业倦怠问题解析［J］．中国人民公安大学学报，2004(3)．

的危机意识，时刻注重识别与调整自己当下的状态，真正做到防患于未然。另外，在日常工作中，也要注意对民警进行合理的引导，使其在工作中获得一定的成就感和价值感，保持适度的工作积极性，最大限度降低职业倦怠出现的可能性。

2. 发挥生态因子的个体多样性，为公安民警创造发挥个人所长的机会。对于职业倦怠的表现和症状，很多民警自己是意识不到的，这是因为，生态因子对自身的变化具有一定程度的不自觉性，许多生态因子在生态系统中随波逐流，倾向于受环境控制，自主性不强，而且公安生态系统尤其强调统一性、纪律性，许多民警不具备太突出的个性特点，甚至有人纯粹依靠组织指挥和管理，没有什么明确的想法和主见，自然也就缺乏明确的自我认知，当职业倦怠发生的时候还浑然不觉。

在公安生态系统中，民警作为生态因子，由于家庭与社会文化背景的多样性，不同民警有着不同的个性、不同的特长，所擅长的任务类型也是不同的，如果是做自己不擅长的工作，就需要调用更多的能量，导致更多能源损耗的同时，也容易产生成就感低下的不良状态，从而出现个人发展受限、技能停滞不前甚至倒退的“花盆效应”，再加上所负责的工作量庞大，那么就很容易出现情感耗竭，最终导致职业倦怠。

所以，对于具有多样性的民警，在强化纪律约束的前提下应注意发挥其个人所长，尊重民警个体的差异性、主动性和选择性，根据个体特点，将其安排到合适的岗位上，达到人岗合理配置、民警与警务工作环境和谐互通的理想状态，为民警发挥其个体优势打造平台和舞台，提供辅导和支持，实现工作动力和积极性的稳步提升。

3. 发挥生态因子的适应性，引导公安民警加强对生态系统及环境的适应。对于生态系统而言，事物的发展遵从“适者生存”的规律，公安生态系统是一直在发生变化的，需要民警发挥主观能动性，不断适应发展变化。一方面，公安生态系统环境的变化带动着民警自身的改变；另一方面，民警自身有着主观能动性，会自觉或不自觉地去认识和改造公安生态系统。所以，需要让民警意识到自己的主动性和创造性，当生态系统中出现不利于发挥自己的工作技能和其他能力的因素时，要发挥主观能动性，主动对生态系统进行适应甚至是改变所处环境中的负面因素。对环境的适应或改良有利于民警更加积极工作，更好地体验到工作带来的乐趣，有利于增强民警对自身及环境的控制感，增强其自我效能感。

从长期效果来看，只要坚持发挥作为生态因子的民警的积极性和适应性，环境中的负面因素就会逐渐减少，或者有些负面因素对民警而言不再具有威胁，从而大大降低民警在自我调控上的能量损耗。另外，对环境控制度的提升也会增强民警对警务工作的价值感和成就感。

4. 加强沟通交流，创建和谐警务生态环境。从生态系统生态学的角度看，生态因子在生态系统中的生命质量与其生存环境是紧密相关的，民警在公安生态系统中工作与发展，出现职业倦怠的可能性与公安生态系统中的文化氛围、工作环境有着极大关联。

从公安生态系统的内部环境来看，可以积极开展多样化文化活动，例如举行民警群体文体竞赛活动、辩论活动、学术交流活动等。通过这些活动，让民警更好地强化原有从警信念，找到在公安生态系统中的价值感和存在意义，从而在以后的工作中更好地与岗位相匹配，当工作上遇到难题时也有更多的人际渠道可以获取信息和支持。通过各方面活动所营造的人际关系也能为民警提供良好的精神情感支持和情绪抒发渠道，从而减少情感耗竭和“去人性化”的产生概率，降低职业倦怠发生的可能性。

从公安生态系统的外部环境来说，最重要的是争取获得社会民众的广泛支持，一方面需要获得民众的公共信任，让民众相信民警有能力解决人们的问题；另一方面也需要民众和媒体对民警的期望值回归正常水平，而不是将民警当作无所不能的完美楷模。有了民警与群众、媒体的合理互动，就能够打造和谐的公安生态系统环境，保证公安生态系统中各类因素的正常运转。

5. 加强职业生涯规划引导和内部激励，帮助公安民警找准自身生态位。如前所述，在公安生态系统中，民警个体需要找准自己的生态位，为职业生涯路径确立合适的目标。所以，应当结合民警的相应背景，在思想政治工作中强化民警职业生涯规划意识，引导民警确立理想的职业定位，明确未来工作的长期目标和短期目标，合理规划自己在未来可能达到的状态，从而促进民警明确把握自己的职业发展路径，产生更大的奋斗动力。

加强对民警的职业生涯规划引导，首先，要让民警认识到警察职业和公安生态系统的本质特点，了解行业现状和变化趋势；其次，要引导民警不断制定职业生涯发展的目标，而不是只看眼前、干一天是一天；最后，在组织上重视和支持民警的个体发展，为其提供职业发展路径和发挥特长的平台。当有了合理的、积极的职业生涯发展规划，民警会更加积极地适应环境，怀着更多的热情去追求更好的职业定位，从而在公安生态系统中扮演更有价值的角色，成为更加重要的生态因子。

结　语

公安民警职业倦怠的形成不是一朝一夕的结果，缓解和改善也不会在极短的时间内见效。公安民警处于因素构成复杂的环境中，其职业倦怠的略微改善，会在一定程度上引发职业环境的良性反馈，而良性反馈反过来又会促进民警在自我调控方面游刃有余，从而更好地减少民警的情感耗竭、去人性化或是成就感低落程度。因此，对公安民警的职业倦怠可以保持乐观的态度，从生态学的视角来研究民警职业倦怠，防治结合，通过意识引导、发挥所长、提升适应性、环境塑造和规划激励来降低民警职业倦怠发生与发展的可能性，推动公安民警整体工作积极性的全面提升，打造更好的公安生态系统乃至更好的政治生态系统。

（执笔人：史煜才，北京警察学院思政部讲师。）

第九章　公安民警权力腐败的生态分析

公安系统的主要职责是维护国家的长治久安，为经济发展和社会稳定提供保障。作为我国政治生态系统的重要子系统，公安系统职能的重要性决定其需要较大职权。英国19世纪著名的历史学家阿克顿勋爵有句名言："权力往往会腐化，绝对的权力绝对会腐化。"[1]这并非危言耸听，权力的腐败正在渗透进各个国家的政治生态系统及环境，日益成为经济社会改革与发展的绊脚石、腐化剂，公安系统也不可避免地出现了一些权力腐败上的不良现象。政治生态系统及公安生态子系统内部各种生态子系统或生态因子之间是相互联系并不断产生沟通交流的，正能量可以相互传递，腐败因子也可以相互感染。从生态学的角度分析公安系统内部权力腐败现象产生的机制、过程与防治路径，对于保持公安系统的纯洁性、发挥公安民警职能的稳定性，打造廉洁政治生态具有非常重要的意义。

一、公安民警权力腐败的相关概念

（一）权力腐败概述

1. 权力腐败的概念与本质。腐败是一个复杂的概念，不论内涵还是外延，至今都难以给出一个统一的说法。谈到腐败，不可避免地就要提到这个概念在《汉书·食货志》上的首次出现："太仓之粟，陈陈相因，充溢露积于外，腐败不可食。"在这里，腐败纯粹是指生物学层面上的腐烂、发霉。后来，腐败一词渐渐延伸、应用到政治领域、经济领域、社会领域

---

[1] 布鲁斯·布鲁诺，德·梅斯奎塔，阿拉斯泰尔·史密斯. 独裁者手册［M］. 骆伟阳，译. 南京：江苏文艺出版社，2014：187.

等，成为政治学、经济学、社会学的重点研究对象。到了今天，人类生活中的抽象腐败概念与自然生态环境中的生物腐败概念在生态学的视角下连接了起来，更进一步揭开了权力腐败的面纱。

关于权力腐败的定义非常多，总体而言，权力腐败就是指利用职权谋取私利，通常是指政府官员或是手握实权的某组织领导者和管理者的堕落行为。从目前看来，权力腐败现象大致可以分为三类：在从事社会管理或经济管理工作的过程中运用公权谋取私利的经济腐败、搞政绩工程与随意挥霍公费的行政腐败，以及生活作风上腐化堕落的道德腐败，通常三种腐败形式是交织在一起出现的。❶从本质上看，权力腐败是剥削制度的产物，是公共权力的异化。

权力腐败在不同个体身上表现出的程度是不同的，其中极端的表现形式便是腐败犯罪，一般是指职务犯罪，即国家公务员或其他公职人员违反职责与法律，滥用公共权力，破坏国家公共管理的秩序，致使国家和人民遭受巨大的损失。这种腐败形式的后果是极其严重的，也是需要严厉打击的。

2. 权力腐败的构成要素。从广义和狭义上讲，权力腐败都具有四个要素：权力腐败的主体、权力腐败的方式、权力腐败的目的以及权力腐败的后果。❷

（1）权力腐败的主体：主要是指国家公职人员，如行政公职人员、司法公职人员等，他们的权力来自国家机关，权力本身是用来履行职责、为国家和人民服务的，但是这些人却以权力为媒介谋取私利，进行权力的寻租，从而成为权力腐败的主体。

（2）权力腐败的方式：既然出现了权力的腐败，便是通过私用、滥用手中所掌握的权力以换取利益，利益的交换处处存在，但在权力腐败中的权钱交换是违反道德乃至触犯法律的。

（3）权力腐败的目的：权力腐败行为往往是因为贪图精神或肉体的享受，这种享受在常规的工作和生活中无法获得，所以就通过权力寻租和滥用来达到获取经济或其他利益的目的。

---

❶ 于洪珠．腐败治理新论［M］．北京：世界图书出版公司，2012：5.

❷ 祁一平．国家治理现代化［M］．北京：中国发展出版社，2016：41.

（4）权力腐败的后果：权力本身是用来对社会、对人民产生正向效益的，一旦用于换取个人私利，不但人民无法享受到原本的权益，反而会面临巨大损失，例如，一些“豆腐渣工程”就是权力腐败对国家和人民利益造成重大损失的直接体现。

这四个构成要素不但是分析权力腐败的必要出发点，也是确定反腐败对象的重要依据。权力腐败固然可恨，但也要确保对权力腐败现象的精准打击，而非简单泛化到一些其他的社会不良现象，做到有的放矢。

3. 权力腐败与反腐败。权力与责任是相统一的，既然权力腐败是一种权力的异化和滥用，就需要对权力腐败主体进行追责，也就是反腐败。反腐败的核心在于找出并制裁权力腐败的主体，打击现有的权力腐败现象，同时遏止新的权力腐败现象的滋生。

十九大报告着眼于实现新时代党的历史使命，对反腐形势做出了准确判断并明确了下一步反腐败目标：“当前，反腐败斗争形势依然严峻复杂，巩固压倒性态势、夺取压倒性胜利的决心必须坚如磐石。”字里行间，体现了党和人民与权力腐败现象斗争到底、坚决消灭腐败现象的决心。

权力腐败不是发生在一时一地，反腐败也不能只局限在某时某地，在当前国际形势下，权力腐败现象成为世界各国共同的铲除对象，世界性反腐、跨国反腐的大幕已然拉开。

消灭权力腐败，需要反腐败理论的创新，用与时俱进的反腐败理论指导反腐败实践；也需要进一步扩大民主权利，通过民主政治的进步遏止权力腐败现象的滋生；更需要推进国家治理体系与治理能力现代化，以更先进的政治运行机制减少权力腐败产生的可能性。

反腐败斗争意义深远，是国家权力稳定运行在正确轨道上的保证，是人民和社会得到应有福祉的保障，是保证政治生态廉洁和清明的必要条件。

（二）公安民警权力腐败

1. 公安民警权力及其权力寻租。在针对公安民警权力的解读中，“警察权”与“警察职权”往往被认定为具有不一样的内涵，警察权通常指国家权力的一种，是宏观上的警察权力，警察职权则是由国家赋予公安机关及民警的具体职责与权限。我们所探讨的权力腐败，实质上是公安民警具体职权的异化和滥用。

职权，是职责与权力的统一。职责与权力是相一致的，为保证职能的发挥，公安民警掌握的权力与其职能的重要程度也是相匹配的。如果公安民警在行使权力的过程中做不到与职责相匹配，就容易出现权力的越轨，随之出现的可能就是权力腐败现象。美国社会学家道格拉斯曾说过："尽管政府官员越轨的形式有多种，但可以分为两大类：滥用职权，即为非金钱目的使用权力；贪赃枉法，即为金钱目的使用权力。"[1] 不论是权力的滥用，还是以权力获取个人利益，都会造成显而易见的恶劣后果。不论权力大小，公安民警都应该有自己的"界"，在合理、合法、合乎职责的范围内行使国家和人民所赋予的权力。

关于公安民警权力的寻租。权力的寻租理论最早见于1974年美国经济学家安·奥·克鲁格发表的《寻租集团的政治经济学》一文，其中，"租"是指由于政府的政策干预和行政管制，人为地制造某种要素供给的稀缺而形成垄断所带来的超额利润，对于各利益主体来说，通过"租用"权力来获取这种非生产性超额利润的活动被称为"寻租"或"寻租活动"。[2]所以，拥有权力的公职人员可以通过向寻租者"出租"权力以换取个人利益。这种行为通常称为"寻租性腐败"，同时也是政府腐败的主要形式，是最为典型的滥用公共权力以谋取个人私利的表现。寻租性腐败现象已经从公共基础设施建设、教育、金融及具有一定垄断地位的企业领域扩展到司法机关等部门，其中，部分公安民警为了小团体或个人的利益而进行权力寻租的种种表现必须引起重视。

2. 公安民警权力腐败的主要表现。公安民警权力腐败从本质上说就是警察权力的蜕变和异化。也就是说，警察权力本体上产生了与自身相矛盾的对立力量，即违法违纪民警的所作所为，不是在打击犯罪，而是在帮助犯罪，完全走向了自己的反面，实际上这就是权力的异化。[3]

具体而言，警察腐败是指，由于受到社会不良因素的刺激，警察个体

---

[1] 杰克·D. 道格拉斯. 越轨社会学概论［M］. 张宁，朱欣民，译. 石家庄：河北人民出版社，1987：256.

[2] 赵敏. 论警察权力寻租性腐败的产生及其制约［J］. 西北大学学报（哲学社会科学版），2015（5）.

[3] 王光森. 警察腐败现象的社会学分析［J］. 江苏公安专科学校学报，2002（2）.

或群体，在其认知、情感和行为上丧失了正向的主观能动性，为了自己或他人的私利，违反国家法律、组织纪律和社会道德规范，将警察权力私有化、商品化、市场化的行为。

与行政腐败相对应，公安民警权力腐败总体来说属于司法腐败，司法腐败通常表现为在司法活动中司法机关及其公职人员为个人私利而滥用法律权威或偏离公共职责的现象，包括公安机关在侦查活动中、审判机关在审判活动中以及检察机关在监督过程中的腐败现象和行为。其中，公安机关及所属警察中的大部分人员能够保证清正廉洁并兢兢业业做好本职工作，但不容乐观的是，公安机关内部的确出现了不少腐败现象，即使是以为人民服务、打击违法犯罪活动为己任的公安民警之中，也出现了徇私枉法、以权谋私的腐败分子。公安民警的权力腐败主要表现为三种形式：刑讯逼供，徇私枉法；民警涉黑，成为黑恶势力保护伞；依仗权势，侵犯公民人身权。❶

（1）刑讯逼供，徇私枉法。刑讯逼供是封建社会或战争年代的一种逼取口供的激进侦查行为，伴随着对受讯问人员的肉体或精神折磨。当前个别公安民警依然存在刑讯逼供的情形，缺乏严格的调查研究与证据搜集，通过对受讯人强行施加痛苦以使其迎合审讯者的需要，常常导致冤假错案的发生，严重侵犯人权，损害警民关系，破坏人民群众对公安民警的信任。聂树斌案、佘祥林案等震惊全国的冤案、错案便是典型例子。还有些公安民警，滥用职权，徇私舞弊，与违法犯罪人员沆瀣一气，为违法者通风报信，纵容、包庇犯罪嫌疑人，令人民群众愤慨不已。

（2）民警涉黑，成为黑恶势力保护伞。黑恶势力在当今社会依然是不容小视的一股社会和谐的破坏力量，本应是公安机关重点打击的对象，但偏偏有个别民警为了个人利益，宁愿充当黑恶势力的保护伞，收受涉黑组织的贿赂，为其提供不法经营的便利以及违法犯罪活动的掩盖。有涉黑组织活动的区域，由于有保护伞的存在，当地民众状告无门，苦不堪言。甚至个别民警亲身参与违法犯罪活动，做出令人震惊的大案和要案。

（3）依仗权势，侵犯公民人身权。部分公安民警滥用职权，执法犯法，为所欲为，置人民群众生命财产安全于不顾，甚至威胁群众以满足私

❶ 林喆．权力腐败与权力制约［M］．济南：山东人民出版社，2009：132．

利。有时也会出现巧立名目乱收费用的现象，以各种理由向犯罪人员家属或受害人及其家属收取不合理费用，造成不良影响。有多起案件表明，在走向社会主义现代化的今天，民警执法过程中依然存在随意殴打群众、枪支乱用等恶劣的行为。

3. 公安民警权力腐败的危害。无论是何种形式的公安民警权力腐败现象，其中都存在一定的滥用职权、以权谋私、贪赃枉法以及执法犯法等行为。公安民警本是人民群众生命财产安全的守护神，也是社会主义建设的护航员，但其中少数腐败分子却使得公安民警整体经常处于舆论的风口浪尖，常常面临人民群众的指责与猜疑，战战兢兢，如履薄冰。当人民群众利益的保卫者转而变成人民利益的掠夺者、破坏者，一正一负，所产生的危害不可估量。

首先，公安民警权力腐败造成公安机关及民警信誉和形象上的破坏，降低了人民群众的信任感，同时也在一定程度上破坏了政府的公信力。公安民警的信誉和形象来自公安机关执法的公正性、公平性和效率性，权力腐败导致执法不公、执法不严、违法不究，破坏了公安执法的公正性、透明性、严肃性，由此导致人民群众怀疑甚至蔑视公安民警，对政府机关的办事能力也产生怀疑，从而降低了政府及公安机关的公信力。

其次，公安民警权力腐败阻碍了公安机关正常履行职能，降低了公安机关的运作效率。腐败分子的存在，使黑恶势力及违法犯罪人员对公安机关及法律缺乏敬畏之心，有些人开始心存侥幸，走上犯罪道路。同时，也导致许多人不配合公安机关的工作，使公安民警的工作难以开展，工作效率大大降低。

再次，公安民警权力腐败带来了错误的示范引导，破坏社会风气，对社会道德评判造成不良影响。社会主义核心价值观在腐败民警面前成为一纸空谈，这些民警为大众及许多公职人员带来了以权换钱的腐败思想，污染社会环境，甚至导致“笑廉不笑贪”的扭曲思想，对整个社会的价值评判及清正氛围造成非常恶劣的影响。

最后，公安民警权力腐败破坏了公安系统的法制和监督规则，阻碍了法治社会的建设进程。法治社会的建设、“法律面前人人平等”的信念，都在有法不依、执法不严的情况下遭到了阻碍和破坏。社会主义法治政府和法治社会的建设离不开执法者的清正廉明，一旦公安民警存在权力腐败现象，就无法保证公安系统的法制和监督规则的顺畅施行，从而为下一步新的腐败现象提供了生成条件。

公安民警权力腐败现象的屡禁不止，不禁令人疑惑：作为执法群体，为什么总会出现一些执法犯法、明知故犯的腐败分子？为什么他们屡屡铤而走险，为了利益完全抛却原有的理想信念以及人民的美好期待？没有研究能够证明，人天生是坏的，人的成长是在先天基因和后天环境的共同作用下进行的，每一名公安民警，在其从警之后的从警生涯里，会发生怎样的改变，很难预测并加以定论。是成为无愧于心的真正的人民警察？还是渐渐失去本心，走上贪污腐败的不归路？这些不只取决于民警自身个性特点等因素，也不只是决定于公安机关的风气如何，而是由我国政治生态系统、公安生态子系统、民警个人特性及社会交往的特点综合决定的。这里面既有政治生态系统对民警个体的重要影响，也有公安民警权力腐败现象对政治生态系统的不良反馈。所以，我们需要对公安民警的权力腐败做生态学角度的分析，以生态的、辩证的、综合的以及动态的视角和观点进行分析。

二、公安民警权力腐败的生态学解读

（一）公安民警权力腐败产生机制的生态学解读

1. 生态化综合视角下的权力越界。“生态化综合”方法是一种生态整体论方法，强调自然宇宙、生命世界、地球物种、人类生命、个体存在之间的共在互存、共生互生。[1]从生态化综合的视角分析公安民警权力腐败，即是将公安民警的权力滥用和权力异化放到整体性的生境中考量，找出权力的越界和私用在哪些方面和哪些层面上违反了基本的生态原则，造成腐败者及所在生境的不良转变。在这里，“生境”是指一种生生不息的环境生态，包括公安民警生存并发展于其中的工作环境、生活环境以及其他所有对公安民警及其权力产生影响并受其反作用的环境。公安民警的权力必须在一定的限度和范围内行使，必须考虑生境中的各方面因素，一旦超出权力的界限，即出现权力的越界，则会对所在生境造成不利影响，反过来

[1] 唐代兴. 生态化综合：一种新的世界观［M］. 北京：中央编译出版社，2015：165.

则会受到生活环境的反噬。

关于生态学综合方法的实践运用，唐代兴提出了限度生存、人与天调、持续再生、群己权界等实践论原则。[1]在此，我们从限度生存和群己权界的原则来解读公安民警的权力越界。

限度生存的主体条件，是指公安民警作为生态因子，生存于一定的环境中，必须学会在一定的限度和范围内行使权力和发挥作用。宇宙、世界都是实体的，都有着存在的有限性，生存于其中的公安民警及其权力自然也便有了有限性。至于具体的权力行使的限度，则受到事物发展的客观规律、社会人文法制、民警与群众的情感联结的综合检验。相对于所生存的生境而言，人是渺小的，应该时刻保持敬畏之心，保持对自然的敬畏、对社会的敬畏以及对生命的敬畏。公安民警，尤其是其中的领导者和管理者，虽然手中掌握着一定的权力，但依然要对赋予自己权力的国家、人民怀有敬畏之心，而不是忘乎所以、任意妄为。一旦缺乏对生态环境、对党、对国家和对人民的敬畏与尊重，权力的运行便容易偏离正轨，出现越界的现象。

“群己权界”的概念由严复在《论自由》一书中提出。根据严复对自由的观点，人的自由是有界限的，应时刻搞清楚自己与群体的权力界限、自己与他人的权力界限。只有弄清楚界限所在，并在合理的界限内发挥作用，行使权力，才算是符合人与社会的存在与发展规律；当不按照界限行使权力的时候，就是越界行为，容易演变成强权和剥夺，自由就无从谈起了。公安民警如果不清楚自己的权力来自哪里，或不清楚自身权力与老百姓权利之间的关系与界限，不清楚上下级之间的权力界限，就会发生很多问题。例如，不把群众当成服务对象而是统治对象，或是将下属当成随意使唤的工具等不良行为，都属于权力越界的表现。一旦权力越界，尝到权力私用带来的甜头，就容易一发不可收拾，在权力越界的道路上渐行渐远。

2. 腐败——生态环境难以避免的污染之殇。“腐败”一词的含义从物质变质和腐烂的化学运动状态演变为泛指人类道德行为或社会风气的败坏和堕落，再转变为一般特指权力的腐败和异化，并非出自偶然。腐败一词

[1] 唐代兴．生态化综合：一种新的世界观［M］．北京：中央编译出版社，2015：287.

与权力职能的堕落和滥用何其契合！生态环境中的物质腐败，与人类社会中的权力腐败、思想腐败、道德腐败又是多么的相似！我们研究公安民警的权力腐败现象，那就不能回避社会风气的影响，不能回避政治生态的影响，也不能回避民警群体中不同个体之间在堕落思想和腐化意识上的相互感染所造成的影响。如果将公安系统看作一个大型池塘，当出现一定数量不菲的腐败民警时，这一池净水已经受到了巨大的污染。生态系统的污染，不是单个生态因子或是单个污染物就能够完成的，而是一个复杂、动态、涉及多方面因素的综合作用的过程；公安生态系统中出现那么多腐败民警，也不单单是民警个体出了问题，需要综合考量多方面的因素。污染生态学（Pollution Ecology）是研究生态系统和输入污染物的相互影响和作用以及污染生态系统修复机制的一门学科，是环境科学与生态学交叉的一门新兴学科。[1]从污染生态学的角度，认识、分析和解读公安生态系统中的权力腐败现象，有利于找出解决公安民警权力腐败问题的生态学源头，并确定解决方案。

根据污染生态学的观点，不同生态系统或不同生态因子对污染的易感性是不一样的，公安生态系统的权力腐败情况与其他生态系统也是不一样的，这取决于某个生态系统在结构和功能上对污染胁迫的耐受性以及反馈度。公安生态系统的构成比较复杂，不同民警个体的差异较大甚至是参差不齐，这就造成公安生态系统的结构不够稳定，对污染具有较高的易感性，容易出现权力腐败。

污染生态学重点研究污染物在生态系统中的积累、转移、分解等过程及相应的生物效应。权力腐败现象是公安民警受到生态系统中的污染物的影响而出现的，污染物可能是民警自身的道德缺失、法制观念淡薄、侥幸心理等因素，也可能是在生态系统中不断传播、转移的不良风气，也可能是违法犯罪人员提供的利益诱惑。不论是何种污染物，都对公安生态系统造成了不良影响，在公安生态系统中发酵、隐藏、转移或是爆发，诱使公安民警出现权力滥用、徇私枉法等腐败现象。

另外，污染生态学强调污染的生物监测与生态风险评估，这与中央巡视组对各个层次政府工作人员的腐败监督与检查所发挥的作用类似。“作

---

[1] 于振良．生态学的现状与发展趋势［M］．北京：高等教育出版社，2016：544．

风建设永远在路上”，权力腐败的治理也永远在路上；生态环境很难避免污染的出现，政治生态系统和公安生态系统也很难完全消除权力腐败现象。自然生态环境中只要有事物的新陈代谢，就免不了物质的腐烂与变质；公安生态系统只要存在各种矛盾和利益的纠葛，不论是警民之间还是当事人之间，那就很难避免腐败现象的出现。所以，对于公安民警的权力腐败现象，我们应该从根本、全局、整体出发，结合政治生态系统的特点，结合社会风气所体现的其他生态系统的特点来综合分析。

（二）公安民警权力腐败与政治生态

1. 政治生态与权力腐败。第七章中我们已经谈到，政治生态理论起源于生态政治学，是政治学研究的新视角，主要以政治系统为研究对象。“政治生态”概念最早由刘京希在《政治生态论：政治发展的生态学考察》一书中明确提出，该书从理论层面阐述了政治体系与社会环境、政治体系与自然环境以及与子系统互动的必然关系及其生态化发展的应然关系。[1]政治生态，可以说是政治生态系统与子系统之间、子系统与子系统之间、我国政治生态系统与他国政治生态系统之间的生态交流及相互影响，也可以说是不同个体在政治生态系统中的政治关系以及政治生态环境与个体生态因子之间的生态交流和相互影响。

党的十八大以来，以习近平总书记为核心的党中央领导集体带领形成了“四个全面”战略布局，其中，“全面从严治党”作为关键环节和根本保障，对良好的政治生态提出了高要求与严标准。习近平总书记在不同会议上多次指出：“做好各方面工作，必须有一个良好政治生态。政治生态污浊，从政环境就恶劣；政治生态清明，从政环境就优良。政治生态和自然生态一样，稍不注意，就很容易受到污染，一旦出现问题，再想恢复就要付出很大代价。要突出领导干部这个关键，教育引导各级领导干部立正身、讲原则、守纪律、拒腐蚀，形成一级带一级、一级抓一级的示范效应，积极营造风清气正的从政环境。”习近平总书记关于政治生态的思想是中国共产党管党治党优良传统的继承和发展，对于我国政治生态环境的塑造以及腐败现象的治理具有重大的实践指导意义。政治生态的好坏直接

---

[1] 刘京希．政治生态论：政治发展的生态学考察［M］．济南：山东大学出版社，2007：4.

关系到政治是否清明、政府是否清廉、政府官员和公安民警会不会产生权力腐败，从而进一步影响到政治的稳定和发展，关系到“四个全面”战略布局和中华民族伟大复兴的中国梦的实现。

十九大报告强调，要建设高素质专业化干部队伍，选人用人要突出政治标准，坚持事业为上、公道正派，营造风清气正的良好政治生态。这就进一步明确了政治生态思想对从严治党的指导意义。

不论是找出权力腐败的生态学源头，还是从生态学角度搞清楚如何才能更有效地治理权力腐败乱象，都必须紧紧围绕政治生态展开。

2. 公安民警权力腐败的重要源头：政治生态存在的问题。既然政治生态与政治的清明、政府的清廉有着直接的关联，那么，当今社会依然存在的权力腐败现象，尤其是作为人民利益保卫者的公安民警出现权力腐败，就需要从政治生态这个根本来查找问题了。在此，我们重点探讨公安生态系统中的政治生态存在的负面情况。

（1）外部生态环境负性因素的冲击。有政治生态系统，就可以有经济生态系统、文化生态系统等，这些对政治生态系统来说都可以算作外在生态环境，这些外部生态环境中总会有一些负性因素对政治生态系统造成不良影响。例如，随着社会主义市场经济的发展，经济越来越繁荣昌盛，随之而来的便是拜金主义、享乐主义等不良意识，这些思想对公安民警造成了一定的冲击，部分民警渐渐不再讲奉献，不再追求为人民服务，而是开始讲实惠，只注重自己拿到多少钱，有多少享受，在不良经济生态因子的冲击下丧失了作为公安民警的基本觉悟。

（2）政治生态系统自身结构不稳定。政治生态系统是有严密的内部结构的，但是，只要是作为一个系统而存在，那就有可能存在“木桶效应”，一旦存在局部问题，就容易导致政治生态结构的稳定性受到影响。必须承认的是，在公安生态子系统中，至今仍存在法制不健全、干部选拔机制不科学、内部管理体制不严密等弊端，而且对公安民警的培训也不够得力。这些问题的存在，直接导致公安生态系统没有足够的稳定性来保证公安民警生态因子的筛选以及抵御外来不良生态因子的侵袭。就如同生物有机体没有足够的免疫机制来防范外来病毒的入侵一样。

（3）公安生态系统的特殊性使其更容易出现权力异化。有时，不需要外来不良生态因子的干扰，公安生态系统内部自己就会出现生态因子的腐化堕落。这是由公安机关及警察职业的特殊性导致的。警察职业的关键职能是打击违法犯罪现象，处于敌对斗争的最前线，接触到较多的社会阴暗面；同时，公安工作的涉及面及分散面较广，不太容易进行监督；再加上有些违法犯罪分子通过经济利益拉拢收买民警，致使一些意志不够坚定、道德不够自律、法律意识淡薄的民警陷入权力腐败的泥沼之中。

（4）政治生态系统结构与生态因子的更迭换代较为落后。生态环境不是一成不变的，政治生态的存在与发展也不应该停滞不前。到目前为止，我国的政治生态系统中，尚残存着不少封建时代腐朽思想的残余因子，这些不良生态因子如同病菌，依然在对当今的许多民警产生侵害腐蚀作用。封建社会的一项典型特征便是官本位的统治阶级特权思想。到了追求社会主义现代化的今天，依然有一些公安民警存在特权意识，认为自己是老百姓的统治者，对群众缺乏最基本的服务意识，甚至受贿索贿。如果不能像自然生态环境淘汰不良生态因子那样，推动政治生态系统的更新迭代，那么过去的一些不良因子将会继续侵蚀部分民警的思想意识。

公安思想政治工作没有跟上时代的要求，渐渐被时代的进步抛在后面。当前的公安思想政治工作没有完全符合公安民警现实斗争的需要、社会最新发展形势的要求以及公安民警个体的不同特点。在第七章关于公安民警政治信仰的分析中，我们已谈到，政治信仰应该是与时俱进的，那么相应的，公安思想政治工作如果是落后的、跟不上时代的，又何谈为公安民警带来与时俱进的引导呢？所以，公安生态系统的结构以及其中的各类生态因子必然需要不断更新以保证构筑最先进的权力腐败“防火墙”。

3. 塑造廉洁政治生态对于反腐败的生态学意义。污染导致自然生态环境中的山不再青、水不再秀。政治生态系统中也有政治的“山”和政治的“水”。政治生态不清明，自然滋生腐败。对公安民警权力腐败的治理，如果只是点对点地打击，就只是治标不治本。在自然环境中，去除污泥浊水需要努力保持自然生态的清新；想要完全消除公安生态子系统中的权力腐败，也需要从整体上重构与塑造廉洁的政治生态，才能在整个政治生态系统以及包括公安生态子系统在内的各个子系统中做到激浊扬清。习近平总书记强调：“要建设一个正气弘扬、歪风邪气没有市场的政治生态”，“自然生态要山青水秀，政治生态也要山青水秀。”把习近平总书记的这些重要论述进行归纳梳理，就可以很清晰地得出一个结论，党内政治生态的

"山青水秀"就是"干部清正、政府清廉、政治清明"。[1]

一旦从政治生态入手，塑造廉洁、清明的政治生态，那么政治生态系统中的土壤便不容易再滋生新的腐败。同时，通过反腐败的具体行动，割除党内政治生态恶化的毒瘤病灶，巩固并扩大政治生态的净化成果，就保证了对权力腐败标本兼治、固本培元的效果。这种双管齐下、宏观微观相结合的做法构成了一个完整的生态环，为政治生态系统的良性循环提供了最佳实现路径。

三、构建防治公安民警权力腐败的生态链

公安民警的警察意识、责任意识、服务意识等，从根本上可以说都属于生态意识。生态意识是一种符合生态规律、生态伦理、生态文明以及生态哲学的意识。公安民警作为公安生态系统与政治生态系统中的微观生态因子，必须围绕各级生态系统的核心运转，其意识也就必须围绕生态核心而存在，尤其是关于权力运用的意识。权力腐败行为的出现，意味着少数民警没有意识到自己的生存与发展是依托于所在生态系统的，其内心已经远离政治生态系统的核心，即党、国家和人民。直到腐败民警被法律、纪律、伦理道德所惩戒，才了解到，脱离科学的生态运行轨迹，叛离所在生态系统的核心，只会是与从警的初心、人民群众的期待背道而驰，只能面对权力异化的恶果。等到幡然悔悟，往往为时晚矣。

因此，廉洁公安政治生态的构建，必须从广大民警的生态意识入手，只有抓住了生态意识这个权力运用的根本所在，才能从根本上消灭、杜绝公安民警的权力腐败现象。在这个过程中，需要强化公安民警的理想信念与政治信仰，在公安生态系统中弘扬生态伦理，打造、提升公安生态系统中的生态文明，强化公安民警的生态共同体意识，树立更高的从警价值追求。另外，引导公安民警做好生态规划，为自己的职业发展明确路径，实现权力运转上的可持续发展。只有这样，才能抓住公安生态系统的治理关键，为预防和治理公安民警的权力腐败提供最佳生态指导，从而构建山青水秀的廉洁公安政治生态。

---

[1] 代江波．全面净化党内政治生态的实践逻辑［N］．文汇报，2016－09－01．

（一）在公安思想政治工作中发扬生态人道主义精神，强化公安民警的政治信仰及敬畏之心

以主体论的观点来看，公安政治生态系统的关键要素便是广大公安民警，而在公安生态系统中，权力腐败的主体也是公安民警，所以，解决权力腐败问题，关键还是在民警本身。公安思想政治工作的核心在于引导公安民警树立科学的、正确的政治信仰，在思想引导的过程中，注重发扬生态人道主义精神，让民警在意识到自身价值重要性的同时，对所在的公安生态系统及其中各类生态因子有所敬畏。

生态人道主义，是一种与西方近代人道主义相区别的“新”人道主义，是一种关于人与自然关系的生态思想潮流。一般来说，与生态人道主义相对立的是为了非生存利益而无限度掠取、剥夺的人道主义，这种人道主义，是腐败的、极端的、自我中心的。根据生态人道主义思想，人是有限的存在者，人的实践活动都是有限度的实践活动。人作为生态因子，保持生态系统的稳定以及生态系统中其他生态因子的正常运行，就是各个生态因子行为的底线，这自然就为掌权者如何运用手中的权力画出了红线。

根据生态人道主义精神，公安民警应当时刻审视自己、反思自己，明确自己在公安生态系统中作为什么样的生态因子而存在，认识到自己的权力是有限的、有范围的而不是随意运用的。生态的人道主义把人置于自我约束、自我规范的伦理生活之中，把人看作有限的存在、有限的主体，这样，在人的实践中，“人有能力做的，并不一定是应当做的”[1] 就成为这种新人道主义的一个基本伦理原则。

所以，在公安思想政治工作中加强生态人道主义精神的熏陶和引导，使公安民警意识到，自己虽然手中掌握一定的权力，但在公安生态系统和政治生态系统中依然是很渺小的，所掌握的权力依然是微不足道的，要对所在的生态系统心存敬畏，对时刻与自己发生交互作用的其他生态因子也要存有敬畏之心，例如，对领导、同级和下属都要尊重，对人民群众要强化服务意识，哪怕是对违法犯罪分子，也要将其看作是认识和实践的主

---

[1] 卢风，曹孟勤. 生态哲学：新时代的时代精神［M］. 北京：中国社会科学出版社，2017：84.

体，尊重其有限的权利，而不是不当人看，随意刑讯逼供等。只有当民警心存敬畏、心态谦卑，才不会因为权力的增加而导致欲望的无节制膨胀以及唯我独尊的“土皇帝”心理。

公安民警作为警务实践的主体，一方面要有坚定的理想信念、政治信仰，努力工作，奋发向上，一方面也要时刻意识到自己的渺小，反思自己的不足，要对所在环境中的人事、制度和伦理保持底线思维，明确自己的权力运用界限所在。只有这两方面相结合，方能真正打牢思想认识的根基，为构建廉洁公安政治生态、减少权力腐败发生的可能性提供前提条件。

（二）强化公安民警生态共同体意识，帮助民警明确自身责任

生态学家利奥波德提出了“大地共同体”“生命共同体”“生态整体主义”等重要的生态学思想，这些思想对政治生态系统的运行提供了重要的生态学指导。作为公安民警，应该强化生态共同体意识，对于自己的一言一行，都要考虑对所在公安生态共同体及政治生态共同体的影响，权力的运用亦然。

公安民警工作、发展于公安生态系统，既不可能游离于公安生态系统之外，也不可能凌驾于公安生态系统。公安生态系统可以看作是一个包含了公安民警、违法犯罪分子以及与警务工作相关的人民群众等群体的生态共同体。这个共同体是由多种生态因子构成的，每个生态因子在其中自行活动并相互影响。但是，人都是具有强烈的个体性的，公安民警的个人行为与个人利益很难与公安生态共同体的整体目标和利益完全保持一致，所以往往会出现一些民警以警务工作为幌子滥用权力，徇私舞弊，侵害人民的合法权益。所以，作为公安生态共同体的关键成员，公安民警在行使权力的同时，必须尊重其他生态共同体成员的权利，必须遵从所在生态共同体的制度与规则。

生态哲学不仅强调个人不可独立于社会，还强调人类不可独立于地球生物圈，每个人都生活在多层级的共同体中，个人和共同体总是处于互动关系之中。[1]所以，公安民警不仅要意识到自己依赖于家庭，依赖于社会，

---

[1] 卢风，曹孟勤．生态哲学：新时代的时代精神［M］．北京：中国社会科学出版社，2017：284．

依赖于公安生态系统，也依赖着并不具有什么具体权力的人民群众，还要意识到，一旦滥用权力，发生权力腐败，没有尽职尽责地履行权力，就必将面临所处的各个层级共同体以及其中的各类生态因子的抗拒与排斥，终将无处容身，无法生存。

通过公安思想政治工作，纠正民警个人主义、自由主义的片面性，促使民警辩证理解个人与所在生态共同体的关系。我们不能否认个人的相对独立性，也不能否认每个民警个体所具有的多样化的个性特点与思想倾向，但是，公安民警之所以能在公安生态系统中生存发展，其身份不是自己赋予的，权力也不是自己本身就有的，所获利益也不是凭空就得到的，这一切都依赖于所在的公安生态共同体，依赖于所在的政治生态系统。所以，这就要求公安民警必须强化责任意识，强化权责统一意识，行使多少权力，就要履行多少责任。如果公安民警不仅能具备个体独立意识并发挥主观能动作用，还能具备很强的生态共同体意识，那就不会随意行使权力并只顾捞取个人利益，而是重视承担对公安生态共同体的相应责任，积极维护公安生态系统和政治生态系统的稳定、和谐与清明。

（三）塑造超越物质主义的生态文化，完善生态规划，引导民警树立崇高的从警价值追求

公安民警权力腐败现象的屡禁不止，一个非常关键的污染源就是弥漫于公安生态系统和政治生态系统中的畸形的物质主义生态文化，对公安民警的价值取向造成很大的负面影响。韩少功说过：“金钱也能产生出一种专制主义，绝不会比政治专制主义宽厚和温柔。这种专制主义可以轻而易举地统治舆论和习俗，给不太贫困者强加贫困感，给不想发财者强加发财欲，使一切有头脑的人放弃自己的思想去大街瞎起哄，使一切有尊严的人贱卖自己的人格去摧眉折腰。”[1]这段话同样比较符合公安民警中的腐败分子，其中有很多人，家庭并不困难，有地方住，有车子开，基本的衣食住行都有保障，但依然会追求一夜暴富，这都是畸形的价值观带来的畸形追求。究其根本，还是公安政治生态系统中的生态文化不够纯粹，其间掺杂了许多不良的价值取向以及消费上的虚假需求。

[1] 韩少功．无价之人［J］．文学评论，1993（3）．

在虚假需求的刺激下，人们的消费行为已不再是获得商品的使用价值，消费已经成为一种符号象征性消费，商品的符号象征性成为消费活动关注的中心，消费也因而成为人们社会地位高低和幸福程度的象征。[1]畸形的消费观、畸形的幸福观以及畸形的价值评判，对公安民警队伍对于政治信仰和理想信念的坚守造成巨大冲击，部分作为公安生态系统中意志力或道德短板而存在的民警就被这种不良生态文化所腐蚀，经受不住金钱的诱惑，走上了权力腐败的道路。

因此，防治权力腐败的基础，就在于塑造公安生态系统内优良纯净的生态文化。这种生态文化是超越了物质主义的，能够激励公安民警在适度保障物质财富的同时，无限追求非物质价值，即以无限追求德行和境界的方式追求无限，将只要求人们适度地向外用力，而更鼓励人们向内用力。[2]向外用力是指追求更好的物质条件，追求身外之物，相反，向内用力则是指努力改善自我，通过提升执法水平，增强政治素养和从警信念，将自己提升到更高的生态位，进而为改善公安生态系统的生态文化氛围做出贡献。随着生态文化的不断改良，会带动更多民警超越物质主义人生价值追求，坚定自己的政治信仰，以新时代公安工作指导思想与核心价值观为权力运用的基本遵循，到那个时候，权力腐败将会越来越没有容身之处。

塑造超越物质主义的生态文化，有很多路径，其中非常关键的便是生态规划的引导。生态规划思想的完善和发展过程已超过百年，综合各种关于生态规划的概念，可以将生态规划定义为“运用生态学的基本原理和方法，针对特定目标或空间单元所进行的旨在为生态保护、生态建设、生态调控和生态管理工作提供决策支持的规划方法”[3]。虽然生态规划本来属于自然生态环境的保护和管理方法，但人作为生态因子，生活于社会生态系统，公安民警工作、生存于公安生态系统，都应当从生态学的角度，对自己当前和未来的发展进行合理的生态规划。

物质追求会使人迷失自我，权力增加会使人变得膨胀，一名手握实权的民警时刻面对外来的诱惑，如果缺乏明确的生态规划，很难保证能用长

---

[1] 李君亮. 技术、生态、社会［M］. 北京：光明日报出版社，2018：149.

[2] 卢风，曹孟勤. 生态哲学：新时代的时代精神［M］. 北京：中国社会科学出版社，2017：255.

[3] 于振良. 生态学的现状与发展趋势［M］. 北京：高等教育出版社，2016：746.

远的眼光审视眼前的利益，就容易把握不住本心，出现权力腐败。生态规划是一种生态学方法，进行生态规划必须综合考虑各方面因素，基于专业特长和文化背景各异所限，民警个体很难保证具备全面、科学以及与公安生态系统相契合的生态规划。这就对公安思想政治工作提出了较高的要求。不论是在入警培训教育还是在在职思想政治教育中，都要坚持生态学的思维和方法，深刻结合公安生态系统、政治生态系统的运行规律及特点，针对不同民警的不同个性特点，有的放矢，努力帮助每一名公安民警把握好自己的弱项所在，把握好自己作为生态因子与公安生态系统的契合点所在，引导其明确未来的远大追求以及从警价值的实现路径，确保公安民警树立正确的价值评判标准，明确生命意义的正确追寻途径。

构建廉洁的公安政治生态并非一朝一夕之功，预防与治理公安民警的权力腐败也不是一时的努力就能见效的。自然生态环境是缓慢演化发展、优胜劣汰的，公安生态系统也是如此。但是，我们有充足的信心和耐心，期待广大民警通过不同阶段的公安思想政治工作，明确自身的权力界限所在、道德界限所在、责任下限所在以及价值遵循所在，随着整个公安生态系统的不断努力，公安政治生态将会越来越清明，越来越廉洁，权力腐败现象也会在廉政阳光的普照下渐渐消融。虽然发展的道路是曲折的，但前途是光明的。

结　语

政治生存的逻辑告诉我们，无论是掌管国家、企业还是哪个单位的领导人，首先且最重要的目标是得到和保持权力；其次，他们希望最大限度地掌握收入的开支权。权力的增加容易导致腐败，但会不会真的出现权力腐败，就要看政治生态和公安民警主体的各自特点以及相互作用。

在自然生态环境中，有阳光，也有黑暗，有硕果，也有腐烂。政治生态系统中的事物是对立统一的，有正面现象就会有负面现象，老子有云："有无相生，难易相成，长短相形，高下相盈，音声相和，前后相随，恒也。"自然环境如此，人类社会如此，公安系统亦如此。我们理应看到的是，腐败现象始终不会成为公安生态系统的主流现象，不会破坏整个公安生态系统的运作。我们有理由相信，随着公安思想政治工作的引导以及廉洁政治生态、良好道德生态的建设与塑造，公安民警的权力腐败现象会越来越少，我国政治生态和社会生态甚至可能达到伊壁鸠鲁所说的那样，“物质欲望减少到最低程度，使生活简单化，养成简朴的生活习惯，重视知识的培养和友谊的增进，这样做既能增进健康，又使人不至于贪得无厌，免除痛苦，达到身心宁静怡然自得的人生理想境界。”

（执笔人：史煜才，北京警察学院思政部讲师。）

第十章　公安民警职业生涯管理的生态分析

职业生涯管理关乎一个人终生经历的所有职位的整个过程，是现代人力资源管理中的一种新方法，职业生涯规划已在国内外企业界广泛应用并取得较好的效果。公安机关作为政府公共管理服务部门，承担着大量的社会管理服务工作，为了进一步促进公安机关转型优化升级发展，就必须把公安民警的职业生涯规划与管理放在重要位置来抓。生态学是研究生物体与其周围环境相互关系的科学，与职业生涯规划有一定关联，将其重要观点引进到警察职业生涯规划中，有其必要性和重要性。我们试从阐明生态学引入警察职业生涯规划管理工作的意义入手，分析遭遇到的困境，最终探讨相应对策。

一、生态学、职业生涯规划的概念

生态学（Ecology），是德国生物学家恩斯特·海克尔于1866年提出的一个概念：生态学是研究生物体与其周围环境（包括非生物环境和生物环境）相互关系的科学。目前已经发展为“研究生物与其环境之间的相互关系的科学”，成为有自己的研究对象、任务和方法的比较完整和独立的学科。生态学的研究方法有描述—实验—物质定量三个过程。系统论、控制论、信息论的概念和方法的引入，促进了生态学理论的发展。如今，由于与人类生存及发展紧密相关而产生人类生态学。随着时代发展，人类面临的自然、社会环境问题日益突出，直接影响了社会经济发展和人类生活，这促使生态学研究逐渐从以生物为主体发展到以人类为主体，生态学的发展进入人类生态学时期。

“职业生涯”一词最早出现于美国生涯理论家舒伯（Super D. E.）1957年出版的《职业生涯心理学》中，是指个人和组织有机结合，在对一个人职业生涯的主客观条件进行测定、分析、总结、研究的基础上，对自己的兴趣、爱好、能力、特长、阅历及优缺点等各方面进行综合评估与权衡，结合时代特点和未来趋向，根据自己的职业倾向或既定岗位，确定最佳的职业奋斗目标，并为实现这一目标做出行之有效的计划安排。因此，警察职业生涯规划，从个体的角度看，是指警察提出职业目标并制定实现这些目标的计划过程；从组织的角度讲，是指通过了解警察的认知、价值观、期望与自我判断，从而根据公安机关的环境和目标，有针对性地制订警察教育培训与开发计划，引导警察为公安机关的目标发挥自己的聪明才智，努力实现民警个人职业理想与组织管理目标、民警成长进步和公安事业发展相一致。真正成功的职业生涯规划是个人与组织的有机统一、共同发展，这就与生态学的理念不谋而合。

二、以生态学视域分析职业生涯规划的意义

近年来，关于如何做好人民警察职业生涯规划的讨论如火如荼，作为一种全新的人力资源管理思维，警察职业生涯规划对民警实现自我价值、解决职业困惑以及增强个人素质有着重要意义，同时对提升公安机关形象、提高公安部门业绩也有着长足影响，可以说，这是一个新生事物，也是一场自我革命。在这场革命中，引进生态学范畴，将民警个人看成是整个职业发展系统中的有机组成部分，探索使用生态学基本原理指导职业生涯规划，坚持适应性、选择性、平衡性及开放性的生态原则，积极构建开放的、复合的警察职业生涯规划系统，可有效促进个人与组织的全面协调可持续发展。

（一）有利于公安机关实施人力资源管理

随着形势的发展，公安机关单一的队伍管理正在逐步向分类管理、专门管理转变。当前，我国公安机关还没有形成系统的、完整的警察职业生涯管理体系，大部分单位没有负责警察职业生涯管理的专门机构，对警察个人职业发展目标、职业规划、控制和管理等都相对独立，缺乏协调，对职业规划的生态学分析也缺乏重视。而设立合理的生态学职业生涯规划，既能调动警察工作积极性，又能充分挖掘公安生态系统中的队伍潜力，大大减轻公安机关人力资源管理部门的负担。

（二）有利于管理者提高队伍管理水平

高标推进公安整体工作，关键是人的因素，根本是队伍的素质。个人和组织缺乏沟通会造成被动的人事管理局面，然而主动积极地进行警力资源开发，量体裁衣为民警进行职业生涯的生态学规划，则能充分发挥民警个体的优势、长处和潜能，使其更好地为整个公安生态系统服务，实现公安机关的发展目标。同时，民警通过职业生涯的规划，有目标地完成任务，能更加有效地发挥自身才能和作用，进一步提高执法水平和公共服务的质量。

（三）有利于民警实现个人价值最大化

广大民警对于实现自我价值的需求越来越高，一份行之有效的职业生涯规划将会引导民警本人直接参与自己人生目标的设计，在思想上形成“要我做”向“我要做”的转变，明确自身目标；引导民警正确认识自身的个性特质、现有与潜在的资源优势，帮助民警重新对自己的价值进行定位并使其持续增值。规划还能引导民警对自己的综合优势与劣势进行对比分析，评估个人目标与现实之间的差距，对自己所处的职业生态环境有更清晰的认识，使民警树立明确的职业发展目标与职业理想，不断增强职业竞争力，最终实现自己的职业理想。

三、以生态学发展职业生涯规划面临的困境

当前，各级公安机关对警察职业生涯规划应用的意识正在逐步兴起，但对生态学的认知还较为模糊，各级部门对民警职业生涯规划与管理工作做了许多卓有成效的探索，职位准入测试、“双推双考”、建立人才库、公开遴选、随岗培训不一而足，积累了大量经验和适合公安机关的优秀做法，这些都是我们的队伍发展和建设不可或缺的宝贵财富。同时，我们也应该看到，系统、完整的以生态学分析职业生涯管理的系统尚未建立，且表现出不同维度的问题和挑战，警察职业生涯规划仍然面临诸多困境。

（一）落后的人事管理理念

以生态学指导职业生涯规划对大多数民警来说还是陌生的，多数民

警，也包括一些基层管理者，对此还没有清晰的认知，或存在认知的片面性。传统的警察人事管理强调“以事为中心”的理念，管理的目标一直围绕如何控制和使用警察，没有充分考虑到作为社会人的个体，需要提供什么条件来帮助其实现自我并超越自我，且往往考虑的角度较为狭隘，忽略公安生态环境因素。这样的传统观念常常提倡民警应当无条件服从单位的需要和安排，不得提出任何个人要求。而警察则认为公安机关是满足自己生活需求的工具，其工作目的是获取利益，这种认识使公安机关和警察以消极的方式互相面对，警察个体对组织缺乏认同感，缺乏一种主人翁的态度，公安部门内部及各机关之间也就缺少凝聚力。

（二）重形式轻业务的培训方式

当前的警察培训中普遍存在着三个问题。一是培训“空泛”化。培训仍以思想政治教育为主，泛泛而谈，而民警迫切需要掌握的业务技能以及与岗位相关的专业知识培训内容相对较少，导致培训的实效对实践工作帮助不大。二是培训“低效”化。在公安内部缺乏良好的学习机制，学习型的警察组织尚未建立成型，造成民警参加培训学习动机不强，往往将培训作为自我调整的假期。对于公安机关来说，政府部门投入资金培训警察是一种人力资源投资，必然想获得收益，但现实是由于没有建立完善的培训评估激励机制，警察培训与职业发展脱节，培训的效果并不明显。三是培训“板结”化。培训习惯以课堂讲授为主，很少安排课堂以外的实践活动，缺乏具有针对性的培训方式；培训形式单一，内容枯燥，大大影响了学员的学习积极性和主动性；培训机构主体缺乏，由于公安各部门差异大、层次多以及要求的知识能力范围广，现在一般仅由各级党校、公安院校承担培训，很难满足警察能力培训的要求。

（三）偏离实际的绩效考核

绩效考核是调动民警工作积极性、提高行政执法效率的重要手段，是职务晋升和工资晋级的一个重要环节，也是制订和调整警察职业生涯规划的重要依据。但在考核的实际操作过程中，绩效考核体系还存在许多问题。首先，考核的主体单一，重视领导考核，轻视群众考核，大部分的考核都是上级领导对下级警察的单一评估，这样容易造成领导以个人好恶主观臆断来取代科学客观的评估指标的问题，造成考核片面。其次，考核的内容缺乏针对性、可操作性，对于特定的业务考核制定了过于死板的考核指标。这些问题使考核中出现了些许不公正、不规范现象，一些单位或多或少还存在“干多干少一个样”和“做得好不如说得好”等消极思想，考核不能够真正体现民警德、能、勤、绩、廉等方面的实际差别，更不会从生态学角度考虑绩效发展的长远规划。

（四）发展单一的职业生涯通道

警察职业发展的主要表现形式为职务、级别的提高，但在警察职业生涯规划的过程中，上述形式的操作都与警察制度设计的原意有所偏差。虽有警衔制度配套，但从警衔上仍无法完全准确区分岗位职级。另外，由于存在领导职务与非领导职务的分别，在公安工作中，警衔难以发挥领导与指挥的梯次标志作用。且民警的岗位职级、薪资标准及福利待遇也是沿用政府公务员的职系职级规定，与警衔无关，加之警衔津贴比较低，因此，警察的警衔晋升只是一种象征性的鼓励，警衔制度改革还仅仅停留在表层，未能深入细化，没有真正发挥出其该有的职级区分与激励的功能，实际上造成了职业发展道路的堵塞。

四、以生态学谋划警察职业生涯规划的对策

民警的职业发展不仅是个人的事情，也是组织的义务，更是整个公安生态系统不可或缺的催化剂。职业生涯规划关键在于组织要解放思想，用科学的生态学理念指导规划工作的开展，激发民警的积极性，达到组织理念和个人理念的有机统一。同时，以良好的互动平台和连贯的管理体系，实现组织与个人之间的融会贯通。针对警察职业生涯规划过程中出现的上述问题，我们可以从如下几个方面加以解决。

（一）树立警察职业生态发展的现代理念

从组织的角度看，舒伯提出，生涯是个人终其一生所扮演角色的整个过程，生涯的发展是以人为中心的。公安部门不仅要在结构形式上加大改革的力度与范围，还要在观念上树立“以警为本”的管理理念，把民警的能力、兴趣、学历背景、潜能作为一种资源来挖掘和开发，纳入整个生态

系统规划，要把民警的职业开发和发展，看作是公安事业不断发展的根本保证。根据马洛斯的需求层次论，要充分理解民警作为一个普通社会人的个人愿景和需求的正当性、合理性，关注他们自我实现的要求，鼓励民警畅所欲言，言无不尽。既不要因强调组织目标、警察责任而轻视民警的自身利益、需求，也不要因重视个人发展而片面地、过多地抬高个人需求。应促进人民警察职业发展，重视警察多样化、个性化的职业需求，为警察职业的发展提供人性化的制度保障。从个人角度看，要培养民警积极的职业生涯发展观，对警察个人的职业需求加以引导，强调个人工作绩效对组织目标和个人目标完成的重要性，促进民警对自己目前拥有的技能、兴趣和价值观、人生观有清醒的认识，根据自己所处的职业阶段，寻找与组织需求的最佳契合点，把职业生涯规划真正地融入自己的职业发展思想，使其自觉养成将个人需求与组织需求相结合，以谋求双赢的职业意识。

（二）完善以综合能力提升为目标的培训系统

在对民警内在潜能与培训需求进行充分评估的基础上，建立以提升综合能力为目标的培训系统，并切实保质保量地予以推广，从而为警察职业生涯发展提供专业动力支持。同时，整个警察生态系统也要把组织良性运转的需要和警察个人职业发展的需求结合起来，促使民警的每次职业发展都能得到相应的培训，并与他们的个人职业生涯规划紧密联系起来。因此，各级公安部门应建立专门的职业生涯规划培训机构，引进专门人才，统领开展职业生涯规划工作。从国际比较来看，一些职业生涯规划开展得比较好的欧美发达国家要求职业生涯规划指导师是具有教育学、心理学、咨询学甚至是相应的人文社会科学博士学位的人。而公安机关民警由于内部警种、业务的多样性和人数的众多，对职业生涯规划的指导人员专业化水平提出了很高的要求，要求工作人员、机构必须职业化、专业化。

（三）健全以能力评估为基础的生态规划体系

民警合理地设定目标是决定职业生涯规划成功的关键，因此作为基层民警的管理单位应该从能力评估上为民警正确引导职业生涯规划。一要根据自身职业技能的强弱初步选定职业发展目标。“闻道有先后，术业有专攻”，由于个体不同，即便成长在同一环境，人所擅长的技能也会各有不同，因此基层单位应该通过民警志愿、技能考核以及集体评价三方面综合考查，指导民警初步设定职业发展目标，提供目标适合从事的岗位。这样一来，既避免了由于能力评估偏差导致的职业生涯落差，也能够充分发挥民警自身特长，提高职业兴趣，增加职业成就感。二要阶段性调整、修订职业目标。计划赶不上变化，应该鼓励民警把理想目标分解成若干个可操作的小目标，指导民警灵活规划、调整和修订。基层单位应根据民警年龄段和性别规划大体岗位方向：22～40周岁男性民警建议从事治安工作，40～60周岁男性民警建议从事社区工作，女性民警建议从事社区和内勤工作。在此基础上，民警可根据所在岗位制订努力方向，并随着小目标的实现而合理变动，及时调整和修订发展规划。三要为民警的目标实现提供契机。在民警确定职业发展目标后，单位应该进行分类，并由分管负责人组织进行教育培训，帮助民警提高目标职业技能，增强职业竞争力，获得长期职业发展优势，从而达到理想目标的实现。在上级机关组织教育培训时，基层单位要根据民警职业生涯规划，着重推举有相关职业发展倾向的民警参加，进而不断提升民警优势累积的实力，加快其岗位适应能力，提高其工作动力，调动民警的积极性，促进民警素质提升，使事业成功趋向最大化。

（四）建立科学的考核评估体系

绩效考核体系只有真正发挥引领、规范和认知的作用，才能实现考核本身在民警职业生涯规划中的重要作用。公安机关要建立科学的、公正的考核评估体系，就必须放弃人为色彩过于浓厚的绩效评估方法，根据新时期警察的职位特点和公安机关的目标对其进行分类管理和分类评估，即公安机关内部不同部门的不同层次、不同类别的警种、不同岗位应按照不同的评估指标体系进行评估，并将评估的结果及时反映给被评估者，使其了解到自己的工作表现和公安机关期望之间的差距，及时地弥补自己的欠缺，以更好地规划自己的职业生涯，真正发挥考核结果的导向、激励和鞭策的实效性。在考核评估的过程中，要对每个岗位民警的履职情况进行定期监测，实施“一人一分析”“一人一评价”，准确把握每个民警和队伍整体职业生涯规划开展运行质态情况，让单位和民警能看得清自己的优缺点，看得见考核的奖优罚劣。对于不适应岗位的要及时研究，适时进行换岗调整；对于岗位履职表现平平的，要帮助其分析原因，提升工作质量和态度；对于工作表现突出的，要及时提供条件，跟踪培养，帮助其更快更好地成长，成为专家能手，为队伍发展和思想政治工作服务。

（五）建立符合生态学要求的职业生涯规划制度

组织上要建立符合生态系统要求的警察职业生涯发展规划相应制度，注意实现规划与民警职业生涯发展道路和目标的互动，使得民警成为自主有效发展的个体，增强工作的自觉性、主动性，找到快乐工作的愉悦感，在明确自身角色定位时，实现自我价值的最大化。第一，建立警察职业发展的信息与预测系统。公安机关应该建立警察职业发展的信息预测系统，在确立公安机关人力资源目标和进行需求预测的同时，广泛收集警察作为职业发展本身的信息，进而监控和预测其发展的趋势。适时将各级公安机关不同职位、不同职级、不同时间的用人需求向全警公开，畅通职业生涯发展通道，使民警在规划时有目标，工作时有动力。第二，建立警察职业咨询制度。成立专门的警察职业规划咨询、服务管理机构，警察人事管理部门可以通过面谈、问卷、讲授等多种形式，由公安机关的领导者、部门主管和研究警察相关问题的专家，在考虑基层民警的实际状况下，融合组织内外的相关精英，为民警提供职业咨询，为其在职业方面的困惑和难题进行解答，理清警察职业发展的思路。第三，制订警察职业发展帮助计划。加强警察个人与组织职业生涯规划交流，解决警察职业发展中遇到的问题。警察职业发展帮助计划主要体现在帮助警察职业发展过程中解决出现的工作家庭关系失衡以及出现的各种心理问题等，所属部门应及时帮助民警调整心态，给予其职位发展指导和情感关怀等，采取一些积极的应对措施，包括强调终身学习，共同探讨业务能力的发展问题，让警察承担具有挑战性的工作任务。实施计划的过程中要综合考虑民警的个性特点、能力素质、兴趣爱好以及组织的发展愿景和事业需求等诸多因素，在组织与个体共同协商的基础上，明确努力方向，细化发展阶段，落实成长措施。如对处于探索期的年轻民警，要结合其自身愿望进行目标设置，制订发展规划，采取针对性的培训、多岗轮换或到艰苦地方去锻炼等方法，使其逐步成熟；对于成长期的民警，适时放在重要岗位和重大时机中加以锻炼，进一步挖掘他们的潜力，使其作出最大贡献；对于成熟期的民警，要通过开辟新领域，努力消除瓶颈制约，调动他们的积极性，进一步发挥他们的创造力和顶梁柱作用；对于退隐期的老同志，可以发挥他们的经验优势，搞好传帮带，发挥余热，体现自身的价值。

（执笔人：高广喜，江苏省海安市公安局城南派出所所长。）

第十一章　生态警营的意蕴分析与建设路径选择

党的十八大以来，习近平总书记就生态文明建设提出了一系列新理念、新思想、新论断，坚持绿色发展已成为坚持和发展新时代中国特色社会主义的重要组成部分。运用生态学的理论观点进行管理学研究已成为学界的新思路新常态。作为党和人民手中“刀把子”的公安机关如何加强自身队伍建设，如何高质量推进公安改革、引领自身发展以实现党、政府和人民的新期待，生态学理论的创新运用为其提供了新可能。由此，运用生态学理论研究公安机关的队伍建设，引领公安队伍绿色发展，推动构建“生态警营”，并以此系统推进公安思想政治工作和队伍建设的目标实现就具有十分重要的理论和实践意义。

一、生态警营的意蕴分析

“做好各方面工作，必须有一个良好政治生态。”[1] 基于这一逻辑，公安队伍作为广大干部队伍的重要组成部分，做好新时代公安工作，必须有一个良好警营生态。为此，创新运用生态学理论研究营造良好警营生态，以期构建“生态警营”是立足于习近平新时代中国特色社会主义思想特别是生态文明思想的一次理论尝试。

（一）生态警营释义

所谓生态，就是影响人类与生物生存和发展的一切外界条件的总和，由许多生态因子综合而成。生态学是研究生物与环境之间相互作用的学

---

[1] 习近平参加十二届全国人大三次会议吉林代表团审议上的讲话，2015 年 3 月 9 日。

科，包括生物与环境相统一，人与环境相统一。[1] 警营的内涵包括两个方面，一方面，从物质层面来看，警营是以民警为主体依托固定办公场所和警务保障开展工作、生活、学习的集聚地；另一方面，从精神层面来看，警营是由组织架构、人力资源、警务模式、管理制度、警察文化等生态要素构成的命运共同体。由此，我们认为，生态警营就是以民警为主体，由警务模式、组织架构、人力资源、管理制度、绩效评估、队伍建设、教育培训、警务保障等多生态要素相互协调、动态平衡、良性循环以充分激发民警主观能动性，实现民警高效工作、优质生活、努力学习的集聚地。民警是生态警营的主要成员和关键因素，因此，构建好的生态警营，根本在于生态警营的主体成员民警的主观能动性有没有最大限度发挥。通过激发民警工作的内生动力，形成队伍的生机活力，由此推动警务模式、组织架构、人力资源、管理制度、绩效评估、警务保障等的系统优化，实现公安思想政治工作的规范化和科学化，进而实现公安机关对社会整体安全的高效控制和管理。

（二）生态警营与警营生态

要深刻把握生态警营的意蕴，就不能回避生态警营与警营生态的关系问题，必须加以厘清。警营生态，简而言之，就是一个警营的整体氛围。一个良好警营生态必须以提高民警的工作积极性、主动性、创造性为目标追求，具有崇尚资源盘活、机制集约、环境友好的绿色发展理念，进而形成风清气正、人岗相宜、注重实绩、文化塑警、从优待警的良性氛围。近年来，无锡市公安局提出着力营造“活力、人文、和谐、幸福”的警营生态就是充分尊重和突出民警的主体地位，基于警营内部氛围塑造构建“活力、人文、和谐、幸福”四位一体的警营生态格局。相比警营生态的营造，生态警营构建则是一个系统工程，主要包括两个方面：一是公安机关对社会整体安全的控制和管理，二是公安机关自身的管理、配置、协调与运作规律。通过对警务模式、组织架构、人力资源、管理制度、绩效评估、队伍建设、教育培训、警务保障等的系统优化，实现公安思想政治工作的规范化和科学化，以期达到民警素质的提高，队伍战力的提升，警务

[1] 张正春，王勋陵，安黎勋. 中国生态学［M］. 兰州：兰州大学出版社，2003：7.

机制的优化，社会治理环境的改善，进而实现警营的可持续发展。一句话，生态警营必须以良好警营生态为表征，良好警营生态有利于促进生态警营构建。

二、生态警营建设的机理与取向

所谓生态警营建设的机理与取向，简而言之，就是生态警营建设的基本原则和目标取向，研究生态警营建设的机理和取向问题就是要解决立足什么样的理念建设生态警营，建设什么样的生态警营。基于上述认识，我们认为一个良性的生态警营必须具有良好的政治生态、复合型的公安队伍以及科学合理的管理生态，由此，生态警营建设才能行稳致远、可持续发展。

（一）多维度思想引领铸就良好政治生态

在社会管理新常态的背景下，实现国家治理体系与治理能力现代化的目标，基层公安干警所面对的现实问题在于全面了解和掌握社会转型时期的社会矛盾内容、特征和应对方式，具备良好的社会治理能力、服务理念和依法行政意识。

具体而言，就是要全面加强基层公安干警的政治信仰建设，以形势政策教育与思想政治教育协同，切实提升其社会感知力、社会认知力和社会适应力。对于基层公安干警来说，首先要通过形势政策教育确立坚定的政治意识与立场，正确认知当前社会发展的新趋势、矛盾及应对方式，以“忠诚、为民、公正、廉洁”的人民警察核心价值观为标准，通过教育学习，落实到基层的警务工作中去；其次要将形势政策学习教育贯穿到警察职前教育与职业培训的全过程，并充分利用传统方式与现代媒介相结合，融入公安干警的职业培训，多维度、全覆盖地开展形势与政策教育，提升公安干警的职业认同感和荣誉感。同时，还要通过形势与政策教育，让基层公安干警的社会治理意识与时俱进，通过基层公安干警对社会认知意识的提升，提高社会公众的民主意识、法治意识和参与国家治理的自觉意识和主体意识，促使社会公众自觉有序参与社会治理和进行自我管理，在民众参与的基础上，提升基层公安干警的社会认知与服务能力。

（二）实战化应用导向打造复合型公安队伍

党的十八届四中全会提出，全面推进依法治国，必须大力提高法治工作队伍思想政治素质、业务工作能力、职业道德水准，着力建设一支忠于党、忠于国家、忠于人民、忠于法律的社会主义法治工作队伍。党的十八届四中全会提出的各项要求，都与公安工作和公安队伍建设紧密相关，特别是对建设法治公安提出许多新的更高标准和要求，为当前和今后一个时期加强法治公安建设指明了努力方向。公安机关是执法机关，承担着行政执法和刑事司法双重职能，公安队伍既是法治工作队伍，更是法治专门队伍。要全面推进依法治国，加快建设法治公安，就要高度重视公安队伍的正规化、专业化建设，通过深入开展社会主义法治理念教育、职业道德教育，有针对性地组织开展执法实战培训，深化执法资格等级考试，建立并落实考试结果与职能待遇挂钩的激励机制，激发广大民警执法学习培训和考试的积极性，全面提升公安队伍正规化、专业化水平，为全面推进依法治国、加快建设法治公安提供强有力的素质支撑和能力保障。强化基层公安干警的法律法规和职业认同教育，对于规范其执法行为和提升执法能力都具有积极的促进作用，因此，对于基层公安干警政治法律意识的提升，可以采用将诸如司法考试等执业资格考试作为抓手，开展系统的法律法规教育学习，多样化、多元化地开展活动，行之有效地提升基层公安干警的执法质量和规范执法水平，增强公安机关执行力和公信力。

（三）发展性评价体系形成科学管理生态

新常态环境下基层公安干警不仅需要忠诚可靠，更需要与时俱进的能力与素养，具备优良的履职能力。针对当前基层公安干警在职培训过程中存在的不足和问题，需要紧紧围绕公安机关“三项重点工作”和“三项建设”，以基层警务工作实务和事务为主要内容，优化职前和在职培训体系。首先是强化身心素质的训练与培训，以体能技能、心理健康与素质及与群众沟通技巧为培训内容，保障基层公安干警的身心健康素质。其次是要着力推进基层警务实务与事务培训，强化基层公安干警处置日常警务的能力与素质，可以聘请优秀基层民警、社区主任和心理专家作为讲座嘉宾，传授他们在工作中的实践经验，提升培训的针对性和有效性。再次是要根据基层公安干警的工作需要，制定科学合理的培训内容，并丰富培训形式，如可以采用知识竞赛、团队对抗、实战演练、演讲比赛和警民访谈等多种形式开展，化被动灌输为主动接受，较以往的封闭式训练可以取得更为理想的效果。最后是革新考核方式，实现优胜劣汰，针对现有的培训考核方式“人人过”、难以激发参训民警积极性的现状，可以按照必修指标和选修指标进行分类分层考核，在必修指标的考核中，将身心素质和警务必备知识作为强制达标的考核内容，实行一票否决制，防止身心素质不合格或警务必备知识不达标的民警“带病上岗”；同时还要按照工作年限和学历专业背景等指标，分层将基层民警进行培训，按照入职新警、初习警、中职警和熟手警等有针对性地将基本警务知识、实践处置知识和突发事件处置等内容有比例地进行考核，以达到分类考核、分层推进的效果。

当然，对于新常态环境下基层公安干警的教育培训，要真正适应国家治理能力与体系现代化的要求，就必须以公安队伍的职业化、专业化和专门化为中心，以警务实务、实战为根本，建立健全现代警察职前和在职培训，力求建成一套与社会治理现代化相适应的具有中国特色的基层公安干警终身教育培训体系，让他们的能力素养与时俱进，随时挺身而出服务人民群众，更好地担当起确保社会长治久安的职责。

三、生态警营建设的路径选择

生态警营建设归根结底就是民警素质的建设。生态警营建设必须坚持以人民为中心、以民警为核心，注重顶层设计，全面提升民警的政治素质、文化素养、业务能力等，以此来满足新时代中国特色社会主义的新要求，进而彰显先进性、政治性、人民性。

（一）契合新时代需要彰显先进性

新思想引领新时代，新使命开启新征程，生态警营建设必须牢牢把握习近平新时代中国特色社会主义政法思想契合新时代主题加以系统构建以彰显先进性。“习近平新时代中国特色社会主义政法思想是习近平新时代中国特色社会主义思想的重要组成部分，是做好新时代政法公安工作的根本遵循。”[1] 生态警营建设是否契合新时代，是否彰显先进性关键是看在生态警营建设过程中作为警营主体的民警是否从思想上、行动上与党中央保持高度一致，是否牢牢把握“对党忠诚、服务人民、执法公正、纪律严明”的总要求。

为此，推进生态警营建设必须毫不动摇地坚持和加强党对政法公安工作的全面领导、绝对领导，坚持不懈用习近平新时代中国特色社会主义政法思想武装头脑、指导实践，确保习近平新时代中国特色社会主义政法思想入心入脑。在生态警营建设推进的进程中，必须认识当前警营存在生态要素多元性、队伍结构的层次性以及个体的差异性，对此我们必须意识到“任何过程如果有多数矛盾存在的话，其中必定有一种主要的、起着领导的、决定的作用，其他则处于次要和服从的地位”[2]。

无锡市公安局在推进生态警营建设过程中，牢牢抓住广大公安民警中关键少数，即市局机关党组织书记以及青年骨干民警，分批密集开展“不忘初心、牢记使命”党组织书记培训班、青年干部培训班、青年骨干民警培训班。这里面的内在逻辑包含两个方面，一方面，干好新时代的公安工作，关键在党，“贯彻党要管党、从严治党方针，必须扎实做好抓基层、打基础的工作，使每个基层党组织都成为坚强战斗堡垒”[3]。党组织书记作为基层党组织的第一责任人，系统提高党组织书记的政治素养有助于整体提升公安基层党组织的战斗力。另一方面，“青年是国家的希望、民族的未来”[4]，通过将青年民警的专门培训纳入青年民警职业生涯来规划以此提高青年民警特别是骨干民警的“政治意识、大局意识、核心意识、看齐意识”是新时代培养社会主义建设接班人特别是社会主义公安事业接班人的必然举措。此外，建立覆盖全警的警队庆典，增强民警职业荣誉感、自豪感和使命感。以警队尊重民警劳动、民警共享警队荣誉为着力点，建立民警入警、入党、表彰奖励、晋级晋职、民警退休等专门仪式；每年元旦、国庆，县级以上公安机关举行庄严的升国旗仪式，为从警满30年的民警制

---

[1] 赵克志在政法领导干部学习贯彻习近平新时代中国特色社会主义思想专题研讨班上的讲话［N］．人民公安报，2018-05-03.

[2] 毛泽东选集：第一卷［M］．北京：人民出版社，1991：80.

[3] 习近平在全国组织工作会议上的讲话［N］．人民日报，2013-06-28.

[4] 习近平在北京大学师生座谈会上的讲话［N］．人民日报，2018-05-02.

作颁发“锡城卫士”纪念章，举行颁发仪式，强化民警的职业使命和忠诚意识。

（二）依托警营文化塑造坚定政治性

警营文化即公安文化是指全体公安民警在长期的公安实践活动中所形成的一切物质形态和精神形态。[1] 在生态警营建设过程中，要充分发挥“以文化人”的根本作用。“观乎人文，以化成天下”，警营文化的效用是以警察群体多年来形成、造就的集体人格来感召、感化、激励民警，培养民警共同的责任感、使命感、荣誉感和“政治意识、大局意识、核心意识、看齐意识”，坚定公安民警的政治性，增强公安队伍的向心力、凝聚力和战斗力。正如孟建柱同志所指出的：“文化作为一种软实力，是公安机关战斗力生成的重要因素，在凝聚警心、激励斗志、陶冶情操、展示形象以及推动公安工作和队伍建设方面具有不可替代的作用。”

近年来，无锡公安着力打造警营文化品牌，制定《无锡公安铁军文化建设发展规划（2015 年—2017 年）》，以“基础建设—深化拓展—提升传播”三阶段稳步推进警营文化建设，筑牢忠诚警魂。首先，将文化建设工作纳入考核，明确工作责任。在全警开展人民警察核心价值观的宣传普及，建立公安文化人才库，完善以形象导视和阵地建设为重点的文化基础建设，全面启动基层所队文化建设工程，评选命名基层文化建设示范点。完善公安文联和各文化协会工作机制，整合各级文化资源，丰富文化活动。其次，构建公安文化“一警一爱好、一队一特色”格局，落实公安文化建设重点项目，繁荣文化精品创作，推出一批优秀作品。发挥文化基础建设功能，满足民警多样性文化需求，营造“活力、人文、和谐、幸福”的警营生态。最后，组织专家对全市公安文化建设进行评估总结，总结经验。通过加强传播交流，提升文化建设品质，增强无锡公安文化品牌影响力及在更高更广领域的示范效应，推进无锡公安文化的大发展、大繁荣。经过三年的建设和努力，无锡公安民警的精神风貌焕然一新，以文化浸润警营所激发的凝聚警心、激励斗志、陶冶情操、展示形象，进而将塑造坚

---

[1] 刘静，龚正荣，吴高峻．公安政治工作理论与实践［M］．北京：中国人民公安大学出版社，2016：125．

定政治性的效能逐步显现。

（三）立足综合素养提升强化人民性

生态警营建设的最终归宿是服务于公安主题主线，更好地打击违法犯罪活动，维护社会大局稳定。因此，生态警营的建设必须以人民为中心紧紧围绕公安工作立足民警综合素养的提升来加以谋划，生态警营建设如果脱离了业务工作，就会成为无的放矢的“花架子”。正如赵克志部长所指出的，政法公安工作“要深入践行以人民为中心的发展思想，着力推进更高水平的平安中国建设，不断增强人民群众获得感、幸福感、安全感”。生态警营建设要贯穿到各项业务工作中，要能够促进各项公安业务工作的顺利进行，同时，生态警营建设的质效也要在各项公安业务工作中接受检验。

无锡市公安局从两个方面着手加强民警综合素质，从软件层面看，着眼实战需要，分警种、有重点组织民警能力素质大讲堂和全警轮训轮值，在各警种、基层所队开设“微课堂”，以战促训，以赛促练，定期考核考评，提升全警能力素质。从硬件层面看，无锡市公安局主动拥抱大数据、人工智能新时代，向科技要警力，学科技提能力，打造立体化信息化的社会治安防控体系“三网三机制”，加快全市视频监控联网汇聚，坚持建管用一体化，进而健全完善四级巡防体系网络。同时，通过健全全警大走访活动、常态化督察，拓宽沟通渠道，及时整改反馈群众反映的问题，创新掌上民意微访等形式，依托“无锡公安微警务”和各单位微信公众号，线上征集民意，拓展全走访渠道。以督察、走访倒逼民警综合素质的提升，以期更好地服务群众，彰显人民性。

（执笔人：周廷瑜，江苏省无锡市公安局政治部民警。）

第十二章　结构与功能：警务监督的生态分析

国家与社会在结构和功能上的分化，唤醒了民众的主体意识和公共精神，实现了权力运行的生态化，同时为警务活动营造了真实生态。警务活动在国家意志和社会利益之间的一体两面使其在承受体制内外监督压力的同时，也拥有两者的双重资源，进而使得警务监督在形成多元化生态结构的同时，发挥着综合性的生态功能。在生态结构层面，各种力量逐渐由对抗性并存走向差异性共生，进而实现了日益常态的警务监督。在生态功能维度，各种力量则由功利性监督走向道义性监督，进而由分歧中的互抑走向和谐中的共赢。随着警务监督的结构完善和功能优化，具有不同诉求的监督主体不仅能够形成理性的监督合力，而且也将和警察在更多共识中优化警务生态，规范警务活动。

一、警务监督的生态智慧：监督与生态学的共通

继国家与社会之间长期的功能分化，商品经济显著加快了两者的结构分化，并且将这一分化普及为一种必然趋势。在此背景下，社会日益拥有监督权力的依据和资源，并要求国家通过持续的制度创新保障这一权利。[1]现实中能否以及在何种程度上提供这一保障，也就成为制度科学性和先进性的重要尺度。这样，那些既能更为直接体现国家意志、又能更为直观反映民意诉求的权力运行自然会成为权力监督的首选和重点，警务活动即属于这样的领域。相对于其他的权力运行，警务活动日益表现出广泛性、深

[1] 刘京希认为，前资本主义社会仅存在体制内的权力监督，往往因为监督体系的封闭性而排斥了体制外力量，自然无法避免利益合谋与互惠，或权力争斗中的相互倾轧，更无法奢望常态化与制度化的权力监督。详见刘京希．试论政治发展的生态化路径选择［J］．文史哲，2012（2）．

入性、强制性和公共性的特点，[1] 因而对国家与社会具有极其重要的影响，自然要接受日益常态、渐趋规范的监督。这一监督不仅分别从国家与社会的层面对警务活动提出要求，而且要求它们在兼顾彼此中产生更大影响和更佳效果，即国家与社会对警务活动的各自期待也要兼顾对方的基本诉求，并与对方形成合力。因为缺乏社会的认同和配合，体制内监督[2]会因为单向性催生的回旋余地而难以有效落实国家意志；缺乏科学的制度供给，体制外监督也无法实现监督诉求，更会因诉求多样化而胎死腹中。这样，国家与社会的共同在场和相互协同也就成为警务监督常态化和制度化的现实前提。而在国家权力已分化为立法、行政、监察和司法的当下，行政权日益受到全面规范的制约和监督，隶属于行政行为的警务活动自然不能置身其外，因而不仅直接承受着行政机关的监督，而且不可避免地置身于其他国家机关的监督之中，进而形成体制内监督的制度架构。不仅如此，与国家对应的社会作为一种体制外存在和终极性力量，日益以个体或组织的形式发挥作用，因而能够直接臧否警务活动，又可以通过体制内监督褒贬警务活动，日益发挥着体制外监督的作用。这样，警务监督中不仅存在国家—社会框架下的宏观结构，而且在国家与社会的各自领域内形成微观层面的主体构成，进而以体制内和体制外的不同机制，共同发挥着纠偏和规范警务活动的功能。

然而，日益常态化和制度化的警务监督并不只是一种客观存在，监督主客体的能动性和自主性作为一种自变量，与其他因素相结合，使得警务监督充满了变数，进而使其在呈现个体性、差异性和失衡性的同时，也使其具有渐趋整体性、统一性和平衡性的内在机制。进而言之，警务监督的主客体既有作为个体存在的个性诉求，又因其社会性存在而追求整体性利益，因而无论个体间存在何种差异，哪怕是相异相克的现实表现，也无法否定警务监督的公共属性和各方的共同诉求。这也就意味着监督主客体在

---

[1] 吴永生．警务监督理论研究［M］．北京：中国人民公安大学出版社，2012：11－24.

[2] 监督类型存在多种表述，如党内监督、人大监督、国家监察、审计监督、司法监督、法律监督、民主监督、群众监督和舆论监督等，不仅存在逻辑混乱、外延多有交叉或遗漏等问题，而且不利于行文表述。因此，作者主张体制内监督和体制外监督这一表述。详见吴永．警务监督理论研究［M］．北京：中国人民公安大学出版社，2012：36－41．事实上，这一区分和表述并不鲜见，但长期以来主要是作为一个既定的学术概念加以使用，而没有作为一个学术议题进行比较规范的学理论证，其中的学术内涵自然也就被遮蔽了。

宏观和微观层面的确存在暂时或局部的失衡，但最终仍能够实现各方力量的共存与平衡。由此可见，监督主客体在监督实践中都会普遍表现出一般生命从外部获取生存资源、自保求生等共通本性，进而意味着生态学可以为警务监督提供学科借鉴和理论基础。[1] 一方面，与一般意义上的生态一样，监督主客体也是多元化的生物性存在。在监督实践中，且不论监督主体之间存在体制内外的悬殊差异，也不论体制外监督主体的动态变化和多元诉求，即使作为监督客体的警察也并非是一个整体性的存在，监督客体的集体身份和制度角色也不代表所有警察都会始终以一种面貌和一种力量示人。由此推论，相对于警察个体之间的差异性，警察个体与集体、警察机关与其他行政机关、行政机关与其他国家机关、国家机关与社会力量之间的差异性更是随着监督因子的丰富和壮大，在主体构成上表现出动机、能力、规模、方法和手段等方面的差异性。另一方面，与一般意义上的生态一样，监督主客体也会在博弈中逐渐形成合力，推动监督生态和警务生态的不断变化。在监督实践中，分歧、矛盾乃至冲突当然主要发生在主客体之间，但又不仅限于此。对于监督主体而言，体制内和体制外的关注点自然不尽相同，存在宏观和微观、程序和实体等方面的矛盾。即使对体制内主体而言，警察机关和其他机关的动机也难以完全统一，前者的监督尺度通常会倾向宽松一些，后者相对严格的监督活动也存在主动和被动之分。对于警察而言，对职业角色的不同认识也会导致他们淡然面对或设法逃避监督，当然也不乏警察将监督压力视为自我提升的内在动力。这样，每个监督活动都会因监督主体的进退和多寡而不断变化，也会因监督客体的态度而产生时间、效果等方面的差异。但是，监督活动中诸多因素的不确定性仍然无法改变监督力量日益壮大、监督目的日益明确、监督行为日益规范的确定性趋势，更不能扭转警务监督在积累和完善中发挥的纠偏和规范警务活动的良好势头，以至于在警务监督的宏观生态中形成规模不同、机制各异的微观生态。因此，对警务监督的生态分析可以从结构和功

[1] 立足生态学视角，自然生态与社会生态自然具有明显的共通之处，而且存在一定的因果联系，如“人类支配自然的观念本身来自于人对人的支配”。详见布克金．自由生态学：等级制的出现与消解（译者说明）[M]．郇庆治，译．山东大学出版社，2012：1．不过，相对于自然生态，社会属性鲜明的权力监督生态则因主体的价值追求与主动选择而更加复杂，仅依靠生物层面的共生尚不能超越能动性滋生的破坏性，因而需要立足整体与长远，进行学术创新与理论建构，以便在前瞻中主动优化监督生态，而非在应急中被动顺应社会环境。

能的视角进行进一步展开。

二、从并存到共生：警务监督生态的结构完善

在哲学层面，作为一种具有明确利益关联的社会关系，权力以其与人类社会共始终的永恒性体现着自身价值。[1] 作为权力异化的结果和权力的阶段性表现，作为国家权力的一种具体配置，警察权并不具有永恒性，必将随着国家的消亡而在更高形态上辩证回归至公共权力，但这也不是在短时间内即可实现的理想，更需要人类社会的不懈努力。聚焦到本文主题，历史性的警察权仍有长期存在的必然性，自然意味着警务活动的长期存在，也意味着警务监督也将如影随形地伴随其左右，长期发挥纠偏和规范的功能。立足生态学的视角，警务监督生态的形成和发展首先应当具有足够多的生态因子，即这一生态不只是由抽象层面上诉求各异乃至对立的主客体构成，监督主体或客体不仅本身数量众多，而且还有数量更多的潜在力量及其动态进退。就此意义而言，当下对警务监督进行生态学分析才具有现实意义，因为“警察和国家一样古老”[2]，但民众在漫长的政治生活中根本无法有效臧否警务活动，偶尔的抗争也难以形成制度性的成果，国家也因缺乏足够的压力和动力而疏于对警察进行规制，更遑论实质性的监督。虽说现代警察制度多维度地内含着警务监督的理念，[3] 但我国的警务监督在改革开放之前多为体制内的偶尔行为，之后随着经济发展、社会进步和公民意识的觉醒、公共精神的壮大才成为政治参与的重要领域，并呈现出日益常态化和制度化的趋势。在此背景下，特定的监督活动能够在开放环境下凝聚起空前的力量，保证多元化力量共存于其中，并表达不尽相同的关切。而基于历史的视角，热心监督的力量持续壮大，而且日益拥有科学的制度保障，以至于社会成员和监督力量的重叠程度持续提升，并在日益增多的领域中表达他们的关注和意见。这样，在常态化和制度化的进程中，监督主客体不仅在各自环境中形成机制不同、动机各异的微观生

---

[1] 吴永生．有罪推定：权力监督的理论基石［J］．行政论坛，2016（5）．

[2] 马克思恩格斯选集：第4卷［M］．北京：人民出版社，1995：116．

[3] 罗伯特·比尔的“建警十二原则”中就有“警察必须在政府的控制下”“警察以形象赢得尊重”“接受公众监督”这样的明确规定，即使“警察首脑机关”也“必须接近公众”。详见http：//bbs. tianya. cn/post－158－546322－1. shtml。

态，而且在利益博弈中形成更为宏观的监督生态，各种监督因子也因此存在于不同规模的监督环境中，并在生态机制作用下推动监督资源的吐故纳新与监督生态的存续和完善。

然而，警务监督的生态性不仅表现为众多监督因子在监督活动中的并存和进退。和一般意义上的生态一样的是，监督主客体的生物属性决定了他们会尽力争取现实利益和发展空间。和一般意义上的生态不一样的是，监督主客体的能动性使其能够超越一般生物的本能，以致在缺乏监督的情况下极易催生巨大的破坏力而非创造力。如在监督缺失或乏力的情况下，警察不仅会无视合理的监督诉求，而且会逆历史潮流而动，设法膨胀其职权；而在严格的制度供给和膨胀的监督意识下，监督主体也会放大其监督动机的正当性与监督诉求的合理性，以实现其利益最大化。尤其是日益壮大的监督主体在地位上的反转，看似是社会力量日益壮大的体现，事实上不过是他们对警察的一时得胜，但并非是社会成熟及其自治能力提高的表现，最终必然因其过于强势而破坏监督生态，进而堕入僵化、死寂的生态退化状态，暂时得益的他们最终仍将吞下其自私任性的苦果。由此可见，相对于监督主客体的多样化并存，他们在国家—社会框架下的个性化共生更为重要，即任何一种警务监督都要确保主客体的自主性及其始终在场，要为潜在的监督主体营造开放性的监督环境，但不能仅满足于其自在意识和自发行为，而应着眼于其自为意识和自觉行动，鼓励其在警务监督中锻炼和提高公民意识和公共精神，进而在政治文明和社会发展中发挥更大、更可持续的创造力。相反，没有监督主客体的自为意识和自觉行动，则意味着他们无法发挥身为社会主体的地位和作用，尤其会丧失作为社会主体的个性化需求，甚至窒息他们的能动性和创造性，更遑论监督主体实施监督的自愿性和积极性。一旦到了如此境地，形式上多元化存在的主客体必将沉溺于随波逐流和集体非理性，丧失个性化发展的需求和动力，不仅对警务监督毫无裨益，也必然在监督因子的衰减和单一化中加剧监督生态的趋同、恶化乃至死寂。

上述分析表明，警务监督的生态化要求监督主客体从不同机制下的并存逐步走向共生，否则，将意味着警务监督的逆生态化乃至监督环境和警务环境的恶化。所幸的是，经过一段时间的曲折和反思之后，国家与社会已逐步认识到监督主客体从并存到共生的合理性与进步性，警察已不再一味地满足监督主体的诉求和舆论压力，而是依法回应警务监督；体制内监督主体也不再简单转嫁体制外压力，或在表演式回应体制外诉求中夹带私利，而是在依法实施体制内监督的同时，发挥好警察和体制外监督主体的中介功能；体制外监督主体也逐步认识到自身利益的最大化冲动必然损害制度权威，挤占警务活动的自主空间，进而在反思其利益诉求中实施理性监督。这样，警务监督的生态结构就由曾经的全部指向警察和警察的委曲求全，逐步转向警察与监督主体的相互制约和长期共生，进而在完善生态结构的过程中，为生态功能的优化和警务活动的规范夯实基础。

三、从互抑到共赢：警务监督生态的功能进化

从国家面世及其与社会的功能分化，到两者的结构分化，国家对于社会的异己性不仅客观存在，而且日渐成为共识。即便如此，自治能力尚不敷用的社会仍离不开国家的管理，国家也不会因此立即着手消除其异己性，两者之间的矛盾仍将长期存在。由此也说明，“如果完全没有社会冲突，政治制度便没有必要存在”[1]。在此背景下，作为国家的基本配置，警察以外在于社会的方式处理社会矛盾，控制社会冲突；作为社会的现实必需，警察又不能完全听命于国家意志。换而言之，警察不可能因为前一种身份而罔顾民意，也不可能因为后一种定位而疏远国家，因而不可避免地承受着国家与社会的双重压力，接受体制内外两种力量的监督。尤其在国家来源于社会并服务社会且提供日益成熟的制度保障的当下，体制内监督不仅基于国家意志的需要，而且要向警察传达合理民意，以至于警察不得不面对渐趋广泛的监督诉求和日益严格的制度规定。这样，警务活动由曾经的肆意和失范到当下的广受监督，也就意味着警察内心深处潜藏着抵触和逃避监督的冲动，意味着他们与监督主体在某种程度上形成了心理和情绪上的对立，进而形成监督和反监督的博弈与相互抑制的状态。而这种互抑的状态并不只是宏观地存在于主客体之间，即使在各自内部也无法完全避免。在体制内监督中，并不是所有的警察机关都能对其他国家机关从善如流，体制内监督主体也不总能认真对待和真诚回应体制外诉求；在体制

[1] 塞缪尔·亨廷顿. 变革社会中的政治秩序［M］. 李盛平，译. 北京：华夏出版社，1988：10.

外监督中，并非所有的监督活动都是直接针对不法警务，各种治安和刑事案件的当事人之间也存在着互抑的企图。这样，错综复杂的互抑冲动必然以一种微生态的形式影响警务监督和警务活动，并形成宏观的监督生态。在此生态中，许多力量都心存自身利益最大化的企图，并以零和博弈的方式对待警务监督，面对监督的警察或置若罔闻，或设法逃避；监督主体或屡屡突破底线，或事无巨细地穷追猛打，即使所费不赀也在所不惜。尤其在网络技术日益普及的当下，匿名的体制外监督主体往往利用其虚拟身份，放下对权力的顾虑和怯意，无节制地表达逃避现实的任性，肆意瓦解现实的政治认同，以致警务监督逐渐成为恣意暴戾乃至恶意中伤的借口。[1]相对于体制外监督主体醉心于自身利益的最大化或成本最小化而无意于其行为的社会影响和警务活动的规范性，体制内监督主体自然也疏于反思其监督不力的责任，更不会追问相关制度的缺陷，更多地在舍卒保车中敷衍民意，在就事论事中平息事态，以致深层次问题依然故我，监督生态难以改进。显然，在此监督生态中，特定力量的利益最大化也许还能遂愿，但也意味着其他攸关者的利益充满着更多的不确定性，社会利益也因此难有保障和发展。更何况，一时一地获益的特定力量也会因自身影响，催生更多类似冲动，进而使其在更多的监督活动中遭遇更多更大的不确定性。

任何一种力量谋求自身利益的最大化，必然催生互抑的监督生态，不仅是理论演绎的结果，而且已成监督实践中的一种趋势。这一趋势在共时角度现实地表现为警民关系的失衡，警强民弱或民强警弱已渐成警民关系的常态，在历时性角度则逐渐由曾经的警强民弱趋势性地转向当下的民强警弱，以致即使在警务监督常态化和制度化的当下，民众对警务监督的无意识和无能力、警察对警务监督的畏惧和抵触，仍是双方主要的心理和态度，进而使得警务监督难以发挥锻炼和提升警民的作用，更遑论规范警务、服务社会的目的，[2] 监督生态自然也难逃恶化的命运。作为对此趋势的纠偏，监督主客体自然应当在经验和教训中及时认识到警务监督和警务

---

[1] 杨嵘均．论虚拟公共领域对公民政治意识与政治心理的影响及其对政治生活的形塑［J］．政治学研究，2011（4）．

[2] 鉴于国家与社会的关系及其长期并存的格局，警务监督当然要通过纠偏的方式规范警务，更通过监督实践锻炼警民，确保双方行为最终能够服务社会。详细分析可参见吴永生．警务监督理论研究［M］．北京：中国人民公安大学出版社，2012：42－65．

活动的公共属性，尊重并维护各方力量的正当诉求，同时摒弃自身利益最大化的企图，确保各方力量在监督实践中的正和博弈，以实现各方力量的共赢和社会利益的最大化。追求共赢的监督生态，不只是纠正监督生态中互抑冲动的现实需要，而且能够促进监督生态的持续优化和监督实践的持续规范，确保警务活动始终运行于褒贬及时、宽严适度的警务环境之中，因而理当成为优化监督生态的努力方向。在遏制和扭转互抑冲动的基础上，坚持共赢原则优化监督生态，必然意味着监督标准既不能偏袒主体或客体，也要避免朝令夕改，进而意味着监督活动只能依法实施。“法律是肯定的、明确的、普遍的规范，在这些规范中自由获得了一种与个人无关的、理论的、不取决于个别人的任性的存在。”❶ 这就意味着制定良好的法律在关闭任性之窗的同时，也必定打开自由之门。因此，依法监督也就意味着主客体都要心存敬畏，远离法律底线，更意味着他们会从单纯地纠偏和规范警务，逐步转向对人性的自我规范和自我提升，进而以善的意志较直接地触及其内心世界，强调其内在的责任感和义务观念。显然，一旦监督主客体能够自觉成为“遵从拥有自身理性的光芒带来的智慧、发出没有外来强制的良心的呼声的善良的人”❷，他们自然会依法维护自身的正当利益，又会尊重他人的合法利益，进而使得所有人在不损害其既有利益的情况下，持续提升其预期利益，更加确定地优化监督生态。

让人欣慰的是，追求共赢的监督生态并不止于理论分析和主观愿望，已经在反思和纠偏中表现出良好的发展势头。由于不能准确把握自身在国家—社会框架中的地位和作用以及警务活动的自身规律，尤其是对政府行为的过度响应，警察机关曾经常介入非警务活动，也长期做过臆断色彩浓厚的承诺，结果不仅加剧了警民关系的紧张和失衡，而且恶化了警务监督的生态，加剧了警务监督的失范。这样，经过在政治职能和社会职能之间的摇摆之后，警察机关逐渐找准了自身的定位和职能，既在不断完善制度供给的同时依法支持警务活动，又积极鼓励常态化和制度化的警务监督，合理的监督诉求和规范的警务活动也因此得到了更多的制度保障和舆论支持，膨胀的个人欲望和失范的警务活动也日益承受到体制内外的双重压

❶ 马克思恩格斯选集：第1卷［M］. 北京：人民出版社，1995：176.

❷ 汉娜·阿伦特. 马克思与西方政治思想传统［M］. 孙传钊，译. 南京：江苏人民出版社，2007：62.

力。在此背景下，随着监督生态的逐步优化，警务环境呈现出逐步完善的趋势，监督主客体也在监督环境和警务环境的相互促进中初显共赢的端倪。

四、共生共赢：警务监督生态结构与功能的互动

历时审视警务监督的生态变迁，尽管多种力量并存的监督生态有待在结构上继续优化，但也不能因此忽视乃至否认这一结构的进步性与合理性。事实上，相对于监督活动的长期蛰伏和警务活动曾经的随意性，警务监督的普遍化和常态化本身就意味着进步，多种力量并存于其中的进步性更是不言而喻，因为面对警察一贯的职务优势和制度资源，个体或少数人的监督活动必定因影响有限而难以有效应对不法警务，更遑论对警务活动的显著规范和对社会发展的持续推动。否认这一进步是狭隘的，满足于这一进步则是可笑的。前文的分析表明，在生物层面上的共生结构只是意味着监督力量日益壮大，监督活动日渐常态，并不能有效防范人类能动性滋生的互抑冲动，更不能代表所有力量都能理性反思其诉求和主张，尊重其他力量乃至警察的正当权益，也就意味着他们在利益表达上仍会延续互抑的冲动，自然在利益格局上难以改进此消彼长的传统，更无法实现各方利益的最大公约数。而各种监督力量的彼此对峙和相互角力，尤其是警民之间的相互抗衡，除了在以己度人中延续人性本恶、警民必然相异相克的传统认知，加剧各方无所不用其极的冲动，并不能深化他们对其社会性的理解和对社会责任的担当，以致他们在监督实践中无法摒弃示强占优的企图，监督因子减少、生态结构失衡和生态功能弱化也就在所难免，自然遑论各方利益的共赢，甚至社会最终也成为“一切人反对一切人的战场”和“私人利益跟特殊公共事务冲突的舞台”。[1] 相对于共生结构仍着眼于人的自然性与自利性，仍难以消化相互抑制的冲动，共赢理念则更多强调人的社会性与互利性。因此，优化监督生态应当坚持监督结构共生的理念，即在多种监督力量并存的基础上，承认所有人在警务监督中的地位和作用，尊重其关切和诉求，以确保动态平衡的力量投身于监督实践，推动其多元

[1] 黑格尔. 法哲学原理［M］. 范扬，等译. 北京：商务印书馆，1961：309.

化共生。共和主义强调的“个体对政治共同体繁荣的责任优先于个体性权利”❶，也并非是毫无现实性的虚构价值，自然可用于对监督各方的希冀，更应成为监督生态的道义基础与应然追求。这样，所有意欲监督的力量都能不失良机，各方力量都可以依法表达其关切和诉求，而又能免于无妄之灾，也就意味着各种力量在不同规模的监督生态中形成了相应的均势，任何一方也不会自视甚高而排斥他人在监督活动中的地位和作用，其自身利益也因他人的承认和尊重而更加可期，各方共赢的局面自然也就水到渠成。而在共赢理念的引导下，任何一方既自尊自爱，又以同理心待人，进而根据其资源和能力，以选择适当方式完善制度供给，畅通民意表达，进而在各要素的良性互动中形成充满活力的生态机制，监督生态自然能够在新陈代谢中实现资源共享和能量守恒，并开启持续优化的坦途。

相对于共生的监督结构对监督功能和监督生态的推动，共赢的监督功能对监督结构和监督生态的引领也不遑多让。在监督活动中固守互抑的动机意味着任何一方都可能以自我为中心，偏执地占据道德高地，一味地贬斥异己性力量的话语权乃至打压对方的冲动，他人的正当权益、警务活动的公共属性和社会秩序的可持续发展并不在其考虑范围，也必然意味着各方力量随时会遭遇被剥夺、被排斥的风险，监督力量的萎缩、监督因子的减少乃至制约社会发展的万马齐喑局面也就在所难免，监督生态的恶化乃至进入死寂状态也因此具有很大的概率。更为不堪的是，这种充满道德强制的排斥性动机还会因为警务监督的日常性和基础性而溢出警务活动，在其他政治活动中蔓延，进而恶化政治生态，在更大范围内催生冷漠或冲动的政治行为。“道德用于律己，胜过一切法律，用于律人，则形同私刑，后患无穷。”❷ 鉴于互抑的监督功能的破坏性影响，尤其是监督实践中的沉痛教训，共赢的理念也就必然成为预防和化解互抑冲动的良方。相对于互抑动机滋生的排斥性行为，秉持共赢理念的任何一方都不会自视甚高，更不会在监督活动中我行我素或贬斥其他力量，也就必然意味着他们不仅会依法维护自身的正当权益，而且在以人度己方面也不落于人后，进而能够在自我反思和自我约束中规范多样性的监督诉求，净化社会风气，而不会

---

❶ 安德鲁·多布森. 传统公民权的“生态挑战”——从政治生态学看公民权理论 [J]. 郭晨星，译. 文史哲，2007 (1).

❷ 吴永生. 有罪推定：权力监督的理论基石 [J]. 行政论坛，2016 (5).

因为一己之私而兴风作浪或推波助澜。这样，心存敬畏的警察必然因明确的制度保障而依法用权，不会因为外部压力而面临多种不测与风险；预期不足或过度的监督主体也会逐渐找到监督标准与诉求依据而依法维权或收敛其不当诉求。在此背景下，秉持共赢的警务监督既能避免监督主体的私利诱惑，又无须担心警察的强势与任性；坚持共赢的警务活动既能拥有相应的自由裁量空间，又能有效应对外界的过度干预。这样，置身其中的警务监督与警务活动都可以在共赢的理念下，相对独立、并行不悖地开展，同时规定着彼此不至于过度偏离制度轨道。这就意味着所有的力量都不会遭到排斥，所有的诉求都有发声的机会，更不用担心因偶尔的不当言行被剥夺继续实施监督的权利。这样，弱小的力量也能获得承认和生长的机会，强大的力量也不会受到优待，各种力量自然会在各自空间里成长壮大，生态结构也就具备了自我修复、自我调节的优化机制，生态的多样性、差异性、整体性和平衡性也因此具有可靠保障。尤其值得期待的是，各居其位、各得其所的监督主体因为其正当权利无虞而能够包容性对待警察和其他力量，更因为心存共赢的理念而积极联合其他力量，在共同止损的同时联手增益，为监督生态的优化各尽其能。这样，监督双方从互抑的低谷攀升到共赢的高地，既能防止被膨胀的私欲吞噬，避免在“以恶制恶”中恶化监督生态，又能在保障正当诉求的基础上，在道德合作中从容地丰富和提高自己，进而以渐具活力的生态机制优化监督生态和警务生态。所以，作为合理性、必然性与普遍性的有机统一，共赢不应只是少数人的特殊禀赋与崇高境界，而应成为所有人的共同目的与行动指南。如此，生态结构多元平衡的共生乃至监督生态的持续优化自然指日可待。

（执笔人：吴永生，淮阴师范学院马克思主义学院教授、博士。）

第十三章　政治生态学视域下公安民警退出机制建设

基于新时代的要求，提升“过硬”公安队伍建设的品质，不仅要把好“进口关”，而且要畅通“出口关”。从根本上说，“出口关”涉及公安民警退出机制建设问题。借助政治生态学的研究方法，旨在提供公安民警退出机制建设的另一种认识视角。由此提出一个基本观点：绝不能把公安机关简单地看作是机械的感应与反应的机构，而应看成一个有生命的系统，其生命力在于能够通过“进口关”“出口关”的机制建设特别是公安民警退出机制建设在与外界的物质循环和能量变换中获得新陈代谢，达到新的或更高级的平衡，实现更高质量的发展。

一、问题的提出：基于政治生态学的拷问

在公安机关调研时发现，“过硬”公安队伍建设中遇到的一个突出问题是：“有进必考”在公安机关得到有效落实，也就是说“进口关”已基本扎紧、筑牢，而公安民警的“出口关”仍然不畅通，导致少数“问题民警”无法退出，一些优秀民警无法往高层次上流动，进而影响“过硬”公安队伍建设的品质。随着公安工作进入新时代，公安队伍建设必然面临一些新情况新挑战。如何立足新时代紧贴公安民警需求的多样化，打造充满活力而又具有战斗力的公安队伍，进一步加强公安民警退出机制建设就显得越来越迫切。这里，借助政治生态学的研究方法，旨在提供公安民警退出机制建设的另一种认识视角。

从根本上说，政治生态学是“用生态学的观点和方法研究政治现象及其与周围环境的关系的学问。它关注的焦点是政治体系及其行为的环境影

响，以及环境变化的政治影响”❶。在政治生态学视野中，政治现象具有生态系统属性，“任何政治结构、政治组织，要拥有良好的发展潜质，必须具备两个先决条件，一是系统性，二是生态性，二者共同构成一个有机的生态系统。不具备系统性，或者仅有系统性而无生态性的政治构成，是不会有长久而旺盛的生命力的”❷。

当代政治生态学研究的成果表明，政治系统及其活动在很大程度上受特定环境因素的影响和作用，也就是说任何政治系统的活动和关系都不能离开一定的政治、社会、文化环境，而且只有在与政治、社会、文化环境的充分平衡中，政治生态系统才有可能实现自身的升级和优化。据此，有学者提出“追求和谐融洽与动态平衡，乃政治生态理论的宗旨与法则”❸。公安机关作为一个政治生态系统，实现生命系统和环境系统的平衡，无疑是其追求的重要目标。而理论研究揭示，这个目标的达成只能依赖于生命系统通过各种形式，与环境系统进行持续的物质循环和能量转换，实现新陈代谢。“在这种自然的生态动态运动中，生态系统的各个部分相互协调、相互适应，达到一种生态平衡”❹。公安机关政治生态系统的这种平衡性，要求必须把公安机关看作政治生态系统中的生命系统，即公安机关是由公安组织和公安民警构成的有生命的整体，之所以说其有生命，主要不在于强调公安机关构成一个有机体，自身处在生存和发展过程中，而在于组成它的主体有意识、有思想，能够对公安机关生态环境做出积极反应。这些人类本身具有的特性是公安机关生态系统与生态环境发生相互作用，并主动谋求平衡的重要基础，也是政治生态学得以成立的理由所在。所以，在政治生态学的视野里，绝不能把公安机关简单地看作是组织形式，是机械的感应与反应的机构，而应看成一个有生命的系统，其生命力在于能够在与外界的物质循环和能量变换中获得新陈代谢，实现新的或更高级的平衡。

❶ 刘京希．政治生态论——政治发展的生态学考察［M］．济南：山东大学出版社，2007：27.
❷ 刘京希．政治生态论——政治发展的生态学考察［M］．济南：山东大学出版社，2007：11.
❸ 刘京希．政治生态论——政治发展的生态学考察［M］．济南：山东大学出版社，2007：32.
❹ 王沪宁．行政生态分析［M］．上海：复旦大学出版社，1989：29.

二、公安民警退出机制建设的政治生态价值呈现

（一）加强公安民警退出机制建设，有利于实现公安机关的政治生态平衡

“在自然界里，任何生态系统都由小的次生态系统组成，虽然生态系统的规模有大有小，但是并不呈现无限增大的趋势，其根本原因就是在于任何生态系统都会遭遇到一个问题，这就是结构复杂性与能量传输的极限，只有保持适度规模，生态系统才能保持生态平衡。”[1] 从政治生态学的角度考量，公安机关与其他任何组织一样，也是由次级生态系统（或生态要素）组成的有机体。公安民警个体作为公安机关生态系统存在的物质前提，是公安机关生态系统最小的构成单位与最基本的政治角色，公安民警的数量与个体素质在很大程度上决定着公安机关生态的质态与功能。然而，生态平衡对适度规模的要求也决定了公安民警数量与公安队伍规模不是没有节制的多多益善，不是没有吐故纳新的自我增长，这是因为仅仅强调“进口”而不保持“出口”畅通，公安机关生态系统平衡的维持与发展就会遭到破坏。由此可见，有效的公安民警退出机制建设并不是可有可无的。

从历时性角度看 公安民警退出机制建设在不同的历史时期曾出现了不同的情形。比如，20 世纪 20～30 年代，为防止敌人的破坏，保卫中共领导人的安全，巩固红色政权，我们党成立了中央特科和政治保卫局，那时把招录人员、严把政治关、尽量扩大规模作为公安保卫机关发展的一个重要目标。就当时情形而言，对公安保卫人员个人来说，加入组织就意味着风险来临甚至以命相搏。残酷斗争的大环境和极端恶劣的工作生活小环境，不但无形中提高了进入公安保卫机关的门槛，同时也加快了公安保卫机关生态系统的新陈代谢，而这种“新陈代谢”的退出功能在当时往往是通过自然的途径即生老病死和通过特殊的途径即在对敌斗争中光荣牺牲来实现的，尽管这两种退出的途径是被动的、残酷的，也不是当时公安保卫机关生态系统自我选择的功能主题，但它们的客观存在和非主观的运作却

---

[1] 曹峰旗．困境与路径：党员退出机制的政治生态学分析［J］．探索，2014（1）．

使公安保卫系统的政治生态结构始终处于一种精练、高效的状态。而到了中华人民共和国成立以后，特别是中国共产党由革命党成为执政党之后，政治生态环境发生了巨大变化，公安部队和公安军的出现、公安民警数量的大幅度增加，一方面固然有“人多力量大”惯性思维的作用和巩固国家政权、维护社会治安秩序的现实需要，但另一方面也不能不说公安民警拥有一定职权和较高的社会地位吸引着许多人进入公安系统，尤其当公安民警身份不再带来重大风险而且成为重要利益实现工具的时候，入警动机迅速多元化，导致社会成员加入警队的积极性不断高涨。同时，战争年代那种频繁的、残酷的“你死我活”生存考验减少，社会环境压力下降，加上公安机关遭遇警务日益繁重而警力不足的现实困境，自身缺乏产生清除“小问题不断、大错误不犯”“问题民警”的内在动力，而“问题民警”个体一般也不会选择主动离开。因此，公安民警退出机制在很长的一段历史时期内只限于公安民警死亡与因罪开除，进多出少的反生态成为公安机关生态系统的常态，造成少数公安民警在职业认知、职业行为上的变异甚至蜕变，以致影响警民关系、阻碍警察高大形象的重塑。

（二）加强公安民警退出机制建设，有利于实现公安机关的政治生态净化

作为掌握公权力的执法力量，公安机关的政治生态本应是“山清水秀”的，但近几年来，警察腐败的丑闻不绝于耳。“尽管我国是共产党领导下的社会主义国家，社会主义制度的优越性和人民警察的性质，决定了我国人民警察的本质和主流是好的，是一支党和人民完全可以信赖的队伍，但正如社会主义制度下不可避免产生犯罪一样，我国的公安队伍也频频受到‘腐败’病毒的侵蚀，被腐败问题所困扰。”[1] 党的十八大以来，我国公安系统少数官员落马，包括上至省部级高官，下至县处级的公安局长，甚至还出现了广东英德市公安局腐败窝案、广东东莞南城公安分局腐败窝案、江苏省连云港市公安局腐败窝案等，这些是不容回避的事实。虽然腐败是权力的衍生物，但由于我国公安机关的性质和宗旨决定了它与腐败水火不容，所以反对腐败、铲除腐败也一直是公安“正规化”队伍建设

---

[1] 王光森．警察腐败现象的社会学分析［J］．江苏公安专科学校学报，2002（3）．

的重要任务之一。从历史与现实看，警察腐败现象一时难以根除，建设忠诚、干净、担当的公安队伍任重道远。从政治生态学来看，警察腐败现象是政治有机体组织的病变，是政治生态系统生命力的杀手。尽管少数警察的腐败行为可能是“微腐败”，但相对于“远在天边”的“老虎”，群众对“近在眼前”嗡嗡乱飞的“蝇贪”，感受更为真切，“微腐败”也可能成为“大祸害”，因为“它损害的是老百姓切身利益，啃食的是群众获得感，挥霍的是基层群众对党的信任”。[1] 所以对“微腐败”不能掉以轻心，对“问题民警”不能只睁一眼闭一只眼，对基层贪腐和警察执法不公、索贿受贿、违法乱纪等腐败行为不能“开绿灯”。种种情况表明，如果不下决心治理，一旦时机成熟、条件具备，“问题民警”就会“捅娄子”，“微腐败”就会演变成“大腐败”，不但产生不了公安机关生态系统所需要的正能量，相反还会变成劣变的生态因子，消耗组织稀有的能量，最终使组织变得外强中干、不堪一击。

2016 年 1 月，习近平总书记在党的十八届中纪委六次全会上强调“只要谁敢搞腐败，就必须付出代价。一棵参天大树，如任蛀虫繁衍啃咬，最终必会逐渐枯萎。惩治腐败这一手必须紧抓不放、利剑高悬，坚持无禁区、全覆盖、零容忍”[2]。对一个政党来说，反腐败就意味着治病树、拔烂树，护理好政党生态林，使其充满朝气和勃勃生机，就此而言，这是政党系统应该拥有的生态修复与净化能力。对公安机关来说，生态系统这种自我修复、净化的能力，除了通过反腐败、实行阳光警务外，还有赖于建构及时而有效的公安民警退出机制。事实上，公安民警退出机制的建构和运行，既是公安机关内部优胜劣汰、清除腐败、扫除“害群之马”的过程，也是公安机关生态系统吐故纳新、实现新陈代谢的过程。实践证明，将公安机关生态系统中一些“霉变细胞”或“有害赘肉”清理出肌体，使“问题民警”在公安系统内没有立足空间，使“崇高事业型腐败和物质回报腐败”[3] 在公安系统内没有滋生土壤，才能保持公安机关生态系统所需要的能量守恒和物质转换。当然，必须指出的是，要保持公安机关生态系

---

[1] 习近平. 习近平谈治国理政：第二卷［M］. 北京：外文出版社，2017：167.

[2] 习近平. 习近平谈治国理政：第二卷［M］. 北京：外文出版社，2017：166.

[3] 迈克·A. 卡尔德罗，约翰·R. 柯兰科. 警察职业道德——崇高事业目标与手段的平衡［M］. 杨洁，曾玛丽，译. 北京：中国人民公安大学出版社，2015：110.

统自身平衡和物质转换，仅仅靠消极、被动与单一的公安民警退出机制，是远远不够的，因为“净化政治生态同修复自然生态一样，绝非一朝一夕之功，需要综合施策、协调推进”❶。唯有如此，才能适应或满足公安机关生态系统主动的、多样化的生态系统修复与净化的内在要求。

（三）加强公安民警退出机制建设，有利于实现公安机关的政治生态效能

公安机关作为一个生态系统，要保持自己的生机和活力，确保任何时候任何情况下都能够做到“对党忠诚、服务人民、执法公正、纪律严明”❷，除了加强内涵式建设外，还必须处理好公安机关规模与公安机关效能的关系。公安机关效能主要指公安民警积极参与公安机关开展的各种活动，并且能够从各类活动中获得收益。公安机关效能主要体现为政治效能和经济效能。关于政治效能，一般来说，公安机关要想调动每一名公安民警的工作积极性、主动性，实现广泛参与，就应该对其成员数量进行限制，使队伍保持适当规模。这样立论的根据，一是理论研究揭示，公安民警有效参与决策的机会总是与公安机关的组织规模成反比，即公安民警数量越多，队伍越庞大，平均分配给公安民警的决策权就越少，平等参与、政治理性、职业认同都会随着公安民警的大量增加、公安组织规模的扩张而大打折扣。对此，一些学者关于自治效能与组织规模、创新效率与组织规模、政府组织规模扩张两面性的论析，都可以为此提供有力的理论支持。二是实践表明，公安机关的组织规模越小，对公安民警个体的回应会越及时，越有效，公安民警对自己参与结果的可见性越高，对公安机关的组织体系产生的影响越显著。久而久之，公安民警对公安组织的依存度、信任度会大大增加（特殊情况如领导班子不团结、政治生态不好的少数公安机关除外），在一定程度上，有利于促进公安机关生态系统的优化和升级。关于经济效能，一般而言，公安机关的规模越大，成员越多，公安民警个体从公安组织中收获的长期净收益会越小。将直接有效调动所有公安民警工作积极性作为最合适的规模标准，距离标准值越远，公安组织的代

---

❶ 习近平．习近平谈治国理政：第二卷［M］．北京：外文出版社，2017：167.

❷ 习近平．始终坚持人民公安为人民［N］．新华社，2017-05-19.

表性越强，综合收益也就越低。对于规模较小或规模适当的公安组织来说，公安组织所提供的公共物品收益远大于公安民警个体所承担的成本，相反，“这种人均收益会随着组织规模的扩大而减少”，因此，“要想获得公共物品的收益就必须对组织规模进行限定”。[1]

较早注意到警察组织规模对警察组织影响的人是日本警务专家松井茂，他通过对日本警察的研究，认为“警察为维持社会安宁、卫护人民生活而产生，其所负之使命非常重大，往昔警察规模简陋无论矣”[2]。这里，尽管我们不完全赞同松井茂的观点，但至少他已经注意到了“警察规模简陋”与警察“所负之使命非常重大”之间的关系问题，具有划时代意义。就我国而言，较早注意到警察组织规模对警察组织影响的人是中华人民共和国成立后担任第一任公安部部长的罗瑞卿，他通过对公安系统干部队伍建设的研究，提出“公安系统老的骨干确实多一些”，要“转出”一批老的骨干，“但仍然还要保留着一批老的骨干，他们是贯彻党的公安政策的可靠力量”，同时，公安系统还要积极吸收“一批青年知识分子”和“一批优秀分子”，在实际工作中锻炼他们，培养他们，须知“这是公安部门的新生力量，我们必须加以重视”。[3] 很显然，罗瑞卿的这个思想不仅回应了警察组织规模与警察组织效能的关系问题，而且触及了警察退出机制建设问题。

总之，从历史和现实、理论和实践相结合的角度考量，警察组织规模问题确实是“过硬”公安队伍建设中值得认真研究的课题。一方面要认识到当下扩大警察组织规模的必要性和合理性，另一方面又要正视因警察组织规模扩大而带来的“大企业病”。而加强旨在健身与瘦身的公安民警退出机制建设，不失为解决警察组织“大企业病”的关键之举。

三、公安民警退出机制建设的路径选择

就公安机关而言，公安民警退出机制建设实际上是公安组织体系内生态（主要指公安组织体系与诸多次体系的纵向生态与反生态关系，以及诸组织次体系间的横向生态与反生态关系）建设，而开展该项建设对

---

[1] 白雪娇. 规模适度：居民自治有效实现形式的组织基础［J］. 东南学术，2014（5）.

[2] 松井茂. 警察学纲要（原序）［M］. 吴石，译. 北京：中国政法大学出版社，2005.

[3] 罗瑞卿. 论人民公安工作［M］. 北京：群众出版社，1994：225－226.

公安机关政治生态系统优化升级具有不可替代的作用。《中华人民共和国公务员法》《中华人民共和国人民警察法》《公安机关组织管理条例》都有关于公务员（警察属于公务员序列，所以公务员法同样适用于警察）以及警察调离、警察辞职、警察辞退、警察开除的明确规定。然而，在实践中公安民警退出机制因缺乏新的制度供给、警察亚文化抵制、警察个体"经济人"特性凸显而遭受多重阻隔，造成公安机关生态系统代谢机能的堵塞，导致公安机关不能正常、有效与社会环境之间进行信息交换和能量流动，以获得社会环境的更大支持。立足新时代建设更高质量"平安中国""法治中国""过硬"公安队伍的要求和适当满足公安民警个体发展多样化的诉求，迫切需要将加强公安民警退出机制建设摆上议事日程，并从以下几个方面做出努力。

首先，倡导公安民警严进与低出相结合，彰显公安机关生态系统的平衡性。良好的公安机关生态系统，应具有平衡性。平衡性，要求生态系统具备自我调节和调控能力，这是保持公安机关生态系统生命力的基本要求。当公安机关生态系统处于稳定发展状态时，系统的平衡能力并不能得到充分体现；当公安机关生态系统面临内外危机时，系统平衡能力的强弱，就会暴露无遗。一般来说，先进、优质的公安机关生态系统，由于其结构多元、功能多样、体系精巧，故而应对内外冲击得心应手、游刃有余。这样的生态系统不仅不会因内外冲击受到损害，反而会因此受到考验，得到淬炼，变得更富有生命力，调控和平衡功能更趋完善。需要说明的是，结构复杂、功能完善的公安机关生态系统，不一定就不存在风险和危机，而事实上，如果只从纯技术角度追求自身结构的复杂和功能的完善，而不重视与外面环境进行沟通，形成互动，长时间满足不了环境的正当要求，从而持续地失去环境的支持，那么，公安机关生态系统的生命力也不会持久。因为生命在于运动，没有运动，没有动态性的维持，生病乃至危及生命的事情就会发生。所以，有学者断言动态性"是政治系统富有生命力的必要条件"[1] 是有道理的。由于公安机关生态系统的平衡性是通过动态性来实现的，而公安机关生态系统的动态性则是通过"严进与低出"的方式（实际上就是"输入—输出"模式）来实现的，针对当前这

[1] 刘京希．政治生态论——政治发展的生态学考察［M］．济南：山东大学出版社，2007：12.

种实现模式未落地的现实情形，提出以下建议。一方面必须坚持入警数量与经济社会发展相适应、与警务效能相适应的原则，严格掌握“入警”标准，科学把控入警人数，在入口处严把质量关，从源头上把不合格的挡在公安系统外，不仅可以起到直接净化公安机关生态系统的作用，而且还可以为以后大大减少公安民警退出的压力奠定基础。另一方面应该降低出口门槛，让不合格或“身在曹营心在汉”的公安民警能够顺畅退出。具体而言，对违法乱纪民警的退出，要及时、果断，态度鲜明，不留回旋余地；对“小问题不断、大错误不犯”民警的退出，要沟通到位，给予人性化处理；对“能力强而又想调离”的民警退出，要十分慎重，但也绝不是一个不放，而“放”与“不放”均应以公安机关“瘦身”“健身”效果为判断标准。

其次，倡导公安民警被动退出与主动退出相结合，彰显公安机关生态系统的开放性。开放性，是公安机关生态系统富有生命力的本质要求。一般而言，封闭的、僵化的公安生态系统，由于与外部环境存在阻隔，不能进行系统与环境之间的信息交换和能量流动，使系统内部结构不能因环境的改变而有所调整，系统之于环境要求的吸纳、甄别、决策、输出功能也因之而趋于萎缩。相反，开放的、充满活力的公安机关生态系统，由于其在开放状态下与社会环境处于互动关系中，洞悉并尽量满足社会环境的合法要求，并不断调整自我，使自己常变常新，因而更富有生机和活力。因此，建构开放的、充满活力的公安机关生态系统，彰显公安机关生态系统的开放性，就成为当下建设“过硬”公安队伍的选择。从目前建设“过硬”公安队伍的实践来看，优化公安机关生态系统、彰显公安机关生态系统开放性的做法之一就是打通公安民警“被动退出”和“主动退出”的梗阻，加大社会环境外在要求的动态“输入”，不断为公安机关生态系统提供给养和能量，进而维持公安机关生态系统的存在和发展。只是在运作的过程中，有两点需要提醒：一是正确认识“主动退出”和“被动退出”的含义和情形。这里的“主动退出”主要指合格的或不合格的公安民警主动提出调离公安机关，按照有关规定办理了组织手续的；“被动退出”主要指违法乱纪或不合格的公安民警达不到民警要求标准，又不情愿退出，由公安机关按照一定程序劝退、辞退、开除公职的。二是从目前地方性的探索实践来看，“问题民警”只要触碰“高压线”即被淘汰出局，很显然，民警“被动退出”机制建设已初见成效，而令人遗憾的是，公安民警“主动退出”方面至今还没有多大进展，创新的做法也不多。因此立足新时代新要求，更新观念，创新体制，推动合格或不合格公安民警“主动退出”机制建设迫在眉睫。

再次，倡导内紧与外松相结合，彰显公安机关生态系统的生态性。生态性，是公安机关生态系统赖以存在的内在根据。公安机关生态系统的生态性，以公安机关生态系统的生态平衡和生态效率为表征，生态平衡和生态效率是判断公安机关生态系统是否具有生态性的重要依据。以追求生态平衡、生态效率为依归的公安机关生态系统，一般表现为内部各子系统间在结构上的有机关联和互动，整个系统与外部环境系统在信息和能量的输入与输出上处于均衡和平稳状态，表现为整个系统在信息和能量输入—输出过程中的信息处理与决策效率。不断提高公安机关生态系统的生态效率，是公安机关生态体系的不懈追求。而要达到这一目标，不管路径有多少个，核心和实质却只有一个，即尊重公安机关生命系统的生态发展规律，重点在内紧与外松结合上下功夫。具体地说，要努力做到：(1) 内紧。所谓内紧，就是盯紧民警，不留监督死角，不留监督盲区，使民警在八小时内和八小时外都处于监督之下，没有“出轨”干坏事破坏生态系统运转的时间；内紧，就是盯住民警，编织民警活动空间网络，让民警感到自己始终“逃”不出这张网而收起戾气。这种“内紧”，不是压缩民警权利，而是以权力约束权利，以权力制约权力，有利于形成风清气正的政治生态，使“问题民警”有压力，产生向外流动的意愿，从而避免因系统自身的生态失调而招致严重的生态危机。(2) 外松。所谓外松，就是营造一个宽松、和谐、友善的外部环境，减轻公安民警退出机制的外在压力。在这方面，正如一些学者所指出的，“除了设计科学与人性的退出机制外，还要加强外部环境的引导”[1]，即尊重公安民警的退出权利，保障公安民警退出的自由，不对自愿退警和劝退民警作道德评判，把退警与违法乱纪切割，消解妖魔化警察的社会土壤，实现涉警舆情的博弈与共振。[2] 可以预计，一旦这样的舆论场形成，退出公安系统的民警与公安组织之间的张力

---

[1] 曹峰旗. 困境与路径：党员退出机制的政治生态学分析 [J]. 探索，2014 (1).

[2] 王光森，周廷瑜. 博弈与共振：涉警网络舆情的生态学分析 [J]. 公安研究，2017 (5).

就会得到缓和，有进有出、防止矛盾激化、推进生态系统新陈代谢的良性生态机制就会加速建立。

（执笔人：王光森，江苏警官学院马克思主义学院教授；赵年伏，天津市公安局河西分局局长。）

第十四章　博弈与共振：涉警网络舆情的生态分析

当下，以人民警察为主要受动者的涉警网络舆情在网络舆论场的博弈与共振不断。基于生态学的观点研究博弈与共振中的涉警网络舆情，把涉警网络舆论场视作一个有机的整体，重点从要素构成、要素互动以及要素平衡等方面进行分析，揭示涉警网络舆情博弈与共振的特点和规律，无疑对理解、把握舆论场内的各生态要素的内在联系，进而优化各生态要素，实现涉警网络舆情生态可持续发展具有重要意义。

一、涉警网络舆情博弈与共振中的生态要素构成

网络舆情是由于各种事件的刺激而产生的通过互联网传播的人们对于该事件的所有认知、态度、情感和行为倾向的集合，[1] 具有一定强烈度和针对性。涉警网络舆情在博弈与共振中逐渐集聚成涉警网络舆论场。按照生态学的观点，一个完备的生态系统由诸多生态要素组成，且生态要素之间相互作用。涉警网络舆论场演化成一个完备的生态系统，具有生态系统的基本属性和特征。基于对涉警网络舆情的生态化理解，涉警网络舆情博弈与共振中的生态要素主要包括网民群体、网络媒体、公安机关，它们分别承担着生态系统中的“生产者”“消费者”“分解者”角色，直接或间接地影响着涉警网络舆情传播演化的方向路径。

（一）生产者：网民群体

网民群体大多以个体形式参与涉警网络舆论的传播演化并主动发声。

---

[1] 王国华，曾润喜，方付建．解码网络舆情［M］．华中科技大学出版社，2011：1.

因涉警网络舆情所反映的特定警察群体具有一定的敏感性，加之以无数网民的积极参与哪怕是简单的点赞都极易使得舆论“井喷”，形成舆论的集聚和共振。此时，网民群体扮演着“生产者”角色，通过制作舆情热点给公安机关施加舆论压力。因此，研究网民群体，并将网民群体视为涉警网络舆情生态的构成要素，是必要的。

一方面，网民群体推动涉警网络舆情演化发展具有脱域效应，即分散在全国各地的网民都可以打破地域的界限同步参与评论。网民群体基于共同经验和认知的激发、共同利益和兴趣的追求，在网络媒体迅速集结并一起围观，集体发声表明自身观点态度进而推动舆情的发展。以 2016 年的“雷洋”案为例，从“知乎”发帖质疑到澎湃、腾讯等多家网络媒体对事件进行迅速跟进，随即引发大量舆论热议，网民纷纷发声评论。相类似的舆情还有比如 2015 年的深圳娃娃鱼事件、庆安火车站枪击事件，2016 年的佛山鸣枪示警事件、深圳盘查身份证事件，都体现了涉警网络舆情生态中网民群体对网络舆情的“推手”、生产和发酵作用。公安政工干部对此虽然有反应、动作，但仍然显得很被动。

另一方面，网民群体中出现的意见领袖是网民群体意见的引领者，是促发涉警网络舆情共振的关键少数。近三年来，随着互联网治理特别是以恶意造谣传播为主要代表的意见领袖频频被绳之以法，互联网空间环境明显“晴朗”，但据人民网舆情监测室发布的《2015 年互联网舆情分析报告》显示，热点网络舆情中“代表极端声音的意见领袖获得了更高的文章阅读量，说明在微信私密化的空间中，人群因立场观点相近更易联结，其中蕴含的群体动员风险值得关注”❶。作为网民群体中精英群体的意见领袖通过供给信息，实时捕捉舆情苗头，精确洞察网民群体的意见和情绪，以自身的观点影响和引领网民群体，推动着涉警网络舆情往复杂的局面发展。

（二）消费者：网络媒体

网络媒体是相对传统媒体而言的在涉警网络舆情中网民参与交流、互

---

❶ 周廷瑜，李晋，孙元振. 博弈与共振：涉警网络舆情关键点研究［J］. 法制与社会，2016（30）.

动以及表达意见、观点和情绪的重要媒介平台，当下主要以微博、微信、QQ群、论坛、客户端等形式显现。网络媒体透露涉警信息，发布涉警新闻，通过自身的中介效用把网民群体与公安机关链接起来。网民群体凭借网络媒体了解涉警信息，进行互动沟通，表达立场态度；公安机关倚靠网络媒体倾听网民心声，洞察民意，进而引导舆论。马克斯韦尔·麦库姆斯认为："新闻媒介的议程在很大程度上成为公众的议程。换句话说，新闻媒介设置了公众议程，使之成为公众关注、思考甚至采取行动的重点。"[1]网络媒体通过议程设置"消费"涉警信息，吸引了网民的注意力，集聚了警察的关注度，进而催生了众多涉警网络舆情，在满足自身商业利益的同时，激发了部分网民与警察的舆论交锋。

2016年一篇以"刚为人父的人大硕士，为何一小时内离奇死亡?"为题的网帖刊登在知乎上。[2]知乎用户以死者雷洋朋友身份质疑有人破坏证据，阻挠调查，呼吁将雷洋这个悲剧扩散出去。随后，该帖在各公号的转载下迅速传播并在朋友圈刷屏。次日，网络媒体凤凰评论第一时间对雷洋事件进行了全面梳理，并提出种种质疑。网络媒体以夺人眼球的标题吸引网民参与，架起网民与警察同频共振的空间平台，涉警网络舆情生态系统也因网络媒体的议程设置悄然走向极端化。由此可见，在涉警网络舆情中，网络媒体不仅扮演着关键传导环节，而且起到了"消费者"的作用。

（三）分解者：公安机关

公安机关作为涉警网络舆情生态中的不可或缺的要素，承担着"分解者"角色，是涉警网络舆情博弈与共振归于平息的主导环节。公安机关加强和改进新闻舆论工作，提升涉警网络舆情预警、分析、引导、处置能力，接受社会监督进而改进公安工作，是新媒体时代社会发展的要求，也是由公安机关自身的性质和职能决定的。正如公安部原部长郭声琨所强调的，"加强和改进公安新闻舆论工作，既是服务党和国家工作大局、维护国家安全和社会稳定的客观要求，也是团结人民、鼓舞士气和自觉接受社

---

[1] 2015年互联网舆情分析报告 - 西瓜 - 思想博客 - 光明社区 - 网络（http：//blog.gmw.cn/b.）。

[2] 刚为人父的人大硕士，为何一小时内离奇死亡. 凯迪网络资讯有限公司官网，2016年5月9日。

会监督、不断改进公安工作的现实需要。”❶ 公安机关有效且高效引导和应对突发涉警网络舆情，近可利于缓和舆论，远可利于规范警务，进而提升民警执法规范化水平。

此外，公安机关在涉警网络舆情博弈与共振中处于神经末梢的“分解者”位置，经过酝酿和发酵的网民舆论往往会指向公安机关，公安机关此时的态度、表态及回应便成了网民关注的焦点。所以涉警网络舆情发生后，公安机关应对媒体不当，不会说、不敢说、不及时说、不说真话以及“选择性公开”都会导致舆论共振、媒体炒作以及谣言满天飞，使事态发展径直趋向不利于公安机关的方向发展。因此，在涉警网络舆情生态中，公安机关的舆情引导不仅不可或缺，而且应在寻求“帕累托最优”过程中发挥关键作用。

二、涉警网络舆情生态系统博弈与共振呈现的特点

涉警网络舆情博弈与共振的过程也是警民深度互动的过程。以互联网为主阵地的警民互动在涉警网络舆情生态系统的发展进程中有其自然的生态特性或规律，这些特性和规律在涉警网络舆情博弈与共振中不断发挥作用，并得到有效印证，促成了涉警网络舆情生态系统的现状。但随着生态系统的自身进化以及警民长期博弈互动后的相互磨合和权责平衡，涉警网络舆情生态系统的生态特性或规律也会渐趋优化，这也印证了涉警网络舆情生态系统中生态特性或规律辩证统一的绝对性和相对性。

（一）多样呈现与无序传播

生态学认为，一个自然生态系统，复杂性越高，其稳定性也就越高。❷这恰恰体现了一个生态系统进化的两个方面，多样性与有序性的相互影响和作用，共同推动着生态系统的进化。涉警网络舆情生态系统多样性，首先体现在舆论呈现渠道的多样性，微博、微信、新闻客户端、论坛、直播间等多种新兴网络媒体平台成了当前涉警网络舆情的主要呈现渠道，且每

---

❶ 郭声琨同志在全国公安机关新闻舆论工作电视电话会议上的讲话。中华人民共和国公安部官网，2016年12月21日。

❷ 刘京希．社会体系及其生态法则——一种生态政治视角的分析［J］．中共宁波市委党校学报，2002（3）．

类网络媒体都既有其所长，也有其弱点。因而，一个网络舆情的形成和共振，往往是多个网络媒体功能互补联动的结果。其次，舆情参与主体涵盖了基层民众、专家学者、民间媒体人、公安民警、政府官员等社会各阶层人士，他们凭借自身的社会影响力和号召力进行社会动员，体现了涉警网络舆情参与主体身份和地位的多样化。最后，涉警网络舆情生态系统的多样性体现在舆论内容类型的多样性（图1）。围绕警察群体，网民群体的涉警言论涵盖公安机关的执法、服务、管理等方方面面。因此，在涉警网络舆情生态系统中，舆论的发声渠道和方式多样化、舆情参与主体身份和地位多样化以及涉警舆论内容类型多样化共同构筑了整个涉警网络舆情生态的多样性。

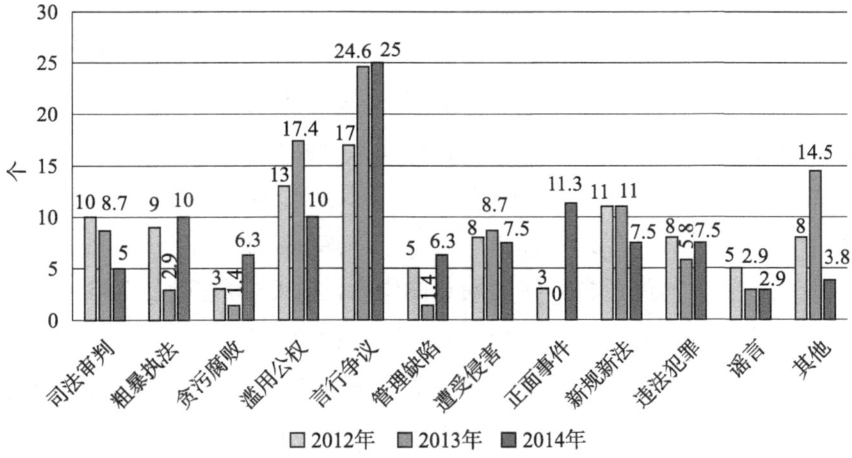

图1　2012—2014年影响较大的涉警舆论涉及内容类型分布❶

多样呈现与有序传播是一个统一整体，多样呈现必须以有序传播为前提。当前涉警网络舆情生态中，网民参与呈现无序传播的特点。网民群体在真相曝光之前对主观臆断的相关涉事方进行的集中“围攻”，同时对公安民警有辱人格的恐吓谩骂与赤裸裸的人身攻击凸显出了规则意识淡漠，“秩序规定因素的制约作用在网络环境下发生了弱化，尤其是法律法规、伦理道德等制约方面的弱化，必将在网络舆情表达中形成一些新问题”❷。失序传播的多样性所呈现的是整个涉警网络舆情生态系统的紊乱，而主体

❶ 谢耕耘．舆情蓝皮书［M］．北京：社会科学文献出版社，2015：215．

❷ 刘毅．网络舆情研究概论［M］．天津：天津人民出版社，2007：130．

间经过长期的博弈与共振，实现生态系统内部的相互制衡，必将最终完成生态系统整体秩序的“凤凰涅槃”。

（二）总体均衡与偶发失衡

哲学家、生态学家汉斯·萨克塞认为，当下任何组织形式都处在持续地相互斗争的状态。同理，涉警网络舆情生态系统作为一种客观存在，其生态要素博弈与共振的过程就是追求总体均衡、实现系统优化、不断发展的过程。涉警网络舆情的曝光作为网民参与警务监督的平衡途径，目的是规范警察的执法行为，维护公民的合法权益。在涉警网络舆情中承担推动者和监督者的网民利用网络媒体新渠道从体制外对公安机关进行警务监督，打破了原来警察权威不容置疑的“强权”局面。通过网民群体的及时监督，偶发的不法警务在没有造成严重后果的情况下，仍应以教育为主，以消除警察对警务监督的畏惧心理，提高其规范警务、服务社会的意识和自觉性，而频发的不当行为则应依照相关规定严肃处理，以便猛药去疴，实现“毖后”和“救人”的目的，防止相同或类似问题的滋生蔓延，[1] 从而实现公安机关与网民群体权力的总体均衡，进而形成警民双赢的格局。

近年来，以网络媒体为平台对警察恣意批评丑化和“贴标签”式的恶意奉承又催生了涉警网络舆情生态中权力的偶发失衡。具有监督、曝光优势的网络媒体凭借自身的“第四种权力”，基于自身局部的利益诉求，将原本合理的功利性监督异化成为非理性的情绪性监督，加之以一定的热点事件挑唆，很容易操纵舆论，造成公安机关和网民群体之间的对立和博弈，把更多网民推入舆论漩涡中。“基于商业目的的考虑，媒体常常面临为迎合大众低级趣味的压力，最终选择了大肆渲染案件并美化犯罪、贬低警察的情况。”[2] 警察一度陷入节节失利、处处失语的境地。而随着公安机关对涉警网络舆情的重视，不断强化阵地意识，建立“江宁公安在线”“警界”“中国警察网”等微博、微信新媒体公众账号，强化了涉警网络舆情的制度化导控，权力偶发失衡又向着总体均衡的方向转变。均衡与失衡的相互转换，并最终向均衡趋近，恰恰体现了两者的辩证统一以及涉警网

---

[1] 吴永生．警务监督理论研究［M．北京：中国人民公安大学出版社，2012：96.

[2] 罗伯特·雷纳．警察与政治［M］．易继苍，等译．北京：知识产权出版社，2008：188.

络舆情生态系统优化发展的趋势。

（三）场域分立与目标统一

在博弈与共振的涉警网络舆情生态中，网民群体与公安机关的场域分立与目标统一是长期存在的。前网络媒体时代，警察通过绝对运用权力以制服民众，民众缺乏足够的意识和渠道来监督警察，长久以来，警察以警察权威神圣不可侵犯为由消解了民众的监督。随着网络媒体的发展，民众自我维权意识逐渐增强，以网络媒体为平台的警民互动频度增加，网络媒体的即时性、联动性以及所形成的舆论共振使得警务活动受到了全面的监督与制衡。而与此同时，网民群体对公安机关极端化、非理性、“贴标签”式的表达，加之公安机关媒介素养不足、公安机关“正面宣传”应激公关意识不强，有效应对负面涉警网络舆情的舆论引导机制不健全以及公安民警应对媒体不敢说、不会说、不及时说、不说真话、“选择性公开”等媒介素养缺失多重因素，又进一步挑动着警民关系，警民分立的舆论场域逐渐形成。

然而，警民互动中舆论场域分立必将归于警民关系的和谐，而实现这一目标，公安机关任务重大。面对频发的涉警网络舆情，公安机关应主动作为，特别要在提升民警媒介素养上下功夫。以江苏省无锡市公安局为例，市局新闻中心建立每日涉警舆情关注汇总机制，同时对重大突发涉警舆情迅速启动重大突发事件处置应对预案，实地作战，现场协调，做到快速妥善处置。2015 年，无锡警方在侦办“6·11”东亭入室抢劫案、“6·22”南泉交通事故等突发舆情时，坚持实地随警处置，第一时间通过官方微博滚动发布信息，让真相走在谣言前面，同时主动协调各级新闻单位和媒体记者，牢牢把握舆论引导主动权，确保重大涉警网络舆情平稳可控。可以预见的是，随着公安机关逐渐以积极开放的心态面对涉警网络舆情所带来的警务监督，在未来一段时期内，伴随着网民媒介素质的提高以及越来越理性化的表达，涉警网络舆情生态系统中的权责失衡与场域分立将趋于弱化，迎来的必然是各要素博弈后的“同频共振”。

三、涉警网络舆情博弈与共振之优质生态构建路径

当下，涉警网络舆情生态呈现了与警民共赢相对的警民零和生态格

局。缺乏网络媒介素养的警察往往以“捂盖子”、护短式回应、拖延回复或采取寻找“替罪羊”等方式消极应对突发涉警网络舆情。而网民以功利化监督心态对警察进行“贴标签”式的监督，使警察置身于尴尬被动的境地。突破当下的“囚徒困境”，需立足整体利益平衡和调动涉警网络舆情生态中各生态要素，以构建和谐警民关系为总体原则的优质生态目标实现整个生态系统的可持续发展。

（一）引导网民群体：实现正当作为

以构建和谐警民关系进而提升公安工作品质为目标的涉警网络舆情优质生态形成，需要网民群体参与，实施正当作为，包括对警察执法行为的监督等不能充满非理性。在民众主体意识日益增强的今天，网民群体在网络空间获得越来越多权利的同时，往往忽略自身应该履行的社会义务，导致权利与义务的分立。马克思说过，“没有无义务的权利，也没有无权利的义务”❶，就明确告诉我们，网民群体如果只讲权利而忽视义务、只顾情绪发泄而不顾社会责任，那么作为社会的人，就是有问题的。因此，在涉警网络舆情博弈与共振的语境下，网络群体的正当作为就只能是冷静看待问题，理性表达关切，推动问题合法合理合情解决，促进权利与义务平衡、个人利益与社会利益平衡、现实利益与长远利益平衡的实现。

网民群体正当作为应以理念性监督为实际作为。“体制外主体通过警务监督，应在对警察的信任中存在一定程度的怀疑和批判精神，在怀疑和批判中融进应有的理解和支持，以免一些正常的维权行为恶化成冲击制度底线的极端行为。”❷ 由此可见，理念性监督相对于功利性监督而言更强调基于网民群体自身素质提升实现权利与义务的平衡，因为“良好公民应该有能力在进行政治决策时，既能完整地维护自己的权益又能考虑到他人利益的完整性”❸。在涉警网络舆情生态中，网民群体应以道德自律来规范自身的言行，并能在博弈与共振的舆情场中明确自身定位，理性客观地对警察进行网络监督，实事求是地在涉警网络舆情博弈与共振中提供建设性的

❶ 马克思恩格斯选集：第2卷[M]．北京：人民出版社，1995：610.

❷ 吴永生．警务监督理论研究［M］．北京：中国人民公安大学出版社，2012：96.

❸ 特里·L．库珀．行政伦理学：实现行政责任的途径［M］．张秀琴，译．北京：中国人民大学出版社，2001：48.

建议，进而彰显涉警网络舆情在社会治理中的真实价值和发展趋向。

网民群体还应尊崇民主、平等、包容、共赢等涉警网络舆情基本价值观，在沟通、交流中理解警察的执法行为，在监督警察权力运行中自觉维护警察权威和警察合法权益。当然，公安机关也应竭尽全力做好的事情有：让民警明白网络群体的存在及其价值；公安机关有可用的应对媒体的政策；有公开渠道与网民保持沟通等。需要说明的是，尽管警察与网民存在所有潜在的和真实发生的利益冲突，但事实上警察与网民在一个民主社会都拥有义不容辞的重要责任，应该也能够平和地相处。这里，必须强调的是，基于良好网络媒体生态的营造，从网民群体角度而言，在理性监督警察权力运行的同时，应从合格公民的高度尊重和服从警察正当的管理，为构建公平公正、安定有序的和谐社会做出努力。从政府的角度而言，应大力弘扬社会主义核心价值观，着力培育公民的道德良知，以现实社会环境下公民道德的全面提升带动虚拟网络环境中网民道德的全面优化，同时积极培养网民中具有较高社会威望且素质良好的意见领袖，以权威、理性的意见形成社会主流意见，进而实现以网民道德自律、意见领袖道德引领驱动涉警网络舆情生态的净化。

（二）合作网络媒体：优化中介链环

网络媒体在公安机关和网民群体之间扮演着“中介链环”式消费者的生态角色，在涉警网络舆情生态中影响着网民的意见导向和情绪情感。为此，网络媒体在确保理性合理诉求发布的同时，需逐步确立网民媒体社会效益与经济利益兼顾、社会效益优先的舆情生态发展理念，优化升级舆情审核把关机制，变事后处理为事前预警、事中审查，变事后提出异议再审查为事前事中主动审查，通过网络媒体行业的“自我规制”强化对涉警网络舆情发布的监督管理责任，尽可能降低负面舆情的冲击力和损伤面。

与此同时，网络媒体应秉持创新姿态，积极推动自身与传统媒体的融合发展。“新闻传播活动不属于国家的管理活动，无论是新闻工作者的采访活动还是新闻报道的内容都不具有司法、行政的强制力。记者不可能指令人们做什么或者不做什么。新闻工作者享有的不是权力而是权利，不是司法、行政权力而是政治权利、民主权利。”❶ 应将以极端、夸张、非常规手段拟制“标题党”报道向以正面报道、建设性意见以及理性监督转变，通过对主题宣传、舆论引导、网络评论等方面设定标准，进而实现涉警网络舆情博弈与共振可控化。

此外，运用大数据、云计算等技术手段对负面涉警网络舆情进行追踪分析，准确判断负面涉警网络舆情所处的舆情发展阶段，并随着矛盾的激化或转移，针对不同阶段的舆情特点规律，研究制订不同的应对举措。涉警网络舆情分析研判的核心价值在于“对网络民意的有效数据进行科学筛选、量化统计和分析研判，对舆情危机应对提供决策支持，为涉警网络舆情危机管理迈上新台阶，实现从被动应对到主动研究和管理、从感性决策到理性决策提供坚实基础”❷。由此可见，网络媒体在涉警网络舆情优质生态构建中起着“风向标”和“缓冲带”的作用，通过优化设计信息传播方式可以改变信息一旦通过网络媒体传播出去就失去控制的被动局面（见图2）。

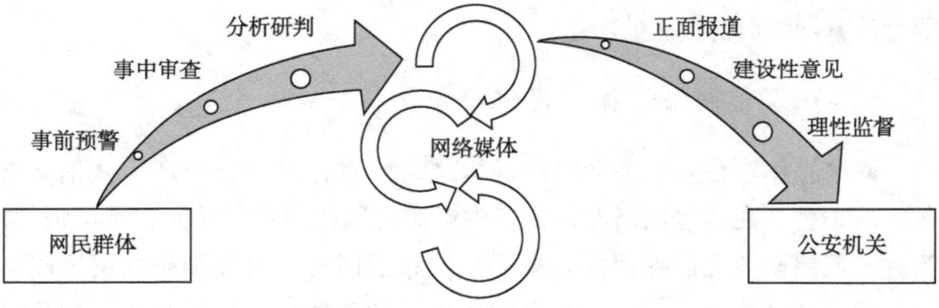

图2　涉警网络舆情生态中网络媒体中介链环效用优化路径

（三）公安机关作为：创造和谐空间

在涉警网络舆情博弈与共振过程中，公安机关是涉警网络舆情引导的主导环节，因而理当通过努力给自身创造和谐舆论空间。习近平总书记明确指出：“现在，现实世界安全和虚拟世界安全相互影响，敌对势力把互联网、手机等新兴媒体作为寻衅滋事和扩散升级社会矛盾的重要渠道。在

❶ 展江．新世纪新闻舆论监督的语境和实践［M］．北京：中国海关出版社，2002：23．
❷ 李敏蓉．媒体时代公安领导者的媒介素养［M］．北京：中国方正出版社，2013：159．

境内外一些别有用心的势力策划和推动下，一些传言、谣言、谎言在网络上快速传导，扰乱人心。这些都给我们维护国家政治安全和社会稳定增加了新的难度。”[1] 在此情形下，公安机关首先要保持政治敏感性，始终把维护政治安全特别是政权安全、制度安全放在首位，打好维护网络安全、净化网络生态主动仗、法律仗，在推进专项治理与系统治理、综合治理、依法治理、源头治理中，实现涉警网络舆情治理的社会化、法治化、智能化、专业化。

其次，公安机关应着眼于信息化条件下警民互动的趋势和需要来提升自身媒介素养。加强理论学习和实战能力培训，让民警自觉掌握媒介知识，包括媒体的含义、类型、功能以及应用途径，进而充分认识媒体的功能和作用，树立正确的媒介意识，增强媒体应对能力。主动适应经济社会新常态新要求，改变“全能主义”的社会管理心态，从一味追求简单控制、改变舆论向遵循舆论生成规律并有意识地加以引导转变，从习惯于本位主义、单兵作战向更加注重设施联通、信息互通，更加注重力量统筹、资源共享，更加注重地区协作、条块互补，更加注重线上线下互动、相辅相成转变。坚持问题导向，认真评估每一项公安决策、执法行为可能带来的媒体反映、舆论影响及媒体使用的潜在风险，制定有效的媒体应对策略，牢牢把握公安机关在涉警网络舆情博弈与共振中的主导权。

最后，公安机关应以良好的社会公众形象来提升警察权威。主动顺应涉警网络舆情传播的特点，在规范自身执法行为和依法履行职责的同时，通过建立平等、公开、透明的对话机制，自觉关注和回应网民的理性诉求，以真诚、真心、真情赢得网民的理解和支持，消解涉警网络负面舆情中警察被“妖魔化”的形象。涉警网络舆情应对的过程，本质上就是公安机关危机干预管理的过程，当涉警网络负面舆情逐渐在网络媒体平台蔓延的时候，公安机关必须第一时间果断出手，表明态度，赢得网民的信任。同时，借助网络媒体常态化传播平台，推介、解释公安工作方针政策，宣传公安机关的正面形象以及先进典型的突出事迹，传播新时期公安工作理念和成效，以平衡权利与义务、维稳与维权、活力与秩序的良好形象促进

---

[1] 中国人民解放军总政治部．深入学习贯彻党的十八大精神军队领导干部学习文件选编［M］．北京：解放军出版社，2013：222.

涉警网络舆情生态系统的向善向好发展。

（四）平衡舆情要素：建设共赢生态

涉警网络舆情良性生态构建单靠各生态要素的自身优化，难以协调并实现整个生态系统的可持续发展，还需要通过顶层设计来规避涉警网络舆情中各生态要素非零和博弈所导致的“囚徒困境”，实施剔除战略，实现重复剔除占优均衡。为此，在充分发挥公安机关、网民群体与网络媒体三个要素相互作用的前提下，仍然需要在以下三个方面发力。

一方面，应通过制订准则来平衡和协调警、民、媒之间的行为，形成一定的涉警网络舆情生态秩序与共识，坚持共同的价值观念，通过刚柔相济的方式使涉警网络舆情各生态要素在共同行为准则下运行，进而以最小的成本来摆脱各生态要素共输的尴尬局面。

另一方面，以网络舆情分析技术来规整涉警网络舆情信息。网络媒体借助新兴技术从舆情信息中挖掘舆情敏感话题，甄别负面舆情，清理违法信息，研判舆情态势，进而从技术层面减少涉警网络舆情中警民在网络媒体平台上的正面直接冲突，将舆情风险降低到可控范围。同时，网络监管部门在具体的舆情分析中主动出击，从技术层面开发模型样本空间的设计与选取，针对某个主题特征提取舆情、目标参量，按照统一标准做出设置，包括网上舆情分类收集、数据后期处理等若干模块，[1] 从源头过滤违法违规信息，以应对“井喷”式的舆情信息，也是十分必要的。

此外，对涉警网络舆情各要素进行法律规范，以使其在法律框架内合理合法运行。“如果没有法律保障，网络上就可能被谣言和虚假信息主导，网络参与就可能走入歧途；如果没有制度规范，网络参与可能会被少数精英操控，普通民众徒有参与之名而沦为实际上的看客和陪衬；如果不能依法对恶意参与者进行惩戒，网络很可能成为少数别有用心者的乐园。”[2] 通过制定完善法律法规划定涉警网络舆情生态红线，对涉警网络舆情生态破坏者即恶意造谣者、蓄意抹黑者予以法律制裁，筑牢涉警网络舆情生态法律屏障。从 1994 年第一部互联网管理法规颁布至今，《互联网信息服务管

[1] 魏永忠．公安机关舆情分析与舆论引导［M］．北京：中国法制出版社，2011：60.

[2] 安云初．当代中国网络舆情研究——以政治参与为视角［M］．长沙：湖南师范大学出版社，2014：323－324.

理办法》《互联网站从事登载新闻业务管理暂行规定》《互联网出版暂行规定》《互联网文化管理暂行规定》《信息网络传播权保护条例》等一系列法规、制度陆续出台，逐步形成了规范有序的互联网信息传播秩序，确保了互联网可控可管。

结　语

涉警网络舆情生态的优化需要生态要素各方共同努力，有效消除警民二元的对立化倾向，在博弈与共振中实现网络舆论空间的“风清气正”。而在这一过程中，公安机关必须因时而进，因事而化，因势而为，实现由大水漫灌向精准滴灌、由“面对面”向“键对键”、由网下向网上的转变，用“懂网”“触网”的实际行动助推警民关系的和谐与涉警网络舆情生态的可持续发展，从而为建设“平安中国”“美丽中国”作出应有贡献。

（执笔人：王光森，江苏警官学院马克思主义学院教授；周廷瑜，无锡市公安局政治部民警。）

第十五章　“污名化”社会生态中的警民关系构建

近年来，涉警争议和负面事件已成为全社会围观的重要对象。在媒体和网民的监督质疑声中，警察群体常常被贴上各种负面标签，形成了一种污名化的社会生态。这种社会生态不仅影响警察的正义形象，还可对民警的思想、情感造成严重伤害，对新时代警民关系构建形成了一种全新挑战。研究这一社会生态，将为新时期如何完善公安工作和改善警民关系提供崭新的视角。

一、警察污名化社会生态的主要表现

社会学界对“污名”（stigma）的研究始于著名社会学家欧文·戈夫曼（Erving Goffman），他在1963年首次出版的《污名：受损身份管理札记》中提出，污名一词指的是“一种令人大大丢脸的特征”，这种特征包括在其所属文化中不被接受的状况、属性、品质、特点或行为，因而使被污名化的人区别于其他人，随之而产生了羞愧、耻辱乃至犯罪感。后来的研究者进一步丰富了污名的内涵，泛指某人、群体或行业被贴上或容易被贴上负面标签的状态。被污名的对象往往会在其他人眼中丧失其社会信誉和社会价值，从而更容易受到社会成员的排斥、歧视、抵制甚至恶意攻击。

近年来，污名化开始重点指向公权力机关和提供公共服务的群体，警察、教师、医生、城管、乡镇干部等直接与群众打交道的群体首当其冲。人民警察在传统视野下始终是“高大上”的形象，是正义的化身，党和人民的忠诚卫士。然而，随着多元社会的发展和警察自身状况的改变，在人们的心目中，人民警察的形象也呈多元化表现。打开各种新闻传媒和网络平台，不难发现，警察群体被误读、被污名化，正在成为一个值得警惕的倾向。

（一）污名化存在于媒体舆情中

人民网曾对2015年热点事件涉事职能部门舆情压力分布情况进行了梳理分析（表1），涉事职能部门涉及公安、教育、纪检监察、交通、财税金贸、医疗卫生、食药质监安监、司法等17个部门，其中舆情热点事件数量最多的部门就是公安，约占2015年总热点事件的17.8%，居于各部门之首。同时，平均网民正能量仅排名15位，负面舆情偏多，舆情压力指数以绝对高分排名第一位。

表1　2015年热点事件涉事职能部门舆情压力分布情况 ❶

涉事职能部门	热点事件数量（个）	热点事件占比（%）	上一年度占比（%）	平均热度	平均舆论共识度	平均政府认同度	平均网民正能量	平均舆论生态指数	舆情压力指数	舆情压力名次变化
公安	89	17.8	24.7	60.39	3.53	2.96	0.30	6.79	93.14	—
教育	47	9.4	7.9	58.24	3.52	2.90	9.49	6.91	43.16	↑2
纪检监察	60	12.0	18.0	61.64	3.68	3.36	0.43	7.46	35.90	↓1
交通	24	4.8	6.9	59.38	3.43	2.83	0.64	6.90	23.16	↓1
财税金贸	53	10.6	6.8	69.17	3.64	3.32	0.85	7.81	22.93	↑2
人社	27	5.4	3.2	67.35	3.42	3.15	0.80	7.36	20.44	↑7
食药质量安监	16	3.2	2.7	61.29	3.41	2.87	0.23	6.51	19.99	↑1
司法	25	5.0	8.5	59.63	3.53	3.43	0.23	7.19	19.82	↓2
文广新	34	6.8	2.5	62.73	3.65	3.25	0.67	7.57	18.66	↑2
医疗卫生	14	2.8	5.7	59.50	3.48	2.85	0.55	6.89	13.12	↓5
旅游	14	2.8	1.5	60.99	3.56	3.01	0.77	7.34	10.51	↑3
网信	9	1.8	0.0	68.57	3.26	3.25	0.62	7.13	8.43	↑3

❶ 2015年互联网舆情分析报告：2015年网络热点舆情［EB/OL］．人民网，查询时间：2016年5月20日．http：//yuqing. people. com. cn/GB/n1/2015/1224/c401685－27972434. html。

续表

涉事职能部门	热点事件数量（个）	热点事件占比（%）	上一年度占比（%）	平均热度	平均舆论共识度	平均政府认同度	平均网民正能量	平均舆论生态指数	舆情压力指数	舆情压力名次变化
市政	7	1.4	3.8	57.39	3.16	2.70	0.53	6.39	8.40	↓3
军事外交	34	6.8	4.3	69.02	3.93	3.69	0.59	8.21	6.10	↓2
环保	5	1.0	2.7	59.42	3.47	2.83	0.42	6.73	5.30	↓6
人大政协	6	1.2	1.2	66.63	3.78	3.35	0.61	7.73	2.88	—
体育	10	2.0	0.6	73.68	4.07	3.84	1.15	9.06	-3.94	—

针对一些负面的涉警舆情事件，媒体和各种舆论的客观批评是应该的，也有助于督促公安工作的改进。但往往涉警舆情一出现，就会出现不少声音借题发挥，鼓动仇警情绪。尤其在自媒体时代背景下，不少媒体或网络大 V 或者在不掌握完整信息的情况下凭借主观臆想武断指责，或者对警察执法疏漏上纲上线，或者剪辑视频、画面，刻意隐藏对自己观点不利的信息，甚至为犯罪分子洗白，动辄使用“走投无路”“被逼无奈”等词语美化违法犯罪分子，丑化警察，以良心和正义自居，刻意引导舆情矛头指向公安民警。

2016 年，针对警察的负面舆情似乎一点也没有减弱的迹象。这其中既有雷洋案等争议性的热点事件，又有深圳警察辱骂女孩、甘肃警察打屁股事件等由于警察不规范执法引发的热点事件，一次次将警察推向舆论的最前沿。鉴于警察群体的庞大和执法规范化建设的长期性，今后的涉警争议或负面事件很可能还会继续发生，这就意味着，警察面临的舆论场污名化生态也将长期存在。

（二）污名化存在于警察的自我感知中

受到舆论场域的影响，再结合执法一线的诸多感触，很多民警也对警察污名化问题比较敏感。2015 年，大连市公安局王宁的一次演讲在网上引发了强烈反响，演讲以“有一种委屈叫担当”为题，以“庆安枪案”“赵姓记者抹黑公安英烈”等事件为背景，感慨为何对公安民警这么多的不理解，呼吁全社会不要再让公安民警在流血的同时又流泪，引发了广大民警强烈的共鸣。最终，在强大的舆论压力下，抹黑警察的赵姓记者受到了应有的处分，这也反映出负面的舆情已经对民警的内心产生了较大的影响。

在2015年浙江警察学院对在职民警的调研中，哪怕在群众对警察总体印象不错的浙江，机关科室、派出所和业务大队民警认为当下警民关系和谐的也仅占10%左右（图1），在派出所和业务大队中，认为不和谐和很糟糕的民警占三分之一以上。正如欧文·戈夫曼所说，“污名一词及其同义词隐含一种双重视角：蒙受污名者是否觉得他的与众不同已经为人了解，或者一眼就能看穿？抑或他觉得他既不能为在场者了解，又不能立即被他们察觉？前者涉及的是丢脸（discredited），后者涉及的是会丢脸（discreditable）。”❶ 因此，民警对当前警民关系的自我评价不佳，也彰显出污名化的问题已经在警察的自我感知中有所表现（图1）。

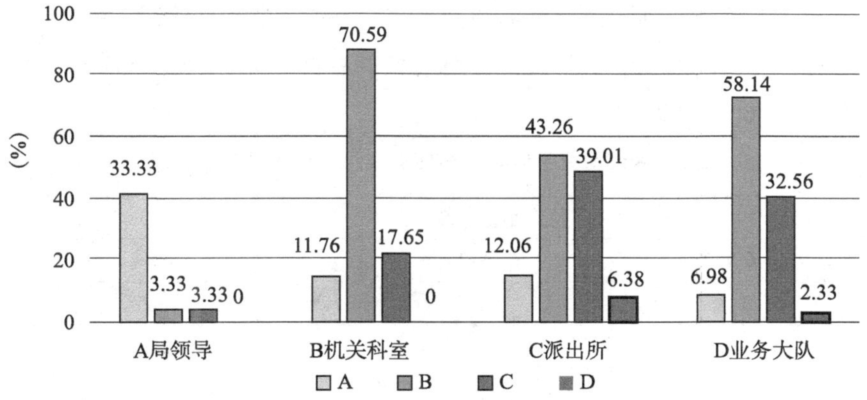

图注（A. 和谐 B. 一般 C. 不和谐 D. 很糟糕）

图1 不同岗位警察对浙江警民关系状况认识

（三）污名化存在于少部分群众的实际感受中

近年来，从山西讨薪农妇致死案、庆安枪案到雷洋案等，负面的涉警舆情一次次把警察推向舆论的最前沿。在此背景下，群众对警察印象的实

❶ 欧文·戈夫曼. 污名：受损身份管理札记［M］. 宋立宏，译. 北京：商务印书馆，2009：5.

际感知如何，是否也充满了负面评价，成为一个值得关注的问题。

2016年4月，公安部宣传局曾在“警苑心语”公众平台开展了一次问卷调查，并组织调动了公安自媒体广泛发送，收回有效问卷6930份。在收回的问卷中，对公安民警的总体印象评价较好和非常好的占80.77%（图2）。

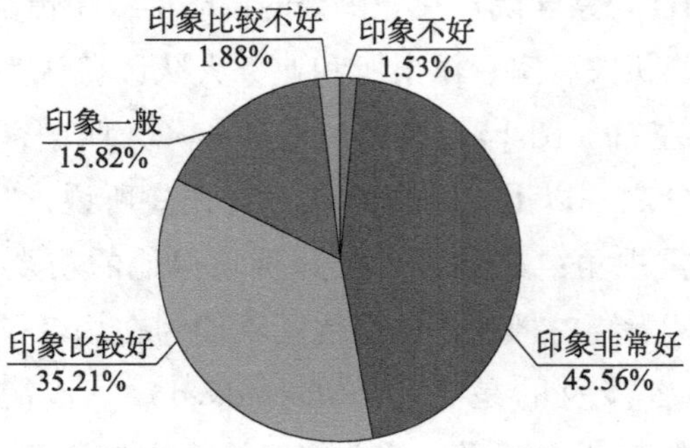

图2　公安部宣传局在“警苑心语”开展的问卷调查结果

2015年7月，浙江警察学院也曾组织了一次关于浙江警察污名化问题的调研，在收回的500份问卷中，对警察的总体印象选择非常满意和满意的高达86.66%（表2）。

表2　浙江警察学院关于浙江警察污名化问题调查结果

选项	小计（份）	比例（%）
A 非常满意	172	34.44
B 满意	261	52.22
C 一般	61	12.22
D 不满意	6	1.11
本题有效填写人次	500	

综上，在群众的实际感知中，尚未看到警察被污名化的主流社会生态，这与媒体舆论场和民警自身的实际感受是不同的。可能会在部分时段、部分地区，部分群众会对警察存在负面情绪，但总体来看，尤其在警察执法规范化做得比较好的地区，警察的实际形象还是获得认可的，并没有想象的那么糟糕。

这便形成了一组鲜明对比，以浙江为例，86%以上的群众对警察总体印象良好，与三分之一以上警察对警民关系认识悲观（认为不和谐和很糟糕）并不对称。因此，警察污名化社会生态与其说是群众的实际感知，更不如说是媒体舆情的一次次推高，是民警对自身所遇执法困境和受舆论场反复渲染后的反应。警察的污名化社会生态目前更多地体现于舆论场和民警自身的感觉，但这已经足以说明污名化社会生态的存在。而且，如果群众持续受到舆论场和民警执法负面情绪的影响，未来在群众现实感知中也可能会形成污名化的生态，及时研究和关注污名化的问题已迫在眉睫。

二、“污名化”社会生态对警民关系的挑战

有观点认为，作为公权力者的代表，公安机关和警察应该有接受批评的胸怀，哪怕是出格的指责，也应当有则改之无则加勉。理论上的确可以这么讲，但现实中却也不能忽视广大民警的内心世界。一边还在为群众利益而付出和奉献，但打开各种新闻传媒和网络平台，却常常发现警察群体被各种误读、被污名化，广大民警在这种社会生态中很难不产生思想的变化。

《中华人民共和国人民警察法》第3条规定：“人民警察必须依靠人民的支持，保持同人民的密切联系，倾听人民的意见和建议，接受人民的监督，维护人民的利益，全心全意为人民服务。”群众路线是公安工作的根本路线，全心全意为人民服务也是公安工作的根本宗旨。广大公安民警选择从警道路，并能勇于牺牲奉献，离不开捍卫群众利益的使命感支撑。然而，污名化的社会生态却让很多民警陷入了困惑。

在与民警的座谈中，不少民警反映了他们内心的诸多困惑。他们不理解警察是怎么得罪了社会，困惑为什么自己的辛勤付出和奉献牺牲群众看不到，一些执法疏忽群众却总喜欢上纲上线、以偏概全，并不依不饶，巴不得当事民警都去坐几年大牢才“解恨”；也不明白伤了警察的心，捆住了警察的手脚，最终对群众会有什么好处。不少民警坦言，每当看到污名警察的文章或观点，一种莫名的委屈和愤怒便涌上心头。这种情绪积累多了，不经意间就会带到工作中，一旦某个执法对象态度不好或要求苛刻，便想趁机发泄一下情绪，让其尝尝不尊重警察和藐视警察权威的代价。

其实，污名化的社会生态不仅让民警经常带着情绪执法，也极容易使群众情绪爆发。污名化的舆情氛围，往往引导和鼓动群众带着挑剔的眼光与警察打交道，一旦发觉警察态度或方式不够好，便马上开始较真，动辄

争吵、撕扯或投诉，甚至暴力相向。

总之，无论是对警察还是群众，污名化的社会生态使双方看待彼此的态度变得异常敏感，假若一方有让自己不满意之处，便极易“擦枪走火”。这便形成了一种恶性循环：在污名化社会生态中，警察本身就有委屈而无法发泄，在实践中一旦碰到不被理解的情况，便很容易借题发泄；而群众也受污名化影响，已经先入为主地认为警察态度或方式常常有问题，习惯用挑剔的眼光来要求警察，不再那么容易配合，而这又进一步激发了警察情绪爆发的可能。

这种情况发生多了，群众在警察心目中的印象将不再伟大，而是“刁民”越来越多；群众则也想去挑拨一下警察的神经，来彰显自己的公民地位和权利。长此以往，警察的宗旨意识定会越发淡薄，警民关系的根基越发不牢。

此外，由于在污名化社会生态下不受尊重，很多民警的职业荣誉感和工作积极性也受到了很大削弱，为警民关系的改善蒙上了一层阴影。著名心理学家马斯洛认为，受尊重和自我价值的实现是属于人们较高层次的心理需求，可以激发人们的工作热情和动力。很多民警反映，即使待遇不高，工作危险，任务繁重，但心中只要有职业荣誉感的支撑，所有的困难都可以克服。群众的一声感谢，领导和社会的一声肯定，顿时会让工作的艰辛烟消云散。然而，在污名化社会生态下，各种污名化的声音严重削弱了民警的职业荣誉感。在调研座谈中，不少民警坦言，现在还能凭着职业操守和从警之初的那份信念去工作，但在污名化社会生态下，自己和家人也经常反思这么一个问题——自己工作这么拼是否值得。可见，很多民警的思想状态已经在徘徊，这对于今后的警民关系建设显然是一个大的挑战。

三、“污名化”社会生态中警民关系构建的着力点

污名化社会生态给公安思想状态以及警民关系带来了全新挑战，其外部属性和内化影响，决定了必须把新时期警民关系构建当作一项庞大的系统工程来抓，标本兼治，多管齐下。各地公安机关要加强顶层设计，着眼于污名化的视角，以改善民警思想状况和公安整体工作风貌为突破口，为改善警民关系破局。

（一）心态引领工程，削弱污名化的冲击

引导民警理性客观、包容淡定地看待污名化的问题，可以有效削弱污名化对民警的负面冲击性。要想从根本上消除群众对警察的负面情绪和苛刻要求，其实是一项庞大的系统工程，它需要公安机关和公安民警自身的努力改进、社会拥警氛围的有效形成以及群众法治和文明素养的显著增强等诸多因素，非短期内可以实现。这便意味着，一旦再次出现具有新闻价值的涉警舆情，警察可能又要时常面临各种指责批评，这似乎是一项短期内难以改变的事实。

其实，仔细剖析警察污名化产生的原因，包括公民权利意识觉醒、自媒体和互联网背景、喜欢夺人眼球的媒体和意见领袖、偏向弱者的正义倾向、部分民警的不当作为、群众对公安工作不够了解等，在社会和经济双重转轨期，多是带有某种必然性的，而且不少还带有进步意义，是中国正在崛起的公民社会之表现。警察污名化看似一股带有某种时代必然性和进步性的潮流，难以阻挡，“可能根本没有‘可靠的’解决办法”[1]。抱怨既没有用，更没必要，与其抱怨，不如引导民警张开怀抱迎接，不如让其成为不断督促自己改进自身工作的借鉴。

因此，既然警察污名化的大气候短时期难以改变，就应该引导民警安心改变一下自己周围的小气候，努力提升自己服务群众的能力，让自己的小气候充满理解、尊重和认可。拥抱大气候，营造小气候，如果每一位公安民警能把心态调整好，都把自己的小气候培育好了，警察污名化的大气候也就自然改变了。可以通过价值观引领、研讨交流、现身说法、心理疏导等多种方式，引导民警正确理性包容地看待当前污名化问题。让民警认识到，只要信念上始终恪守忠诚，能力走在前列，做好自己，委屈定是越来越少，理解和尊重必是越来越多，帮助民警对污名化的社会大环境脱敏，保持全心全意为人民服务的宗旨意识不动摇。

（二）形象经营工程，挤压污名化的空间

污名化之所以有市场、有空间，与公安民警的形象经营还不够有关。

---

[1] 欧文·戈夫曼. 污名：受损身份管理札记［M］. 宋立宏，译. 北京：商务印书馆，2009：170.

如果公安民警在群众心目中的形象很好，即使产生污名化的舆情，很多群众也不会轻易相信，甚至还会自发抵制。因此，用心经营好自己的形象，将有利于挤压污名化的生存和发展空间，树立良好的警察形象和警民关系。

1. 经营宣传：引导正面舆论。形象的宣传要善于遵循互联网思维和传播规律。近年来，不少公安机关在公共关系建设方面探索出了诸多良好经验：在倚靠力量上，更加突出自媒体、网络意见领袖的作用，深化“互联网+”思维，切实管好、用好公安网络大V队伍，发出公安好声音，讲好警察动人故事；在内容上，更加强调“故事引人、情节感人、视觉动人”，开设高质量的纪实类专题栏目，真实、生动地反映民警为民爱民、服务社区、做好群众工作的先进事迹；在目标上，兼顾社会文明素养的提升，推出打动人心传播文明交通、防范安全、文明上网的公益广告，引发全社会的共鸣，这些做法有效传播了正能量，要在更多公安机关推广，引导群众更加理解、信任和支持公安。

新时期，越来越多的青年人尤其是“90后”“95后”进入公安队伍，他们更加了解新时期文化传播的规律，顺应互联网社会的发展，创作出了一大批人民群众喜闻乐见的文艺作品，尤其是各类反映公安奉献精神、宣传各种治安防范知识的微电影、动画视频等，一改警察以前在群众心中呆板严肃的形象，获得了人民群众的好评。今后，更要充分利用青年人这一优势，继续在公共关系建设方面取得新的成效，持续保持和改善公安形象，凝聚更多民心。

2. 经营合作：共建共享平安共同体。警民合作可以增进了解，有效改善公安形象。中央办公厅、国务院办公厅2015年发布的《关于加强社会治安防控体系建设的意见》指出：“积极扩大公众参与。坚持人民主体地位，进一步拓宽群众参与社会治安防控的渠道，依法保障人民群众的知情权、参与权、建议权、监督权。”因此，要尊重人民主体地位，发挥人民群众在社会治安、精神文明建设中的重要作用，在更高层面上谋划平安共同体建设。在全国推广北京市公安局、浙江省湖州市公安局、内蒙古自治区通辽市公安局等地的做法，打造培育更多的“西城大妈”“萌警团”“警务志愿者”“警务共同体”等以人民群众为主体、公安机关为主导的警民关系建设新品牌，推动社会治理的同时，也有效增进了解和互信。

3. 经营沟通：致力互信互通。沟通是信任的基础。要充分认识互联网背景下网上权力、议事规则、话语权不断在发生变化的规律。近年来，公安机关坚持走出去与请进来相结合，以面对面、背靠背、键对键等多种途径，依托群众工作新载体，树立了良好的亲民形象。各地公安机关官方微博、微信账号已经成为微博、微信平台上的一道亮色，也逐渐成为公安机关第一时间发布消息、进行治安防范宣传、开展普法教育、与网民亲切互动的主要平台。此外，各地还涌现出“警务广场”“警务夜市”“网络警务室”“社区民警述职”“警队开放日”等诸多具有代表性的警察公共关系举措，都有效拉近了与群众的距离。

对涉警舆情的科学研判和回应也是沟通的重要内容。建立健全舆论分析与管控的长效工作机制，从制度上保证舆论引导工作有法律保障，有专门机构和人员负责，有工作方案可循，尽早发现问题或事件的苗头和公众关注的热点，各项工作能有序进行，提高舆论引导水平。同时，要充分认识媒体的作用，遵循新闻规律，重视媒体的兴趣点；树立“服务媒体”的意识，处理好与媒体的关系；建立与媒体的日常沟通协调机制，从而建立良好的互动、合作共赢的关系。

4. 经营权威，推动法治意识养成。各政府部门的行政执法体现的都是法治权威，但公安执法的特殊性则体现在它是法治权威的最后一道堤坝。各种行政执法一旦遇到困境，也只能求助于公安执法力量。假如执法对象连公安执法都不怕，频频挑战公安执法权威，那么法治权威的最后一道堤坝也将被突破。公安执法权威频遭挑战，不仅削弱了国家的法治权威，也会削弱民警的职业荣誉感，对警民关系造成严重的伤害。

要努力在全社会营造敬畏法律、尊敬警察、理解公安、支持公安的良好氛围。要引导民众自觉服从和配合警察执法与管理，认知公安机关行政管理和服务的特殊性，更多地向公众宣传公安民警执法的艰辛、打击犯罪付出的流血牺牲，在全社会营造像拥军一样的“拥警”氛围，积极推动将“爱民拥警”作为一项社会建设纳入地方财政预算。要鼓励和支持各界知名人士走进警营，接近公安民警，多为公安机关和民警发声，多为公安机关和民警提供道义上的支持。如此，当出现警民冲突时，群众便不会盲目选择批评警察，而会更加理性地去观察思考。

（三）能力优化工程，减少污名化的概率

公安机关和民警工作能力优化，与群众的矛盾冲突自然会减少，进而污名化的频率也会随之减少。“优化”是科学管理的范畴，是一种精细化管理、精益求精的态度。无论是执法办案、办事服务还是基层基础工作，在全国或某一个省市范围内都有很多的学习样板，这些样板的组合便是公安工作能力的优化空间。

执法办案能力的优化重在细节。要经过反复研究将常见的各种办案情形精细化为工作手册，比如在何时使用何种程度的警械才不至于过度使用武力，比如什么情形下要讲什么话术、用什么表情等，使民警能够有一套“傻瓜”式操作词典，避免工作随意化和无序化。

办事服务能力要体现用心。近年来，全国公安机关不断优化管理服务，陆续推出了减少流程、上门服务、网上办事、身份证异地办理等多项便民惠民利企的亲民举措，这些亲民举措都是建立在急群众之所急的用心基础上。此外，很多派出所户籍大厅、接待大厅、调解室等的设计也都非常讲究，让群众一进门就感觉很舒心，大大减少了矛盾冲突的发生概率。

基层基础工作能力也有诸多优化的空间。近年来，公安机关综合运用主流媒体、微信、微博、论坛等平台图文并茂地开展防范教育宣传；大力开展部门联动，推动各个领域安全防范教育宣传；面对面对群众开展安全防范教育，开发了村民警校、市民警校、治安大讲堂等平台；加强社区警务建设，引导民警多下基层开展普法、矛盾调解、治安防范等基层基础工作，涌现出了王法金警务工作法、警民恳谈等诸多先进经验做法，都获得了良好的成效和口碑。实践证明，基层基础工作只要肯花心思，肯学习，就可以不断探索出新鲜的形式，推动基层基础工作更加扎实，减少警情的频率。

（四）向心凝聚工程，弥补污名化的伤害

长期以来，在强调服从意识的半军事化管理体制下，我们倡导公安责任和奉献多，对民警诉求考虑得比较少，从优待警没有得到有效落实。当前，在污名化社会生态下，公安机关内部更要给予广大民警以倚靠的力量，更加重视从优待警，不断增强广大民警的职业荣誉感、工作归属感，

重新凝聚起队伍的向心力。

凝聚公安队伍向心力，是一项系统工程。当前公安机关在这方面已经出现了不少积极的探索，比如，更加强调基层派出所建设，充实派出所警力，优化派出所工作机制，强调中层办案等，都是为了减轻基层民警负担；坚决落实从优待警，改善公安民警的待遇和保障问题；更加注重社会舆论的正面引导，获取社会的理解和支持；通过“搭档制”、举办沙龙活动、建立微信交流群等来营造互帮互助的温馨警营文化，通过慰问家属、建立家属微信群、推选“好警嫂”等内容来争取家属的支持，等等，都是凝聚队伍向心力的好兆头。

然而，也应该看到，凝聚公安队伍向心力还存在着不少的难题。部分领导干部还存在着官僚主义作风，办案不积极，用人有偏私，作风不正派，任务指标不顾实际层层加码，不问困难只要结果等，让民警意见很大；许多创新的工作机制并没有得到推广；面对一些负面的社会舆论，公安自己的声音还不够响亮；不少警营氛围压抑，缺乏活力和干劲等，这些都严重削弱了队伍的向心力。今后，追求个性的“90 后”“95 后”将大量进入公安队伍，更要致力于去营造风清气正、宽严相济、科学民主、机制顺畅、有情有爱的工作氛围和机制，如此才能更好凝聚公安队伍向心力。

（五）警力释放工程，加强污名化的免疫

当前，公安民警尤其是基层公安民警工作任务繁重，各种考核压力又大，使得公安民警对污名化的免疫力较差，对公安民警的污名化很有可能会成为压垮他们的最后一根稻草。然而，在警力编制短期内很难增加的背景下，只能向改革要警力，向科技要警力，通过体制改革和科技强警不断释放警力，切实减轻民警负担，让民警腾出手做更加专业的事。

警力释放工程力度要大。传统公安体制、勤务模式相对落后，极大地束缚了警力，在不进行大改革的背景下，很难真正释放警力。近年来，嘉兴南湖分局的大警种改革收到了较好的成效。它通过县局机关大警种改革，将过去县局机关 32 个内设机构合并为 9 个，在理顺了机制的同时，也释放出了诸多警力。南湖分局借此次腾出的警力，在不同片区分别成立了刑侦队，分担了派出所的打击任务；在各社区全面推行社区警务专职化，也分担了诸多派出所的非警务警情，最终使得各派出所警情平均下降三分

之一以上，极大地减轻了派出所的警力负担。[1] 全国各地公安机关的改革创新举措，代表了未来的发展趋势，值得各地公安机关学习借鉴。在科技强警方面，浙江公安借助大数据系统，开展智能防控，打造“云公安”，极大地提升了警务工作效率和质量，也很好地释放了警力。释放了警力之后，民警工作压力没有之前那么大了，工作心态更加平和了，对于污名化的免疫力也提升了，不会再轻易让污名化舆情影响到自己的工作状态。

（执笔人：龚谦和，浙江省杭州市公安局民警；魏长青，浙江警察学院马克主义学院讲师。）

[1] 张顺荣．县级公安机关实施大警种制改革的实践与思考——以嘉兴市公安局南湖区分局为例［J］．公安学刊（浙江警察学院学报），2016（6）．

第十六章　警察违法违纪行为的生态分析

警察因有法定权力和较高的社会地位而往往成为违法违纪的高危群体。警察违法违纪行为的发生，既与警察个体因素、警察组织因素有关，也与社会大环境和工作生活小环境影响密不可分，而后者恰恰就属于生态学研究的视域。因此，基于生态学的视角，对警察违法违纪行为进行生态分析，并基于公安系统生态平衡与优化，提出治理警察违法违纪行为的对策，显然是建设“过硬”公安队伍的迫切需要。当然，也是本章研究的价值所在。

一、警察违法违纪行为的理论界说

从字面上看，警察“违法违纪行为”有两层意思：一层是指警察的“违法”行为，这里的“法”偏向指代国家的法律、法规，如刑法、公务员法、警察法等；另一层是指警察的“违纪”行为，这里的“纪律”偏向指涉警察作为特殊主体（党员身份、警察身份）应当遵守的纪律规定，如《中国共产党纪律组织处分条例》《公安机关组织管理条例》《公安机关人民警察纪律条令》《公安机关人民警察内务条令》等。有人认为“警察违法违纪是指警察违反职责，故意或者过失地实施危害党、国家和人民的利益，应该受到党纪政纪处罚的行为”[1]。我们不同意这个说法，原因在于它只讲了“违纪”而没有讲“违法”，而事实上，“法”与“纪”是不能等同的。有鉴于此，我们提出，所谓警察违法违纪行为是指警察故意或过失实施违反国家法律法规、纪律规定，造成严重后果或消极影响，应当受法律处罚或受纪律处分的行为。具体而言：

---

[1] 徐林. 警察违法违纪预防工作机制的构建［D］. 浙江警察学院，2011.

一是主体的特定性。警察违法违纪行为的主体是特定的，作为国家公务员且拥有执法权的特定群体，它主要包括公安系统的警察，也包括2018年党和国家机构改革后归并到公安系统的铁路警察、森林警察、民航警察等。这个群体不仅庞大，而且拥有执法权，在维护社会治安秩序、维护社会公平正义、保障人民安居乐业等方面肩负着重大使命。

二是主观上的故意或过失性。这里的主观“过失”，主要指警察个体和群体能够预知到行为的结果，而放任行为的发生；主观故意主要指警察个体和群体明知行为是违法违纪的，还要铤而走险去实施。从实践看，警察个体或群体的违法违纪现象，20%以上带有主观“过失”，80%以上带有主观故意，而实施主观故意式违法违纪行为的，90%以上都抱有侥幸心理。

三是行为的危害性。警察违法违纪行为直接侵害的是法纪的严肃性、权威性和权力的廉洁性，间接侵害的是执法公信力、社会的公平正义，导致的严重后果是和谐的警民关系、党和政府的形象遭到破坏，政治生态遭到污染。一句话，警察地位的特定性、警察职业的特殊性，决定了警察违法违纪行为危害的严重性。

这里需要回应的一个问题是，警察违法违纪行为与警察腐败行为是不是一回事？答案显然是否定的，但也不能否认两者之间的联系，一方面警察违法违纪行为会催生警察腐败现象，另一方面，警察腐败的“传染”效应会加剧警察违法违纪行为发生的频率。有鉴于此，公安部明确提出“对公安机关违法违纪问题坚持‘零容忍’，深入推进公安特色惩治与预防腐败体系建设”❶。

二、警察违法违纪行为的现实关照

根据央视报道，2017年，全国各级公安机关通过约谈督促不断压紧压实主体责任，严肃问责335名管党不力、治警不严的领导干部。坚持“钉钉子”精神，深入落实中央八项规定精神，查处违反中央八项规定精神问题261件、303人。保持“零容忍”态度惩治腐败，紧盯关键、少数、重

❶ 公安部. 2011年公安机关党风廉政建设和反腐败工作意见。查阅时间：2018年11月3日. http：//www. mps. gov. cn/n2253534/n2253535/n2253537/c4091668/content. html。

点领域和突出问题，把握运用监督执纪“四种形态”，查处民警违纪违法问题10390件，给予纪律处分8159人次。38名厅局级、316名县处级、4197名科级干部被查处。[1] 进入2018年以来，随着“扫黑除恶”斗争的步步推进，警察作为黑恶势力“保护伞”的案例频频见诸媒体，令社会震惊。

2018年10月10日，中央纪委国家监委公开曝光5起涉黑涉恶腐败和“保护伞”典型案例，[2] 其中有2起与公安有关。

案例一：湖南省综治办原主任周符波等人充当黑恶势力“保护伞”问题。2014年12月，长沙市公安局以涉嫌逃税罪、非法经营罪对涉黑犯罪团伙首要分子文烈宏等人立案侦查。为此，文烈宏多次找时任省公安厅党委副书记、常务副厅长周符波请求关照（周因经常在文烈宏开设的赌场赌博而相识）。2015年上半年，周符波违规指示长沙市公安局暂缓侦查，并出面协调文烈宏与举报人的关系。后长沙市公安局作出撤案决定。长沙市公安局原党委副书记、常务副局长单大勇违规与案件当事人文烈宏接触，向其通风报信，利用职务上的便利，为文烈宏涉黑犯罪团伙充当“保护伞”并收受巨额财物。周符波、单大勇还存在其他违纪违法问题，均受到开除党籍、开除公职处分，涉嫌犯罪问题被移送司法机关处理。

案例二：广东省惠州市公安局部分民警充当黑恶势力“保护伞”问题。2009年以来，惠州市以严少亮、张伟良为首的涉黑犯罪团伙，多次制毒贩毒、聚众斗殴、引发命案，并与该市以张奋强、吴新明为首的另一涉黑犯罪团伙争夺地盘，严重影响社会治安。惠州市公安局部分民警失职渎职，有的民警甚至长期充当该犯罪团伙“保护伞”，涉及刑侦、禁毒等警种共21人。其中，惠州市公安局刑警支队原支队长刘来发多次收受张伟良涉黑犯罪团伙钱财，在侦办其涉黑犯罪线索过程中，多次意图以个案处理代替黑社会性质组织犯罪结案，为其开脱罪行。惠州市禁毒委员会办公室原副主任曾高收受张奋强亲属钱款，违规安排会见，承诺帮助其减轻处罚；收受吴新明钱款，未采取有效抓捕措施，致其长期潜逃在外。其他民

---

[1] 央视报道：全国公安机关去年查处民警违纪违法问题10390件。查阅时间：2018年11月3日．http：//news. sina. com. cn/o/2018－01－31/doc－ifyqyqni5790791. shtml。

[2] 扫黑除恶：五起涉黑涉恶腐败和“保护伞”典型案例曝光。查阅时间：2018年11月3日．http：//news. jcrb. com/jszx/201810/t20181011_1913800. html。

警存在索取、收受犯罪嫌疑人家属贿赂，违规干预执法活动，或不正确履行职责，帮助违法嫌疑人减轻、逃避处罚等问题。刘来发、曾高受到开除党籍、开除公职处分，涉嫌犯罪问题被移送司法机关处理。其他违纪违法民警分别受到党纪政纪处分和组织处理等。

2019年6月4日，江苏省纪委监委通报5起充当黑恶势力“保护伞”典型案例，❶其中有2起与公安、法院有关。（1）常州市中级人民法院执行局原局长谢国勤充当涉黑组织“保护伞”案件。谢国勤严重违反党的纪律，利用职务便利，收受涉黑组织所送财物，在办理执行案件过程中帮助涉黑组织谋取不正当利益，造成恶劣社会影响。同时谢国勤还存在其他违纪违法问题。近期，谢国勤被纪检监察机关立案审查调查并采取留置措施。（2）苏州市公安局刑警支队原支队长张一峰充当涉黑组织“保护伞”案件。张一峰严重违反党的纪律，利用职务便利，收受涉黑组织所送财物，为涉黑组织违法犯罪活动说情打招呼，干扰基层办案，帮助涉黑组织成员逃避处罚。同时张一峰还存在其他违纪违法问题。近期，张一峰被纪检监察机关立案审查调查并采取留置措施。

2019年6月15日，江苏省徐州市纪委监委通报的4起充当黑恶势力“保护伞”典型案例，❷其中有2起与公安有关。（1）徐州市公安局打击食品、药品和环境犯罪侦查支队原副支队长陈树军充当涉黑组织“保护伞”案件。陈树军利用职务便利，收受涉黑组织财物，为多个涉黑组织经营涉娼涉赌场所提供帮助，谋取利益，干预办案机关对涉黑组织非法活动的查处。同时存在其他违纪违法问题。2019年1月2日，陈树军被纪检监察机关立案审查调查并采取留置措施。2019年5月16日，陈树军受到开除党籍、开除公职处分，相关涉嫌犯罪问题移送检察机关依法审查起诉。（2）徐州市公安局监管支队原政委殷召明充当涉黑组织“保护伞”案件。殷召明利用担任徐州市公安局泉山区分局治安大队大队长，云龙区分局治安大队大队长、副局长，监管支队政委兼徐州市看守所所长的职务便利，收受涉黑组织财物，为涉黑组织经营赌博机等违法犯罪行为提供保护。

---

❶ 江苏省纪委监委通报5起充当黑恶势力“保护伞”典型案例，查阅时间：2019年7月15日．http：//js. people. com. cn/n2/2019/0523/c360300－32970996. html。

❷ 江苏省徐州市纪委通报的4起充当黑恶势力“保护伞”典型案例。查阅时间：2019年7月15日．http：//www. xici. net/d250354324. htm。

2019 年 2 月 22 日，殷召明被纪检监察机关立案审查调查并采取留置措施。2019 年 4 月 19 日，殷召明受到开除党籍、开除公职处分，相关涉嫌犯罪问题移送检察机关依法审查起诉。

此外，还有一些地方的公安局领导、民警在“扫黑除恶”中应声落马。如，2017 年 11 月，西安市中级人民法院审理周至县朱群羊黑社会性质组织案，除周至县委原副书记刘武周受到法律严惩外，周至县公安局副局长等 26 名警务人员也被追责；2017 年 12 月，因充当涉黑组织“保护伞”，广东省清远市公安局 29 名公安民警受到党纪政纪处理，其中 3 人被法院定罪判刑；2018 年 10 月，江西省赣州市宁都县公安局通报：因县公安局党委委员、副政委、梅江派出所所长张伍生，梅江派出所解放路警务区指导员兼办案组组长胡炜充当胡静雨涉黑犯罪首要分子“保护伞”，包庇、纵容违法犯罪，分别受到开除党籍处分，两人涉嫌职务犯罪问题被移送司法机关依法处理。

以上情况说明：不论采取怎样的方式来招录警察，也不论采取怎样的方式来约束警察权力运行，警察违法违纪行为都是难以避免的，并在一定时间段、一些地区、少数警种中呈现高发态势。但如何降低警察违法违纪行为发生的频率，减少警察权力滥用的空间和可能，除了将警察权力关进制度的笼子外，净化政治生态、优化警察权力运行环境恐怕也是预防警察违法违纪乃至警察腐败不可或缺的重要方面。因此，基于政治生态学的视角，对警察违法违纪行为的发生机理进行分析，并提出有效的防治措施，不仅重要，而且十分迫切。

三、权力运作生态链出现阻断：警察违法违纪行为的根由

生态学概念是由德国生物学家恩斯特·海克尔于 1866 年提出的。他认为生态学就是研究生物体与周围环境相互关系的科学，其中周围环境既包括生物环境，也包括非生物环境。换言之，“生态学就是探讨自然、技术和社会之间的关联的”，可以“把它理解为研究关联的学说”。需要指出的是，“这种生态学的考察方法最初还没有运用到对人类发展进行考察”，

"直到21世纪中叶，生态学才运用到对人的研究上，获得了现代意义"❶，并催生了政治生态学、文化生态学等分支学科，使生态学涉猎的领域越来越广泛。这就为我们借用政治生态学的方法分析、研究警察违法违纪行为提供了契机。沿着政治生态学的逻辑进路，警察组织不仅是由警察个人、警察机构、警察制度等要素构成的一个生态链，而且在这个生态链中，各个要素之间相互作用、相互影响，保持着能量守恒和物质转换，维系着警察组织生态系统的平衡。一旦生态链中的某个要素或环节出了问题，就会导致生态链运行停滞甚至断裂，进而引发警察个体违法违纪行为的发生。这既是警察组织生态系统运行脱轨的外在表现，也是警察组织生态系统运行"法则"遭到破坏的结果。

（一）警察作为生物有机体，易受到"恶性环境"的影响

作为现实的、具体的人，警察的工作和生活离不开一定的环境。事实上，警察个体不会也不可能与环境特别是社会环境截然分开，作为社会的一员、一分子，警察自然要受到社会环境的影响。因此，警察个体不可能割断其与社会环境的一切物质循环和能量交换。这主要表现在：（1）警察个体不是虚无的、孤立的存在物，而是社会发展到一定阶段的产物，是国家机器上的重要部件，是维护社会秩序的重要力量。在这个意义上，警察个体的行为无时无刻不打上社会、经济、政治和文化的"标记"，因而不可避免地要受到社会环境通过各种渠道所施加的压力。（2）既然警察的存在不可能完全与社会环境分割开来，那么他与社会环境之间就必然存在着物质循环和能量、信息交换。而事实上，这种循环和交换又有力地促使警察个体发生变化。

一般来说，社会环境促使警察个体发生变化有两种情形：一种是良性环境的影响所致，另一种是恶性环境的影响使然。这里讲的良性环境，是指"对人的思想品德和思想政治教育有积极促进的环境"❷，通常所说的"大课堂""大家庭""大熔炉"等即是指良性环境。根据学者的研究，良

---

❶ 汉斯·萨克斯．生态哲学（前言：什么是生态学）［M］．文韬，佩云，译．北京：东方出版社，1991：1－4.

❷ 张耀灿，等．现代思想政治教育学［M］．北京：人民出版社，2006：296.

性环境通过“强化功能”“导向功能”“感染功能”❶，可以作用警察的感官，强化警察的认知，影响警察的选择，进而形成正确的警察价值观，而“调动警察的最重要的价值观包含在崇高事业中。对大多数警察而言，崇高事业是基于价值观的决策产生的试金石”❷。这里所讲的恶性环境，是指“对人的思想品德和思想政治教育具有消极阻碍作用的环境”❸，通常所说的“大染缸”“污染源”等即是指恶性环境，在一定意义上，恶性环境对人、对警察的负面影响是显著的，也是直接的，它有时会成为警察违法违纪行为发生的“催化剂”。

基于现实的维度，恶性环境对警察的“侵害”往往是通过社会“大环境”和单位“小环境”这两个主要管道发生作用的。从社会“大环境”而言，党性退化与权力欲强化、理想信念弱化与功利性强化、法纪意识淡化与享乐思想抬头等“大环境”的恶化，会严重败坏社会风气，破坏社会生态。作为社会的一种客观存在，警察个体肯定会深受其害，有的把持不住，便陷入违法乱纪的泥潭。就单位“小环境”而言，领导选人用人不公正，处事不公道；民警肯干的累死，不肯干的“闲死”；追逐利益成为时尚，“先进”人物成为讥讽对象；办事推诿扯皮，效率低下；人心涣散，缺乏生机。这些问题的存在，反映了单位“小环境”恶性的一面，如不加以解决，则会导致单位“小环境”系统及其活动规则变质，系统缺乏动力而丧失生命力，甚至导致少数警察走向“崇高事业”的反面。

（二）警察作为行政生态系统构成要素，易受到某个链环“失灵”的影响

从机构设置和运行来看，公安机关隶属于行政系统。一般来说，“行政系统由整个行政组织和行政人员构成。任何行政系统，说到底，都是由行政主体构成的有生命的有机体”。之所以说其有生命，“主要不在于强调行政系统构成一个有机体，自身在生活和发展的过程中，而在于组成它的主体有意识、有感觉、有逻辑、有思想，能够对行政生态环境作出积极反

---

❶ 张耀灿等．现代思想政治教育学［M］．北京：人民出版社，2006：299－301．

❷ 迈克·A. 卡尔德罗，约翰·R. 柯兰科．警察职业道德——崇高事业目标与手段的平衡（第三版）［M］．杨洁，等译．北京：中国人民公安大学出版社，2015：5．

❸ 张耀灿等．现代思想政治教育学［M］．北京：人民出版社，2006：296．

应。这些人类本身具有的特性是行政系统与行政生态环境发生相互作用，并主动谋求平衡的基础之一”❶。从生态学的角度透视，绝不能把行政系统简单地看作组织形式，是机械的感应与反应的机构，而应看作各个行政主体生命之集合形态。生态学“将生命单位分为个体、种群和群落三种形态：个体指生命的单独形态，种群指同一生命个体之集合，群落指不同生命个体集体之集合。在行政生命系统中，这三类形式也存在：行政个体、一定个体构成的行政团体和不同行政部门团体组成的行政整体，即个体系统、团体系统与整体系统”❷。

基于生态学的视角，作出这样的划分，至少可以看出公安机关作为行政生态系统具有两个突出特点。(1) 公安机关作为行政生态系统，是一个有生命的系统，能够与行政生态环境（如政治圈、经济圈、文化圈等）进行能量变换，而其生命力就在于能在与外界的物质循环和能量变换中获得新陈代谢。(2) 公安机关作为行政生态系统，是由各个不同的子系统构成的，而各个子系统又是环环相扣的，彼此之间形成一种连锁关系。这两个特点意味着，公安机关行政生态系统的正常运转在很大程度上取决于各个子系统的正常运转，而各个子系统能否正常运转又取决于它自身能否通过有效行使“行政生产功能、行政消费功能、行政分解功能”❸实现与环境进行持续的物质循环和能量变换，达到新陈代谢以及与各部分相互协调，相互适应，达到一种生态平衡的程度。这里，“重要的是理解行政能量的变换过程，行政能否有效生产、消费、分解，是行政成功与否的重要条件。在哪一个环节上发生了故障，都会引起行政系统的疲软或瘫痪”❹，造成严重的后果。

为了便于理解，这里举一个例子。例如，作为公安机关的基层单位，公安派出所既是一个综合战斗实体，又是一个具有相对独立性的子系统，其组织架构是由所长、教导员、副所长、民警等职位组成（如图1所示），他们职责各不相同，但能够做到和谐相处，确保派出所各项工作有序运转，主要原因就在于公安派出所能够依靠体制和机制有效行使“行政生产

❶ 王沪宁. 行政生态分析［M］. 上海：复旦大学出版社，1989：29.
❷ 王沪宁. 行政生态分析［M］. 上海：复旦大学出版社，1989：29-30.
❸ 王沪宁. 行政生态分析［M］. 上海：复旦大学出版社，1989：34.
❹ 王沪宁. 行政生态分析［M］. 上海：复旦大学出版社，1989：35.

功能、行政消费功能、行政分解功能”，从而使领导和民警、职位和职责、人和组织得到了优化组合，实现了系统内的平衡和系统外与行政生态环境的能量变换。否则，不论是派出所领导出问题还是民警出问题，或制度出问题，哪一个环节“失灵”都将会对整个派出所生态系统造成损坏，而一旦这种情形出现，警察违法违纪问题就在所难免，整个派出所民警就会成为一堆“烂苹果”。近期，在全国开展“扫黑除恶”专项行动中，个别地方的公安派出所因不少民警充当黑恶势力“保护伞”遭查处而处于“瘫痪”状态，就是突出的例证。

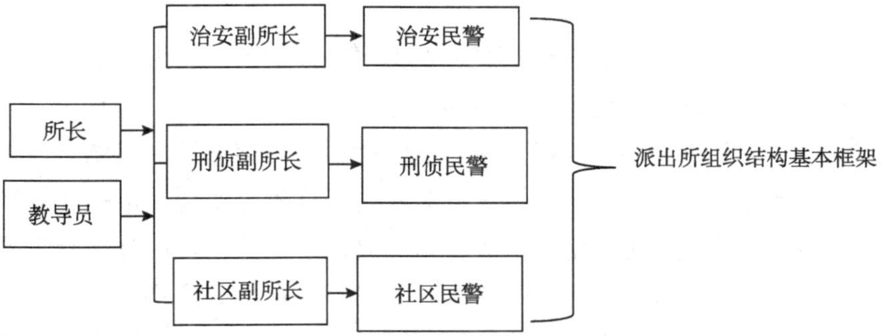

图1　派出所组织结构基本框架图

（三）警察作为“类本能”的存在，易受到“物欲”“色欲”“权欲”的影响

马斯洛在《动机与人格》一书中明确提出“生理需要”“安全需要”“归属和爱的需要”“自尊需要”“自我实现需要”是人的基本需要，并且认为生理需要主要是“对于食物的渴望”。不仅如此，马斯洛还提出了一个概念，即人的基本需要是人的“类本能”，而“类本能”主要有两层含义。(1) 人性的高层内容是内在的、本然的，就像人的本能一样；(2) 这些高层的心理运作机制类似于本能，但并不完全等于本能。[1] 把“基本需要”看作一种“类本能”，这就“意味着它在先天上有人种遗传的基础，但它的表现和满足要取决于后天的文化和环境”[2]。既然基本需要是人的类本能，那么它们必然会在人类的活动中顽强地表现出来。如，人为了生

[1] 马斯洛. 动机与人格. 前言（第三版）[M]. 中国人民大学出版社，2007：23.
[2] 马斯洛. 动机与人格. 前言（第三版）[M]. 中国人民大学出版社，2007：12.

存，为了得到所需的食物、饮料、住所、性交、睡眠和氧气等，就会自然而然地采取行动。人作为一种目的性很强的动物，他从事任何活动都是有其功利性的，都会受到来自自身某种需要的驱使。这就明确告诉我们，警察作为一种“类本能”存在，受“基本需要”（包括对物质、金钱、美色的追求等）的“激发”而产生物欲、色欲冲动不是或然的，而是必然的心理现象，如果这个现象出现时不能及时施加道德、思想、法律干预，不能及时建立“真实的补偿”或“虚拟补偿”机制，形成“角色替代效应”，[1]那么，“问题警察”就会产生，“烂苹果”效应就会放大，导致警察生态系统遭到重创。

海伍德说：“所有的政治都关乎权力。”[2] 警察权力作为国家政治权力的一种，是代表国家行使合法暴力的。警察权力来源、行使的规定，表征了它的合法性和正当性。但权力的易扩张性和人的逐利性一旦结合，也会催生权力异化，导致警察违法违纪行为发生。这里需要说明的是，就警察而言，虽然有法律法规规定其执法行为，但由于执法环境的复杂性和不可预测性，加上自身带有“理性经济人”的特性，所以警察在执法时往往会根据自己对法律法规的理解和对事实的判断来行使权力，并呈现两种情况。一种情况是由于警察执法时具有相当大的自由裁量权，使得他们有意或无意地被“权力—利益”动机所左右，以至于对公共利益的理解难以符合实际；另一种情况是由于警察行使权力的灵活性与他们的自利动机的强刺激性，使得他们的行为实际上不是倾向于为绝大多数社会公众服务，而是依据自己获得的信息和个人效用最大化原则来行动。这两种情况的存在，使警察权力寻租成为可能。而一旦警察权力寻租的显性表现形式——警察违法违纪行为大量滋生，引发警察“权力生态系统出现波动、退化，严重时甚至会导致系统崩溃”[3] 就是可以预见的直接后果。

四、警察权力运行的生态法则：警察违法违纪行为治理对策

如前所述，警察权力的正常运行，需要良性环境的支持，一旦良性环

---

[1] 王云．圆满结局之生成的社会心理——以马斯洛基本需要说为视角［J］．文贝：比较文学与比较文化，2013（Z1）．

[2] 邵祖峰，李玉琴，王秀华．论警民关系生态系统理论的构建与和谐策略［J］．中国人民公安大学学报，2015（1）．

[3] 王春生．权力寻租的生态分析［J］．北方法学，2015（4）．

境遭到破坏，环境对警察的“恶性作用”就会凸显出来。因此，防治环境污染、修复被破坏的生态，让警察权力在“山清水秀”的生态环境中运行，不仅应成为权力运行的生态法则，而且应成为治理警察违法违纪行为的基本策略。

（一）去“恶性环境”，净化社会生态，减少警察个体“越轨”的诱因

1. 从去“恶性环境”、净化政治生态的角度看。警察违法违纪问题与官员腐败问题有某种关联，而实质上二者都是权力运作链环出现了阻断而破坏了权力运作的良性生态的问题。政治生态学理论认为：“良好的政治权力运作，以完整的政治生态体系为构造基础。在这一体系构造中，权力输入、权力行使、权力运行结果反馈等环节，一个都不能少，舍掉任何一个环节，权力运作的生态状况就会出现恶化，权力腐败必会发生。”❶ 而要防止这种情况发生，最根本的还是要从制度改革入手，落实人民权力主体地位，“落实人民主权，由人民来行使选择干部的权力”❷。因为在“人民主权状态下”，人民对权力具有绝对支配权和监督权，“否则，滥用权力，谋求私利，甚至腐败堕落，只会在人民的监督和制约下失去权力”❸。因此，从净化政治环境、构建良好政治生态的角度考量，改革干部任用制度是当前的重中之重。而改革的重点则应放在减少委任制、增加聘任制等方面。唯有如此，净化政治生态的目标才可能达成。

2. 从去“恶性环境”、净化法治生态的角度看。警察违法违纪问题与整个社会有法不依、执法不严的法治环境问题有关。虽然依法治国已确立为我们的治国方略，但由于复杂的原因，我们现在面临的现实是，“一些党员、干部仍然存在人治思想和长官意识，认为依法办事条条框框多、束缚手脚，凡事都要自己说了算，根本不知道有法律存在，大搞以言代法、以权压法”❹。这种现象不改变，不仅法治这种治国方式难以真正落实，就连党员领导干部的腐败高发问题也缓解不了。因此，从净化法治环境、构

---

❶ 刘京希．政治生态论——政治发展是生态学考察［M］．济南：山东大学出版社，2007：292.

❷ 同上。

❸ 同上。

❹ 习近平．习近平谈治国理政：第二卷［M］．北京：外文出版社，2017：116.

建良好法治生态的角度考量，“认认真真讲法治、老老实实抓法治”❶就成为一项紧迫的任务。当下，迫切需要解决如下几个问题：一是“思想观念”问题，“引导各级干部深刻认识到，维护宪法法律权威就是维护党和人民共同意志的权威，捍卫宪法法律尊严就是捍卫党和人民共同意志的尊严，保证宪法法律实施就是保证党和人民共同意志的实现”。二是“关键少数”问题，使领导干部这个“关键少数”对法律怀有敬畏之心，带头依法办事，带头遵守法律，不断提高运用法治思维和发展方式深化改革、推动发展、化解矛盾、维护稳定的能力。三是“道德教化”问题，通过加强思想、道德教育，发挥“以道德滋养法治精神、强化道德对法治文化的支撑作用”❷，为厉行法治创造良好的人文环境。

3. 从去“恶性环境”、净化文化生态的角度看。警察违法违纪问题与文化问题密不可分，而文化问题的“恶性”滋长，又会反作用于人，使人产生“越轨”行为。当下，突出的文化问题之一，就是“几乎什么都可以与文化沾上边儿，换言之，文化已经成为一种普泛的社会生活现象”，“不再具有某种确定不移的真理性知识或思想，而是分散和附着于具体物品之上的符号和意象”❸。在过度生产文化“符号”和“意象”的今天，大众媒体和互联网扮演了“罪魁祸首”的角色。在利益的驱动下，大众媒体和互联网持续不断、花样翻新地生产符号和意象，最终导致“文化的超负荷”和“意义的爆炸”。“意义的爆炸，实质上是意义彻底崩溃的表现，而我们现在所说的文化，正是中心和意义消解之后附着于经验与物品之上的一种社会生活现象。”❹现实表明，“随着消费社会的到来，文化越来越表现为对具体文化产品的占有和消费，而文化产品对市场的依赖使它进一步丧失了原初的使用价值而仅仅表现为交换价值”❺。因此，从净化文化环境、构建良好文化生态的角度考量，提升文化治理能力、恢复文化原初的功能、消解文化上的“焦虑”，应成为目前打造生态“文化圈”的主攻方向。

---

❶ 习近平．习近平谈治国理政：第二卷［M］．北京：外文出版社，2017：116.
❷ 习近平．习近平谈治国理政：第二卷［M］．北京：外文出版社，2017：116－117.
❸ 曹卫东，张广海．文化与文明［M］．南宁：广西师范大学出版社，2005：40.
❹ 同上。
❺ 同上。

（二）去“单打一”，强化“多管齐下”，推动警察组织生态进化

连接是警察组织的特征。通过提供制度、信息和服务保障，警察组织改变了民警与领导、民警与社会相互连接的关系。警察组织以制度和机制连接了民警与领导，以传统手段和非传统手段连接了民警与社会，警察组织通过连接的效率，缩短或者重构传递价值的生态链，实现自身的生态进化。传递价值环节有三个要素，分别是人、职责、机制。去“单打一”，强化三要素互动联动，消解一切基于警察组织问题而产生的警察违法违纪行为，这就是警察组织生态进化的目标。

1. 注重解决好“人”的问题。这里的“人”既包括警察组织内的领导，也包括警察组织内的警察个体，但主要指涉后者。在警察组织中，警察个体是一个重要的组织元素，因此，为了完成警察组织的任务，警察个体也被赋予了特定的角色，于是“角色压力”便出现了。需要指出的是，“警察压力研究历来关注警察工作的危险性。研究遵循看似常识性观点：警察工作是危险的，危险就是危险，因此危险必须是压力的主要来源。然而，危险和压力之间的关系，在进一步科学考察之下，显现并不正相关”，相反，“结果很清晰——压力产生于组织或与组织密切相关的因素”❶。美国警务学家珍妮·斯丁奇克布经过大量调研和实验明确提出，在警察工作中，间歇性压力并多见，更常见的是慢性压力，或者来自日常警务工作的压力，而且警察大部分的慢性压力来自组织因素；压力之所以出现，是因为警察组织赋予了警察一系列与工作期望值、警察忠诚度、岗位责任相关的传统价值观与当代的工作期望值不匹配。❷ 斯丁奇克布的这个研究成果表明，要实现警察组织的生态进化，警察组织首先要做好三件事。一是对于患病的警察个体，必须实施消除压力来源的一级干预措施；二是对于处于亚健康状态的警察个体，必须实施经常性的心理咨询和心理治疗；三是在为警察“减负”的同时，还不能滥用“问责”手段。

---

❶ 迈克·A. 卡尔德罗，约翰·R. 柯兰科. 警察职业道德——崇高事业目标与手段的平衡［M］第三版. 杨洁，等译. 北京：中国人民公安大学出版社，2015：124.

❷ 迈克·A. 卡尔德罗，约翰·R. 柯兰科. 警察职业道德——崇高事业目标与手段的平衡［M］第三版. 杨洁，等译. 北京：中国人民公安大学出版社，2015：124－125.

2. 注重解决好“责任”问题。作为执法者、公众人物，不论警察的意图如何，“都应为其不当或错误行为承担责任”[1]，这就是警察的“宿命”。不过，有一种情况需要讨论，那就是“当警察所做的基于价值观的决定导致崇高事业型腐败”[2]时，除了警察本人需要承担相应责任外，警察组织应该承担什么样的责任？但残酷的事实再三表明：当警察个体执法行为失当或做违法违纪的事，给警察合法性和警察组织可信度造成破坏时，警察组织往往“不会着眼于分析做错了什么，而是试图保护自己，相信其目的是正确的，会指责‘烂苹果’，而不去审视部门组织有可能做错了什么”，“往往会用‘个别警察的责任’来作回应”[3]，习惯于用“烂苹果”“烂口袋”来搪塞，以此达到“丢卒保车”的目的。这样一来，就势必形成“一些警察会陷入‘不作为警务’，回避公众以避免面临责任问题的可能性”[4]，导致警务满意率下降，进而影响警察组织生态进化。要解决这一问题，可以通过以下途径来实现：一是厘清警察组织和警察个体的职责以及责任边界，不留下“责任”空档。二是鉴于组织是压力的来源这一事实，呼吁组织少做“面子工作”，更不要通过强调为一线警察提供减压技术或服务，从而逃避组织的责任。三是基于“命运共同体”理念，在警察组织内部建立起诚信原则，让信任逻辑延展，避免组织过度控制的逆反效应。

3. 注重解决好“机制”问题。在警察组织中，机制是连接的桥梁，机制缺失或机制“坏死”，警察违法违纪行为就可能产生，进而危及警察组织系统正常运转。所以，从警察组织内部来说，建立有活力的人事管理机制、奖惩激励机制，就像机动车的发动机及传动系统推动汽车前进一样十分必要。当下，基于一线执法民警的关切，尤其需要建立警察执法权益保障机制、“容错免责”机制、荣誉“称号”常态化授予机制、“警力下沉”机制等。当然，基于全面从严治警的大势，除了加大“打虎”“拍蝇”的

---

[1] 迈克·A. 卡尔德罗，约翰·R. 柯兰科. 警察职业道德——崇高事业目标与手段的平衡［M］第三版. 杨洁，等译. 北京：中国人民公安大学出版社，2015：138.

[2] 迈克·A. 卡尔德罗，约翰·R. 柯兰科. 警察职业道德——崇高事业目标与手段的平衡［M］第三版. 杨洁，等译. 北京：中国人民公安大学出版社，2015：128.

[3] 迈克·A. 卡尔德罗，约翰·R. 柯兰科. 警察职业道德——崇高事业目标与手段的平衡［M］第三版. 杨洁，等译. 北京：中国人民公安大学出版社，2015：136.

[4] 迈克·A. 卡尔德罗，约翰·R. 柯兰科. 警察职业道德——崇高事业目标与手段的平衡［M］第三版. 杨洁，等译. 北京：中国人民公安大学出版社，2015：140.

工作力度外，还需要建立健全政治理论、政治能力、政治定力等教育训练机制以及监督机制、追责问责机制，“压缩消极腐败现象生存的空间和滋生土壤，通过体制机制改革和制度创新促进政治生态不断改善”[1]。

（三）去“动物性”、自利性，强化崇高性，增强警察个体的责任感

按照马克思的观点，人是社会的动物，社会性是人的本质属性，但人的动物性也不会随之消失。社会生活表明，人的言行，无不反映人之为人的本性，即动物性的一面。而人作为高级“动物”，其本能之一“就是最大限度地寻求生命的延续与发展，实现遗传基因跨时空复制与扩散，生命的这一本能冲动又要以获取各种所需物质、能量等资源为前提基础”[2]。虽然权力是一种稀缺资源，但由于人的欲望的无限性，所以，依靠行使正当权力而获得相应的较为固定的工资待遇等生存资源，又远远不能满足人延展生命的强烈欲求，因此，在拥有权力之后放弃服务社会的公共职能，转而利用权力大肆攫取本不属于自己的“财富营养”实现自肥，就成为一部分人追逐的重要目标。在警察违法违纪行为的几种类型中，就不乏这一类情况。

按照亚当·斯密理性“经济人”假设，“人”被简化为两种类型的“原子式”个体——消费者和生产者；这两种“原子式”个体的行为中所蕴含的一切社会的和历史的内涵被全部撇开或舍弃掉，只留下两个行为属性，亦即“理性”和“自利”。符合前一个行为属性的人，称为“理性人”，而符合后一个行为属性的人，则称为“经济人”。其中，“经济人”侧重于行为的动机，它强调人的经济行为的唯一动机是“自利”；而“理性人”则侧重于行为的能力，它强调人的经济行为具备最大限度地实现“自利”动机的能力。这两个行为属性的结合便是所谓的“理性经济人”的完整内涵。[3]经济人假设“是每个人作为一个单个个体，不论其处于什么样地位，其追求利益的动机都是个体利益最大化，即当他有可供选择的利益机会，他一定选择利益最大的那个方案与机会”，所以，拥有权力者，

---

[1] 习近平. 习近平谈治国理政：第二卷［M］. 北京：外文出版社，2017：168.

[2] 王春生. 权力寻租生态学分析［J］. 北方法学，2015（4）.

[3] 林金忠. “理性经济人”与主流经济理论中的假设问题［J］. 学术月刊，2008（11）.

往往不是“一种被动的接受状态，而是会主动设租，谋求各种利益”[1]。权力寻租无论在过去还是在当下都难以避免，因为人的利己性始终无法根除。警察违法违纪行为的实施，有相当一部分是以权力寻租为目的的。而对权力寻租的“青睐”，反过来又会加剧警察违法违纪行为发生的频率。

综上，无论是警察生命本能的冲动还是警察个体对利益的过度追逐，无论是警察权力寻租还是警察违法违纪，很显然，哪一项都会给警察组织生态进化制造障碍。而要消除这个障碍，最关键的一招是把权力关进制度的笼子，在这个前提下，还需要对警察个体实施“改造”。其重点主要有三：一是对警察进行道德教育和训练，让“崇高事业深深嵌入警察的情感性格中”[2]，从而打牢警察所持的正确的价值观基础。二是对警察进行心理辅导和心理干预，“对于有品德心理障碍的警察”，“采取必要的矫正措施”[3]。三是对警察进行权力观教育，使警察真正懂得“警察之权力为国家所赋予，非个人所得而私。须于万不得已时行使之，故警察之权力，不能不以国民之道德及自治之观念为基础。此等权力，只可称为警察维持道德之手段。若一意滥用，失信所及，适足以自形崩溃而已”[4]，从而增加政治责任感。

（执笔人：王光森，江苏警官学院马克思主义学院教授。）

---

❶ 章贵桥，潘俊．权力寻租、隐性福利与有效的政府会计报告［J］．经济体制改革，2013（3）．

❷ 迈克．A. 卡尔德罗，约翰．R. 柯兰科．警察职业道德——崇高事业目标与手段的平衡［M］第三版．杨洁，等译，北京：中国人民公安大学出版社，2015：79.

❸ 张振声．警察心理学［M］．北京：中国人民公安大学出版社，2003：187.

❹ 松井茂．警察学纲要［M］．吴石，译．北京：中国政法大学出版社，2005：24.

第十七章　公安机关全面从严治党的生态分析

治国必先治党，治党务必从严。[1] 基于这一逻辑，公安机关作为党和人民手中的“刀把子”，推进全面从严治党、确保公安工作置于党的绝对领导之下是根本政治原则和必然要求。而要使从严治党达到预期目的，将从严治党看作一个动态的生态系统，用生态学的理论框架研究公安机关全面从严治党问题，特别是从全面从严治党生态要素构成、生态法则遵循以及优质生态构建路径等三个维度展开研究，揭示公安机关全面从严治党的规律，进而为净化优化党内政治生态提供理论支持，就显得十分迫切。

一、公安机关全面从严治党的含义解读

2014 年，全面从严治党成为中国执政党加强自身建设的一大关键词，“从严”二字，也已成为公安机关党的建设新常态。2014 年 12 月，习近平总书记在江苏调研时强调，要协调推进全面建成小康社会、全面深化改革、全面推进依法治国、全面从严治党，推动改革开放和社会主义现代化建设迈上新台阶。对于管党治党来说，“全面”二字至少包含三个层面：一是内容无死角，涵盖党的思想建设、组织建设、作风建设、反腐倡廉建设和制度建设各个领域。二是主体全覆盖，从严管党治党不仅是党中央的责任，党的各级组织都必须贯彻从严治党要求。同时，落实管党治党主体责任，意味着一把手不仅仅“独善其身”，还要把班子成员管好。三是劲头不松懈，要把从严治党常态化、制度化。“从严”二字至少包含四个层面：一是对党员、领导干部教育从严；二是对党员、领导干部管理从严；

---

[1] 十八大以来重要文献选编：上［M］. 北京：中央文献出版社，2014：79－80.

三是对党员、领导干部监督从严；四是对党员、领导干部违法犯罪处理从严。总之，党的性质和任务也要求我们必须从严治党，历史的经验和教训要求我们必须从严治党，克服“四个考验”带来的“四个危险”要求我们必须从严治党。一句话，治国必先治党，治党必须从严。

全面从严治党延伸到公安机关，就是全面从严治警，特别是从严治理公安机关的党员民警、领导干部。在这方面，习近平总书记已经指明了方向。这体现在：从宏观层面看，习近平总书记要求“全国公安机关和公安队伍要坚持党对公安工作的领导，牢固树立‘四个意识’，坚持人民公安为人民，全面加强正规化、专业化、职业化建设，做到对党忠诚、服务人民、执法公正、纪律严明”❶。公安机关推进全面从严治党，是将公安机关置于党绝对领导下的关键举措。从微观层面看，人民警察入警誓词要求公安民警承诺“保证忠于中国共产党，忠于祖国，忠于人民，忠于法律”。这里，“忠于中国共产党”是作为公安民警的第一标准提出来的，很显然，这个标准是政治标准，其要义在于任何时候任何情况下都必须树立政治意识、大局意识、核心意识、看齐意识，维护党中央的权威，在思想上政治上行动上与党中央保持高度一致。由此可见，“公安机关全面从严治党”是基于公安机关政治属性以及党性要求而开展的自我变革、自我净化、自我完善、自我提高的实践活动，而在这个活动中，公安机关党委必须发挥主导作用，党员民警必须发挥主体作用，党性教育必须贯穿全过程，党风警风必须出现向上向善的势头。

二、公安机关全面从严治党生态系统的要素构成

政治生态理论认为，“任何一个特定的政治主体，均构成一个由相应的次体系及外部环境组合而成的生态体系”❷。由此看来，以全面从严治党为行动准则的公安机关可视为一个特定的生态系统。生态学家贝塔朗菲指出：“生物系统是一种层次结构，一个生命有机体是由次一级的子系统逐

---

❶ 习近平在全国公安系统英雄模范立功集体表彰大会上的讲话．中共中央文献研究室网，查阅时间：2018 年 10 月 11 日．http：//www.wxyjs.org.cn/zyldrhd_547/201705/t20170520_223843.htm.

❷ 刘京希．政治生态论——政治发展的生态学考察［M］．济南：山东大学出版社，2007：124.

级组合而成的。”[1] 公安机关全面从严治党作为一个生态体系应由多样的生态要素构成，且以相应的生态要素作支撑，各生态要素各司其职且相互配合，即“全面从严治党应包括对党内因素的全面治理以及对党外相关因素的系统调控，在动态中实现党与社会的共同进步”[2]。

（一）核心要素：主体责任在公安机关党委

党的十八届三中全会提出：“落实党风廉政建设责任制，党委负主体责任。”[3] 公安机关党委是公安机关全面从严治党主体责任的落实者、承担者，是公安机关全面从严治党生态体系中的核心要素。作为公安机关党委就应当加强领导，选好用好干部，防止出现选人用人上的不正之风和腐败问题；坚决纠正损害群众利益的行为；强化对权力运行的制约和监督，从源头上防治腐败；领导和支持执纪执法机关查处违纪违法问题；党委主要负责同志要管好班子，带好队伍，管好自己，当好廉洁从政的表率。[4]

同时，应当明确环境的变化是公安机关党委主体责任落实过程中需要注意观察的重要变量，会影响主体责任落实效果和质量，营造良好的政治生态和从政环境，对落实党委主体责任也十分有利。反之，公安机关党委“坚定在党言党和爱岗敬业的定力、提高尽职尽责和统筹协调的能力、练就洞察秋毫和明辨是非的眼力、增强激浊扬清和铁面无私的魄力”[5] 对构建公安机关全面从严治党生态体系具有核心与引导地位和效用。正如习近平总书记指出的：“为什么要强调党委负主体责任？是因为党委能否落实好主体责任直接关系党风廉政建设成效。”[6]

（二）重点要素：分管责任在党委分管领导

《党章》第二章第十条规定：“党的各级委员会实行集中领导和个人分

---

[1] 冯·贝塔朗菲．一般系统论：基础·发展·应用［M］．林康义，魏宏森，译．北京：清华大学出版社，1987：88．

[2] 刘士文．从严治党到全面从严治党：党建新方略探析——基于政治生态理论视角［J］．晋中学院学报，2015（4）．

[3] 中共中央关于全面深化改革若干重大问题的决定：辅导读本［M］．北京：人民出版社，2013：36．

[4] 习近平关于全面从严治党论述摘编［M］．北京：中央文献出版社，2016：221－222．

[5] 谭建科，赵宝礼．落实主体责任 党委书记必须强化“四力”［J］．前进，2015（10）．

[6] 习近平关于全面从严治党论述摘编［M］．北京：中央文献出版社，2016：221．

工负责相结合。”这就为公安机关党委分管领导落实分管责任提供了制度保障与党内法规约束。一方面，公安机关“实行党风廉政建设责任制，要坚持集体领导与个人分工负责相结合，谁主管、谁负责，一级抓一级、层层抓落实”[1]。党委分管领导需以“是不是各级各部门党委（党组）成员都履行了分管领域从严治党责任”[2]为自身行为和举止的准则，切实落实自身分管责任。另一方面，公安机关党委分管领导需在公安机关全面从严治党生态体系中扮演“一岗双责”的重要角色，即组织分管领域党组织认真贯彻落实党委（党组）党建工作部署要求，把党风廉政建设要求嵌入到分管公安业务工作中，同步推进，同步落实，实现“两手抓”两手都要硬。此外，党委分管领导自身需牢固树立纪律和规矩意识，自觉做到忠诚、干净、担当、实干，强化自身模范和引领效应。

（三）关键要素：监督责任在公安机关纪委

公安机关全面从严治党要求公安机关纪委在生态体系中承担监督责任，这是基于公安机关党委负主体责任为公安机关全面从严治党制度前提而相应对公安机关纪委提出的政治要求与政治标准，是公安机关全面从严治党的制度保障。党的十八届三中全会提出“落实党风廉政建设责任制，党委负主体责任，纪委负监督责任，制定实施切实可行的责任追究制度”[3]的创新论断与制度安排，充分体现了在公安机关全面从严治党生态体系中，党委与纪委相互联系、相互依存且相互促进，共同构成生态体系中的“交互主体”。

同时，公安机关纪委应基于《中国共产党党内监督条例》明确规定的“党的各级纪律检查委员会是党内监督的专责机关”的职责定位，准确把握自身的政治站位以及在公安机关全面从严治党生态体系中的关键“生态位”，牢固树立“不抓监督就是严重失职”的意识，强化自身作为党内专门监督机关的监督地位，明确纪委的监督主责，提高纪委的监督能力，进一步推进纪检监察机关转变职能，转变方式，转变作风，聚焦主业，突出

---

[1] 张荣臣．习近平党风廉政建设和反腐工作思想梳理——兼论中国共产党从严治党历史经验［M］．人民论坛，2015：(4)．

[2] 十八大以来重要文献选编：中［M］．北京：中央文献出版社，2016：93－94．

[3] 中共中央关于全面深化改革若干重大问题的决定［N］．人民日报，2013－11－12（1）．

主责，正确把握“从严治党”与“从严治警”的内涵关系，促进党委主体责任与纪委监督责任的互动。

（四）基础要素：履行义务在党员民警

生态学认为：“任何一个生态体系，都离不开它赖以构成的细胞。”[1] 公安党员民警是公安机关全面从严治党生态体系中的构成细胞，是基础要素，离开了党员民警的亲身实践与义务履行，就等于未完成公安机关全面从严治党的“最后一公里”。“对于政治体系的层次结构组织建设，基层组织结构的建设尤其重要，基层组织结构的完善，是政治体系持久存在的基石和原动力。”[2] 对此，在公安机关全面从严治党生态体系中应充分认识公安党员民警的基础作用，充分发挥公安党员民警的自我监督和监督他人的功能。

公安党员民警履行义务主要包括两个方面。一方面，公安党员民警强化自身自律意识，以“照镜子、正衣冠、洗洗澡、治治病”的总要求，达到自我净化之目的，并以严格的纪律约束和警醒自我；另一方面，公安党员民警应本着对党和人民公安事业高度负责的态度，积极行使自身党员权利，履行自身监督义务，通过党的组织生活对周围的党员民警、所在的基层公安党组织、公安机关党的领导干部进行监督。充分对待公安党员民警权利与义务的行使，是推动公安机关全面从严治党生态体系创新治理的一个治理层面，也是实现党的建设发展创新的新型增长点。[3]

三、公安机关全面从严治党生态法则的内在遵循

生态学认为：“自然生态体系自有其赖以生存和推演的价值准则。”[4] 俄罗斯社会生态学家谢尔比纳认为，“社会生态体系的发展，确有其自然的指定目的的条件下发展的内在逻辑和法则。”[5] 公安机关全面从严治党作

---

[1] 刘京希. 政治生态论——政治发展的生态学考察［M］. 济南：山东大学出版社，2007：125.

[2] 刘京希. 政治生态论——政治发展的生态学考察［M］. 济南：山东大学出版社，2007：141.

[3] 刘汉峰. 全面从严治党的思考［J］. 中国特色社会主义研究，2015（1）.

[4] 刘京希. 政治生态论——政治发展的生态学考察［M］. 济南：山东大学出版社，2007：83.

[5] 谢尔比纳. 什么是组织生态学［J］. 力文，译. 国外社会科学文摘，1993（12）.

为一个生态体系也存在自身赖以立命的生态法，则即严肃党内政治生活，保证政治定力，强化纪律约束，锤炼党性养成，离开了其中任意一环，公安机关全面从严治党生态体系就会出现问题。与之对应的，这些生态法则之于公安机关全面从严治党生态体系的方法论意义，有益于公安机关全面从严治党的生态化发展。因此，公安机关全面从严治党生态体系的生态法则必须遵循。

（一）政治定力：公安机关全面从严治党的政治保障

习近平总书记对公安机关提出了“对党忠诚、服务人民、执法公正、纪律严明”的总要求，其中“对党忠诚”是以习近平同志为核心的党中央在政治上对公安机关的总要求，也是公安机关保持政治定力的现实要求和具体内涵，是大原则、大方向，是公安机关全面治党的政治保障。“公安机关作为国家的专政工具，必须清醒坚定地知道捍卫谁、保护谁。坚定的政治立场、绝对的忠诚可靠是检验公安民警政治素养的首要标准。”[1] 这是公安机关的政治定力在价值信仰层面即意识层面的充分体现。

与此同时，公安机关的政治定力体现在党的重大战略推进过程中公安机关的具体态度和作为，即行为层面。全面从严治党作为党的重大战略举措在公安机关推进过程中，虽得到绝大多数人的高度认同和热烈拥护，但仍存在一些不容忽视的认识偏差。“有些人抽象地认同全面从严治党，对大方向认同和支持，但涉及具体问题就产生怀疑；有些人对全面从严治党有选择地支持，着眼局部利益，忽视整体利益，只愿对他人从严、不愿意对自己从严，只愿意短期从严、不愿长期从严；有些人对全面从严治党摇摆不定，认为度的问题不好把握，宽了过不了关，严了又得罪人。因此，在工作中畏首畏尾、疑虑重重。”[2] 针对这些错误思想，公安机关应该提高思想认识，用系统观念充分认识全面从严治党的现实意义和生态价值。同时，坚定信心和决心，在行动上保证政治定力，正如王岐山同志所强调的，“我们应该有这个信心，就是我们发现了自己的问题，我们自己能够解决”[3]。这样，公安机关全面从严治党优质生态体系构建就有了强有力的

---

[1] 周长明. 胡锦涛同志治警思想论析 [J]. 毛泽东思想研究，2012 (4).

[2] 洪浩. 全面从严治党需要关注的几个问题 [N]. 学习时报，2015-04-13.

[3] 王岐山. 解决不了腐败？共产党不信这个邪 [N]. 内蒙古日报，2015-02-13.

政治保障。

（二）纪律约束：公安机关全面从严治党的制度保证

马克思曾指出："我们现在必须绝对保持党的纪律，否则将一事无成。"❶ 强化纪律约束是马克思主义政党的鲜明特质，是中国共产党的光荣传统和独特优势。在新的历史时期，习近平总书记指出："党要管党，从严治党，靠什么管，凭什么治？就要靠严明纪律。"❷ "纪律不严，从严治党就无从谈起。"❸ 这给强化纪律约束赋予了新的时代意义，即全面从严治党的制度保证。公安机关是维护社会和谐稳定的纪律队伍，强化纪律约束不仅是公安机关全面从严治党的现实要求，也是公安机关职业特性的内在标准，是公安机关全面从严治党生态体系中一项关键的生态法则。

"随着我国社会结构的深刻变动以及党组织规模的膨胀扩大，不同群体的利益纷争和矛盾冲突不断加剧，各种社会思潮风起云涌，对主流意识形态的感召力和凝聚力产生了巨大的冲击。"❹ 在此环境下，少数公安党员民警的意识形态也产生了偏差，在涉及重大原则问题的时候也出现摇摆不定、政治立场模糊的状况。为此，必须高度重视，把强化纪律约束摆在更加重要的位置。以《中国共产党纪律处分条例》作为公安机关全面从严治党生态体系的"生态红线"，以《中国共产党廉洁自律准则》作为公安机关全面从严治党优质生态的"美好蓝图"，两者一"高"一"低"双向划定公安机关特别是党员民警在全面从严治党生态体系内"守纪律、讲规矩"的"生态阈值"。

（三）党性养成：公安机关全面从严治党的精神指向

"党性是立身、立业、立言、立德的基石。"❺ 这一论述明确了党性养成在公安机关全面从严治党四项生态法则中有着重要的"基石"地位。公安党员民警的党性养成应立足人民警察核心价值观之"忠诚、为民、公

---

❶ 马克思恩格斯全集：第 29 卷［M］. 人民出版社，1972：413.

❷ 十八大以来重要文献选编：上［M］. 北京：中央文献出版社，2014：764.

❸ 习近平. 在党的群众路线教育实践活动总结大会上的讲话［N］. 人民日报，2014－10－9.

❹ 张培. 论我国现阶段全面从严治党的四个维度［J］. 东南学术，2016（3）.

❺ 习近平关于全面从严治党论述摘编［M］. 北京：中央文献出版社，2016：25.

正、廉洁”，坚守自身共产党员与人民警察双重身份的精神追求。简而言之，党性对于公安党员民警而言，就是对马克思主义的信仰以及对人民公安事业的崇敬。“理想信念就是共产党人精神上的‘钙’，没有理想信念，理想信念不坚定，精神上就会‘缺钙’，就会得‘软骨病’。”❶ 公安党员民警要锤炼自身的党性养成，把党性养成作为公安机关全面从严治党的精神指向。

“政党之魂，文以化之；政党之神，文以铸之。”❷ 党性的养成需要优秀文化的浸润。中国共产党的党内文化是共产党的灵魂和精神，同时，公安文化是公安队伍的灵魂与精髓。公安机关应将自身根植于党内文化与公安文化的丰厚沃土中，引导公安党员民警充分汲取党内文化与公安文化的精髓，不断锤炼党性养成，使得优秀文化助推增强公安机关党组织的凝聚力和向心力以及党员民警的价值认同感和归宿感，进而为公安机关全面从严治党提供精神支撑。

四、公安机关全面从严治党优质生态构建的逻辑进路

“从严治党是全党的共同任务，需要大气候，也需要小气候。各级党组织要主动思考、主动作为，通过营造良好小气候促进大气候进一步形成。”❸ 公安机关全面从严治党优质生态构建必须因事而化，因时而进，因势而新，通过从战略、执行、功能、程序以及职业特性等不同层面不同视角看待公安机关全面从严治党生态治理并以不同实践举措与方式方法净化党内政治生态，推进公安机关全面从严治党优质生态构建可持续化。

（一）坚持思想建党与制度治党结合

马克思、恩格斯在《共产党宣言》中认为，共产党区别于其他政党的特征就是有科学的理论为指导。这是思想建党的历史遵循。在“全面从严治党”新的历史时期，习近平同志第一次将思想建党与制度治党结合起来，提出要“坚持思想建党和制度治党紧密结合。从严治党靠教育，也靠

---

❶ 十八大以来重要文献选编：上［M］．北京：中央文献出版社，2014：80－81．

❷ 张培．论我国现阶段全面从严治党的四个维度［J］．东南学术，2016（3）．

❸ 习近平关于全面从严治党论述摘编［M］．北京：中央文献出版社，2016：9．

制度，二者一柔一刚，要同向发力、同时发力”[1]。这是“全面从严治党”推进过程中的一大战略部署和考量。为此，公安机关全面从严治党优质生态构建必须紧紧将“思想建党”和“制度治党”结合起来，实现两者的相互配合、良性互动。始终坚持“思想建党是首位，是制度治党的前提和基础。制度治党是思想建党的有力保障”[2]。同时，充分认识到“思想教育要结合制度规定来进行……要使加强制度治党的过程成为思想建党的过程，也要使加强思想建党的过程成为加强制度治党的过程”[3]。以此引领公安机关全面从严治党优质生态的构建，进而使“全面从严治党”在公安机关落到实处。

从党的战略全局来看，公安机关全面从严治党推进“思想建党”与“制度治党”结合必须要有两个层面的制度安排。一方面，在持续不断的教育中解决公安党员民警思想入党问题，例如以全国公安系统英雄模范立功集体表彰大会为契机，开展全国层面的公安系统英雄模范立功集体先进事迹巡回报告活动，加强公安党员民警的党性教育和德性教育；在中国特色社会主义理论与中华传统文化的熏陶中提升自我的思想境界，筑牢忠诚警魂。另一方面，强化制度的约束，“制度更带有根本性、全局性、稳定性、长期性”[4]。通过完善党内监督法规以及公安系统内部监督规章制度，形成不能腐、不敢腐的约束机制。

（二）坚持以德治党与依法治党相统一

相较于“思想建党”与“制度建党”结合是公安机关全面从严治党的一种战略上的考量以及制度上的安排，“以德治党”与“依法治党”统一则是基于战略和制度整体设计之下的执行层面的全面规划。“以德治党就是提高全体党员的道德素质、道德修养、道德觉悟，全面促进党的思想建设、作风建设、组织建设、制度建设，把我们党建设成为社会主义现代化的坚强领导核心。”[5] 在“以德治党”推进公安机关全面从严治党的过程

---

[1] 习近平. 在党的群众路线教育实践活动总结大会上的讲话［N］. 人民日报，2014－10－09.

[2] 刘宁宁，汪海燕. 论“全面从严治党”思想的理论与实践［J］. 马克思主义研究，2015（7）.

[3] 习近平. 在党的群众路线教育实践活动总结大会上的讲话［N］. 人民日报，2014－10－09.

[4] 十七大以来重要文献选编：上［M］. 北京：中央文献出版社，2009：61.

[5] 魏英敏. 试论党德建设的若干问题——纪念中国共产党建党80周年［J］. 广西大学学报：哲学社会科学版. 2001（4）.

中，要注重党德对公安党员民警形成“党德他律”的适度压力感以及“党德自律”的控制约束感，与此同时，公安党员民警在党德活动中充分发挥其主体性和能动性，用理性审视、过滤自己的动机、愿望、需要、意图，并通过对党德规范的确证与认同，形成自己的内心法则，并自觉按照这种法则约束自己，处理党内党外关系，从而把外在的党德要求转化为内在需要，由被动地接受、遵守党德规范变为主动地、自觉地接受、遵守。❶

公安机关推进全面从严治党过程中的“依法治党”是基于党内法规制度的建立以及国家法律的完善的基础上而针对管党治党执行层面的必要举措。习近平总书记指出：“法规制度的生命力在于执行。贯彻执行法规制度关键在真抓，靠的是严管。”❷ 公安机关作为执法机关应当率先垂范，把执行党的法规制度作为一项极其重要的政治标准来严格遵循。同时，公安机关要正确认识和把握“以德治党”与“依法治党”的关系，既要严格制度约束，又要注重固本培元，使二者有机地统一起来、内在地融化在一起，汇聚起全面从严治党的强大精神动力，释放全面从严治党生态体系构建的强大威力。

（三）坚持“治标之举”与“治本之策”并举

习近平总书记指出：“标本兼治是我们党管党治党的一贯要求。深入推进全面从严治党，必须坚持标本兼治。要坚持治标不松劲，不断以治标促进治本，既猛药去疴、重典治乱，也正心修身、涵养文化，守住为政之本。”❸ 公安机关在推进全面从严治党过程中必须实现“治标之举”与“治本之策”并举，这是对构建公安机关全面从严治党优质生态体系基于功能层面的现实举措。一方面，公安机关应通过扩大巡视的范围和内容，增加群众举报的方式和路径以及强化党的理论教育常态化进行等多种管党治党做法以丰富“治标之举”的内涵。另一方面，充分认识“加强纪律建设是全面从严治党的治本之策”❹，“巡视工作是治标之举，也是治本之策，

❶ 王光森．党的建设新论——基于三个维度［M］．北京：知识产权出版社，2013：232.

❷ 习近平．法规制度的生命力在于执行。中国青年网，http：//news. youth. cn/jsxw/201506/t20150627_6797252. htm.

❸ 习近平在十八届中央纪委七次全会上发表重要讲话。中华人民共和国中央人民政府网，http：//www. gov. cn/xinwen/2017 -01/06/content_5157361. htm.

❹ 习近平关于从严治党论述摘编［M］．北京：中央文献出版社，2016：111 -112.

必须在坚持中深化、在深化中坚持，发挥标本兼治作用”，以及更多管党治党“治本之策”之于公安机关全面从严治党生态体系建设的根本效用，将党性要求外化于行，内化于心。最后，公安机关应将“治标之举”与“治本之策”共同推进，以“治标”引向“治本”，推动公安机关全面从严治党优质生态体系构建可持续化、绿色化。

（四）坚持“自上而下”与“自下而上”并进

“自上而下”与“自下而上”并进是公安机关推进全面从严治党从程序层面的一种动态审视与战略选择，涵盖了三个层面的内容。其一，“以上率下、率先垂范”。东汉荀悦在《申鉴·政体》中指出：“善禁者，先禁其身而后人。不善禁者，先禁人而后身。”习近平总书记在建党95周年讲话中又指出：“己不正，焉能正人。”公安机关全面从严治党能不能落地生根，很大程度要取决于以上率下、率先垂范。纵观党的历史和警察史以及历次党内活动及学习教育，如果没有党中央以及公安机关一层一层的带头示范，干在实处，走在前列，做出榜样，那么效果就会大打折扣；公安机关全面从严治党也同样取决于上层是否真正下决心真管真严、敢管敢严、常管常严。所以，“从严治党坚持以上率下、做到率先垂范，这是保证其取得预期效果的基本策略”[1]。

其二，“以下促上、促改作风”。江泽民同志曾经指出，领导干部“权力一大，直接监督他的人少了，利用他、为他抬轿子的人多了”。一些公安领导干部的不正作风，一定程度上是由基层对上层领导过度尊重和拥戴造成的，也就是“抬轿子”的人多了，领导飘飘然的作风就被“惯”出来、“捧”出来了。为此，公安机关必须重视，注重以下促上，充分发挥基层在推动公安领导干部促进作风中的监督、约束等的作用。最后，实现“上下联动”。“实现上级与下级的联动就是要把上级与下级的关系作为一个整体加以谋划。”[2] 公安机关上下级要在思想上统一到全面从严治党的战略部署和精神上来，把“上下联动”贯穿全面从严治党始终，消除信息壁垒，增加上下互信，提升协同配合，真正做到“联”起来和“动”起来，

---

[1] 张书林．党内行动视阈下的从严治党及启示［J］．党政研究，2017（1）．

[2] 唐棣宣．理念·逻辑·路径：全面从严治党的三重维度［J］．理论导刊，2016（1）．

通过层层部署、层层反馈、认真督查，形成上下各司其职的优质生态格局。

（五）坚持“从严治党”与“从严治警”联动

“从严治党”与“从严治警”联动是基于警察职业特性所提出的战略举措。从严治警的要求与全面从严治党的目标要求是高度契合的。习近平总书记强调，政法机关及其队伍“必须坚持党的事业至上、人民利益至上、宪法法律至上……的政治本色”❶。公安民警是人民的忠诚卫士，更是党的忠诚卫士。加强“从严治警”与“从严治党”联动是公安机关特别是公安党员民警的党性要求，也是基于警察政治属性的必然要求。“从严治党”带动“从严治警”，“从严治警”给“从严治党”提供了好的队伍基础，两者相辅相成，有益于共同推动公安机关全面从严治党生态体系构建以及公安机关政治生态净化。

公安部原部长郭声琨针对公安党建工作指出，公安机关要“牢固树立‘抓好党建是最大政绩’的理念，毫不放松地抓好全面从严治党、从严治警各项部署要求的落实”❷。公安机关全面从严治党与从严治警是一体的，公安机关全面从严治党有利于推进全面从严治警，同时，公安机关全面从严治警有益于推进全面从严治党。把公安机关党组织建设成为坚强的战斗堡垒，是对公安党员民警的思想要求、政治要求、纪律要求、生活要求，同时要求普通民警，充分发挥公安机关广大党员民警的先锋模范作用，确保党纪党规、警纪警规在全警有效执行，助益公安队伍建设以及公安机关全面从严治党生态体系构建的深入。

（执笔人：王光森，江苏警官学院马克思主义学院教授；周廷瑜，无锡市公安局政治部民警。）

---

❶ 习近平出席中央政法工作会议：坚持严格执法公正司法。中国青年网，http：//news. youth. cn/gn/201401/t20140108_4505367. htm。

❷ 郭声琨在公安部党建工作领导小组会议上的讲话［N］. 人民公安报，2017 年 5 月 5 日.

参考书目

［1］马克思恩格斯选集：1—4 卷［M］．北京：人民出版社，1995.

［2］列宁选集：1—4 卷［M］．北京：人民出版社，1995.

［3］毛泽东选集：1—4 卷［M］．北京：人民出版社，1991.

［4］邓小平文选：1—3 卷［M］．北京：人民出版社，1994.

［5］江泽民文选：1—3 卷［M］．北京：人民出版社，2006.

［6］胡锦涛文选：1—3 卷［M］．北京：人民出版社，2016.

［7］习近平谈治国理政：第 1 卷［M］．北京：外文出版社，2014.

［8］习近平谈治国理政：第 2 卷［M］．北京：外文出版社，2017.

［9］张耀灿，陈万柏．思想政治教育学原理［M］．北京：高等教育出版社，2001.

［10］沈壮海．思想政治教育有效性研究［M］．武汉：武汉大学出版社，2001.

［11］孙其昂．社会学视野中的思想政治工作［M］．北京：中国市场出版社，2002.

［12］项久雨．思想政治教育价值论［M］．北京：中国社会科学出版社，2003.

［13］骆郁廷．精神动力论［M］．武汉：武汉大学出版社，2003.

［14］石书臣．现代思想政治教育主导性研究［M］．北京：学林出版社，2004.

［15］张耀灿等．现代思想政治教育学［M］．北京：人民出版社，2006.

［16］孙其昂．思想政治教育现代特征［M］．北京：学习出版社，2015.

［17］王小锡．道德资本论［M］．北京：译林出版社，2016.

［18］王沪宁．行政生态分析［M］．上海：复旦大学出版社，1989.

［19］鲁枢元．生态文艺学［M］．西安：陕西人民出版社，2000.

［20］余谋昌．生态文化论［M］．石家庄：河北教育出版社，2001.

［21］戴刚书．德育环境研究［M］．北京：人民出版社，2002.

［22］曹孟勤．人性与自然：生态论教育学基础反思［M］．南京：南京师范大学出版社，2004.

［23］李洪远．生态学基础［M］．北京：化学工业出版社，2006.

［24］刘京希．政治生态论——政治发展的生态学考察［M］．济南：山东大学出版

社，2007.
[25] 郇庆治. 环境政治学：理论与实践［M］. 济南：山东大学出版社，2007.
[26] 邱柏生. 高校思想政治教育的生态分析［M］. 上海：上海人民出版社，2009.
[27] 任重. 生态伦理学维度［M］. 南昌：江西人民出版社，2012.
[28] 陈红兵，唐长华. 生态文化范式转型［M］. 北京：人民出版社，2013.
[29] 曹孟勤，黄翠新. 论生态自由［M］. 北京：生活·读书·新知三联书店，2014.
[30] 方世南. 美丽中国生态梦——一个学者的生态情怀［M］. 上海：上海三联书店，2014.
[31] 田启波等. 生态正义研究［M］. 北京：中国社会科学出版社，2016.
[32] 杨世宏. 生态伦理学研究［M］. 北京：群言出版社，2016.
[33] 方世南. 马克思恩格斯的生态文明思想——基于《马克思恩格斯文集》的研究［M］. 北京：人民出版社，2018.
[34] 汉斯·萨克塞. 生态科学［M］. 文韬，佩云，译. 北京：教育出版社，1991.
[35] 默里·布克金. 自由生态学：等级制的出现与消解［M］. 郇庆治，译. 济南：山东大学出版社，2008.
[36] 弗里曼. 组织生态学［M］. 彭碧玉，李熙，译. 北京：科学出版社，2014.
[37] 迈克·A. 卡尔德罗，约翰·R. 柯兰科. 警察职业道德——崇高事业目标与手段的平衡［M］. 杨洁，曾玛丽，等译. 北京：中国人民公安大学出版社，2015.

后 记

《公安思想政治工作生态学研究》一书的撰写，历经两年，虽然是由我牵头完成的，但它也凝聚了所有参与者的心血，可以说是所有参与者通力合作的成果。这从下面的具体分工就可以看出来。上篇，第一章公安思想政治工作生态学初探，由江苏警官学院公安管理系梁慧稳副教授、博士承担；第二章公安思想政治工作的生态价值及其实现，由江苏警官学院马克思主义学院王光森教授、吴建辉副教授承担；第三章公安思想政治工作发生机制的生态学分析，由江苏警官学院马克思主义学院王光森教授承担；第四章公安思想政治工作内容的生态学分析，由江苏警官学院马克思主义学院王光森教授承担；第五章公安思想政治工作方法的生态学分析，由江苏警官学院马克思主义学院张灏、刘奕博士承担；第六章公安思想政治工作评价的生态学分析，由江苏警官学院治安系王燕讲师承担。下篇，第七章公安民警政治信仰的生态分析、第八章公安民警职业倦怠的生态分析、第九章公安民警权力腐败的生态分析，由北京警察学院思政部史煜才讲师承担；第十章公安民警职业生涯管理的生态分析，由江苏省海安市公安局城南派出所所长高广喜承担；第十一章生态警营的意蕴分析与建设路径选择，由江苏省无锡市公安局政治部民警周廷瑜承担；第十二章结构与功能：警务监督的生态分析，由淮阳师范学院马克思主义学院吴永生教授、博士承担；第十三章政治生态学视域下公安民警退出机制建设，由江苏警官学院马克思主义学院王光森教授、天津市公安局河西分局局长赵年伏承担；第十四章博弈与共振：涉警网络舆情的生态分析，由江苏警官学院马克思主义学院王光森教授、无锡市公安局政治部民警周廷瑜承担；第十五章“污名化”社会生态中的警民关系构建，由浙江省杭州市公安局民警龚谦和、浙江警察学院马克思主义学院魏长青讲师承担；第十六章警察违法违纪行为的生态分析，由江苏警官学院马克思主义学院王光森教授承担；第十七章公安机关全面从严治党的生态分析，由江苏警官学院马克思主义学院王光森教授、无锡市公安局政治部民警周廷瑜承担。

全书在征求魏长青、史煜才老师意见的基础上，经过听取专家意见，最后由王光森教授确定框架结构，提出写作要求，并对书稿进行了最后统稿，特别是在文字、观点、注释等方面做了大量的修改、提炼、完善工作。

这里需要指出的是，《公安思想政治工作生态学研究》一书在撰写、成书的过程中，得到了生态学研究专家——南京晓庄学院博士生导师王国聘教授、南京师范大学博士生导师曹孟勤教授、苏州大学博士生导师方世南教授、南京工业大学马克思主义学院院长黄爱宝教授的指教，得到了思想政治教育研究专家——河海大学博士生导师孙其昂教授、南京师范大学博士生导师孙迎光教授、中国人民公安大学李艳教授、四川警察学院周长明教授、湖北警察学院曹礼海教授、浙江警察学院龚正荣教授的指点，得到了江苏警官学院马克思主义学院、管理系、治安系、科研处、学科办的大力支持，得到了江苏警官学院党委书记夏存喜、院长张兰青、副院长黄进、副院长薛宏伟、副院长韩德明的大力支持。在此，向他们表示衷心的感谢。另外，该书的撰写参考了生态学、思想政治教育学、公安思想政治工作等方面的著作、论文，也吸收了一些专家、学者的宝贵意见和建议，在此，谨致真挚的谢意。

最后，需要说明的是，撰写、出版国内第一部“公安思想政治工作生态学研究”方面的著作，无意于构建一个所谓的理论体系，而只想通过对一些问题的思考、观点表达来引起公安“政工人”的注意和关切。由于公安思想政治工作生态学研究处于探索阶段，成果基本阙如，加上我们的理论水平和实践经验有限，虽然竭尽全力在谋划、筹划，在阅稿、统稿，在加工、提炼，但书中难免有不足之处，敬请读者批评指正。若是，我们将感激不尽。

江苏警官学院马克思主义学院　王光森
2019 年 9 月 20 日于南京金陵世家